INHALT

INHALT

ANHANG

Kurt Tucholsky

Ich kann nicht schreiben, ohne zu lügen

ohne zu lügen

Briefe 1913 bis 1935

Herausgegeben von
Fritz J. Raddatz

Rowohlt

1. Auflage Oktober 1989
Copyright © 1989 by Rowohlt Verlag GmbH,
Reinbek bei Hamburg
Alle Rechte vorbehalten
Schutzumschlag- und Einbandgestaltung
Klaus Detjen
Satz Garamond (Linotron 202)
Gesamtherstellung Clausen & Bosse, Leck
Printed in Germany
ISBN 3 498 06496 7

Kurt Tucholsky ist der Briefschreiber par excellence des Deutschland zwischen den zwei Weltkriegen gewesen.

Walter Mehring

Editorische Notiz

Jede Briefausgabe ist indiskret; sie appelliert an den Voyeur im Leser: Intimes, Klatsch, Bosheiten und kleine Schwindeleien kommen zutage, die nur für *einen* Leser – den Adressaten – gedacht waren, nicht für eine Öffentlichkeit. Die Lektüre von Briefen – wie von Tagebüchern – gleicht ein wenig dem Blick durchs Schlüsselloch. Insofern steht der Herausgeber einer Briefedition stets vor der Frage: respektiert er diese Privatsphäre eines Menschen – oder hält er das öffentliche Interesse auch an persönlichen Äußerungen eines Schriftstellers für so legitim, daß ein Verletzen dieser Grenzen des Takts zu rechtfertigen ist. Im Falle Kurt Tucholsky gibt es zwei einander widersprechende Argumente. Das eine verböte jede Briefedition: Kurt Tucholsky hat mehrfach betont, daß er seine Briefe nicht veröffentlicht wünscht. Das andere gebietet sie geradezu: Wie kaum ein anderer Autor dieser Epoche hat Tucholsky die Fragen seiner Zeit in Briefen erörtert; mit wenig Übertreibung kann man sagen – sie sind, in Ton wie Inhalt, Teil seines Werks. Zumindest dessen Ergänzung, zumal in seinen letzten Lebensjahren, in denen er nicht mehr publizierte und unter der autosuggestiven Beschwörung «Das geht mich alles nichts mehr an» eben in diesen Briefen vorführt, wie sehr es ihn alles noch anging – schmerzlich zumeist. Tucholskys Briefe sind ein großer Zeitspiegel – und der ihn hochhält, ist ein trauriger Clown, ein bitterer Fratzenschneider und ein lächelnder Skeptiker. Ein großer Schriftsteller.

Es sind aber auch Zeugnisse seines Lebens. Schon bei früheren Briefausgaben – vor allem dem Band «Unser ungelebtes Leben» mit den Briefen an seine zweite Frau Mary Gerold-

Tucholsky, die sie erst nach jahrelangem Zögern freigab – war dieser Aspekt entscheidend: die vielen Facetten des linken Bürgers, bindungsscheuen Liebhabers, unstet Ruhebedürftigen und aggressiv Verletzlichen sind erfahrbar nur aus den Briefen; mit wenig Untertreibung kann man sagen – sie sind, in Klang wie Gehalt, Teil seines Lebens.

Deshalb, Respekt statt Scheu, die Herausgabe. Sie birgt – neben den hier vorgezeigten moralischen Abwägungen – zahlreiche editorische Probleme; nicht alle konnten gelöst werden.

1. Die Archivlage

Der Materialstand ist extrem kompliziert. Jedem Literaturhistoriker ist die Nachricht «Unbekanntes Gedicht von Brecht aufgefunden» oder «Neue Briefe von Hermann Hesse aufgetaucht» geläufig. Selbst Annie Cohen-Solal, die Biographin Jean-Paul Sartres – der schließlich im Zeitalter der elektrischen Schreibmaschine, des Fotokopierers und des Telex lebte –, schreibt, daß wohl noch ständig neue Dokumente (der Ergänzung oder Berichtigung) zum biographischen Bild dieses Autors zutage gefördert werden können.

Wie anders bei einem, der seit 1924 fast ständig auf Reisen war, oft den Wohnsitz mehrmals in einem Jahr wechselte, selten Kopien seiner Briefe machte und dessen Briefpartner die Korrespondenz nicht verwahren konnten. Entweder waren es Emigranten – wie Iwan Goll, Roda Roda, Erwin Piscator –, die bei ihrer Flucht nicht mit Koffern voller Briefe die Länder wechselten; oder sie waren Verfolgte – wie Carl von Ossietzky –, für die das eher Belastungsmaterial war; oder es waren Arbeitspartner, deren Unterlagen ausgemerzt wurden, wie das von der Gestapo beschlagnahmte Berliner Büro der «Weltbühne», wo Tucholskys Briefe an Siegfried Jacobsohn verlorengingen (während die von Jacobsohn an ihn erhalten sind); oder es waren Besorgte – wie Gertrude Meyer –, die teils auf Tucholskys dringenden Wunsch, teils aus Angst vor einer drohenden Nazi-Okkupation Schwedens vieles verbrannten. Die – jahrzehntelange – Jagd nach Tucholsky-Briefen ist eine Mischung aus tristem Exilessay, Schnitzeljagd und groteskem Krimi; gelegentlich gleicht die umfangreiche Korrespondenz, um von einem sich verweigernden Autographensammler eine einzige Postkarte zu erhalten, einer Tucholsky-Satire; zu schweigen von dem «Ja/nein/vielleicht/doch-wohl-nicht/später-einmal»-Stück, das die Frauen Tucholskys miteinander/gegeneinander aufführten, ging es um seine persönlichen Zeugnisse. Mary Tucholsky war zwar die Alleinerbin – schon 1933 von Tucholsky als solche bestimmt –, aber niemand war verpflichtet, ihr Dokumente auszuliefern (die in den Schatullen von Hindås oder Paris, Berlin oder Zürich oder Ascona lagen).

Jahr für Jahr – manchmal Monat für Monat – tauchten dort ein Brief, hier eine Karte und da auch nur das Gerücht auf, Herr A wisse, daß Frau B gehört habe, die Familie C solle von ihrer Cousine D geerbt haben. So versammelt der hier vorgelegte Band (nach den in Abschnitt 3 erläuterten Auswahlprinzipien) einen Teil des nach bestem Wissen erfaßten und nach bestem Gewissen im Kurt-Tucholsky-Archiv zusammengefaßten Briefmaterials. Die Briefe an Carl von Ossietzky wurden 1985 in der Veröffentlichung der Westberliner Akademie der Künste «‹Farbige weithin sichtbare Signalzeichen.› Der Briefwechsel zwischen Carl von Ossietzky und Kurt Tucholsky aus dem Jahr 1932» gedruckt (bei einem Brief mit einer zu unserer und der nachstehenden Volk-und-Welt-Ausgabe differierenden Datierung), die Briefe an Carl von Ossietzky und Rudolf Leonhard in «Kurt Tucholsky. Briefe. Auswahl 1913 bis 1935» (Verlag Volk und Welt, Berlin 1983). Das Buch von Maximilian Scheer «So war es in Paris», 1973 im Röderberg-

Verlag, Frankfurt/Main erschienen, enthält Auszüge und kommentierte Zusammenstellungen der Briefe Tucholskys an Rudolf Leonhard.

2. Vollständigkeit

Alle Briefe? Sollen und müssen jeder Zettel, jede bewitzelte Wäscherechnung oder ein Telegramm «Soeben Gummiverschluß ins Meer gefallen was tun?» aufgenommen werden? Natürlich nicht. Weder der Verlag noch der Herausgeber wollten eine textkritische Lesartenausgabe präsentieren, sondern ein Buch für Leser. Also: die Briefe an Julius Bab, die von generellem Interesse sind – aber nicht ein Brief Tucholskys vom 7. 10. 1927 an ihn mit dem Inhalt: «Schönsten Dank für Ihren Brief über Zola, den ich nach Berlin weitergegeben habe.» Also: die Briefe an Carl von Ossietzky, die zeitgeschichtliche Dokumente sind – aber nicht eine Liste mit Buchbestellungen an die Sekretärin der «Weltbühne». Also: die Briefe an Lisa Matthias, die Einblick in eine wichtige Lebensbeziehung geben – aber nicht das Telegramm an Gertrude Meyer vom 31. 10. 1932: «Erbitte grauen Wintermantel eingemottet auf Boden sofort nach Zürich Florhofgasse 1 bei Dr. Müller Dank für Bemühungen Tucholsky.» Minimale Weglassungen.

Gelegentlich sind solche Entscheidungen fraglich, jedenfalls nicht ganz reinlich zu treffen. Hat diese Karte, mit der Tucholsky die Mitarbeit an der Zeitschrift «Der Scheinwerfer» ablehnt, Bedeutung oder ist das ein Stück für das Archiv: «Sehr geehrter Herr Küpper, schönen Dank für die Ankündigung der Hefte, die ich aufmerksam lesen werde. – Mit der Mitarbeit ist es nicht ganz leicht: ich bin zu überlastet. Aber Sie können, mit Quellenangabe, aus der ‹Weltbühne› nachdrucken. Ihnen alles Gute für die Arbeit wünschend, bin ich Ihr sehr ergebener Tucholsky» (17. 12. 1928). Ist ein sonst nichtssagender Brief – in Buchform – bewahrenswert, weil er als Schlußpointe einen hübschen kleinen Schlenker hat: «Zur Holl hat mal – das paßt nun gar nicht her, ist aber zu schön! – ein dicker Mann in einer Unterhaltung ohne die geringste Veranlassung, aber in wüstebergischem Dialekt gesagt: ‹Wisse Sie? Ich bin nämlich enne eminend sinnlische Nadhur – aber ssiss mir nich unangenemm!›» (An Julius Bab vom 14. 1. 1921)

Mir schien, Kurt Tucholsky ist nicht so klein, als daß man ihn durch das Zusammenbinden solcher Schnipsel vergrößern muß. Derlei ist keine Substanz für ein Buch, sondern Material für ein Archiv.

3. Die Aufteilung des Materials

Es existieren aber noch weitere Briefe Kurt Tucholskys, die unsere Ausgabe nicht erfaßt, und zwar an Empfänger, die die Adressaten früherer Briefeditionen sind. So werden beispielsweise Briefe an Max Brod, George Grosz oder Maximilian Harden nicht hier aufgenommen, sondern als Ergänzung in der für 1990 geplanten Taschenbuchausgabe des Bandes «Ausgewählte Briefe. 1913–1935» abgedruckt, weil in diesem Auswahlband bereits Briefe Tucholskys an sie publiziert waren. (Mit einer Ausnahme: Die beiden Briefe an Marita Hasenclever, die Schwester von Walter Hasenclever – auf Grund des damaligen sehr unübersichtlichen Materialstands in dieser Ausgabe fälschlich unter «Walter Hasenclever» publiziert –, werden im vorliegenden Band noch einmal gedruckt.) So werden beispielsweise weitere Briefe an Mary Gerold-Tucholsky nicht hier aufgenommen, sondern als Ergänzung in der ebenfalls für 1990 vorgesehenen Taschenbuchausgabe des Bandes «Unser ungelebtes Leben. Briefe an Mary» abgedruckt. So werden beispielsweise weitere Briefe an Nuuna (recte: Hedwig Müller) nicht hier, sondern als Ergänzung in einer geplanten Taschenbuchausgabe von «Briefe aus dem Schweigen. 1932–1935. Briefe an Nuuna» abgedruckt. Mit unserer Edition und diesen drei geplanten Taschenbüchern werden sämtliche Briefe Kurt Tucholskys vorliegen; ausgenommen die erwähnten Nichtigkeiten.

4. Die Anordnung

Für jedes Auswahlprinzip – ob von Texten oder Briefen – gibt es mögliche Varianten; beispielsweise datiertes chronologisches Anordnen oder thematisches Gruppieren. Tucholsky schrieb 1929 einer Leserin: «Ich danke Ihnen sehr für die freundliche Anregung, die Sie mir wegen der Jahreszahlen gegeben haben. Roda Roda hat es in einem seiner früheren Bände gemacht, und ich habe es nicht getan, weil ich das leise Gefühl hatte: ‹Dies sieht etwas gar zu wichtig aus!› Bei manchen Artikeln ist die Jahreszahl gewiß von Wichtigkeit – schon um den Ton, die Farbe der Arbeit zu erklären –, auch gibt es viele Fälle, wo ich es ‹gleich gesagt› habe, was man, bleibt die Jahreszahl fort, nicht merkt, so ein Vorgefühl für eine Banalität nehmend. Ich will mir die Sache einmal für eine der nächsten Auflagen überlegen – dagegen spricht nur, daß manche Leser: ‹Alte Kamellen› murmeln, wenn sie die Jahreszahl 1926 lesen. Nichts ist so gefährlich wie das Gestern.» (31.3.1929)

Bei Briefen an *einen* Adressaten – etwa Thomas Mann an Heinrich Mann – versteht sich wohl die chronologische Anordnung von selber. Bei Briefen an *verschiedene* Adressaten – etwa Thomas Mann, «Briefwechsel mit Autoren» – ist es eher üblich, die Korrespondenz in Adressatenblöcken zu präsentieren; jeweils chronologisch. So hat der Leser etwa der Ausgabe «Ernst Bloch, Briefe» den Vorteil, die Briefe an Georg Lukács oder Siegfried Kracauer zusammengezogen zu lesen – aber den Nachteil, im Datum immer wieder zurückspringen zu müssen; endet der eine Briefwechsel (auch im geistigen Klima) 1970, so beginnt der nächste wieder 1921.

Unsere Edition bietet eine Mischform an: umfangreichere Briefabteilungen (Julius Bab, Rudolf Leonhard) sind im Zusammenhang belassen – und gleichzeitig in die ungefähre chronologische Abfolge der vielen Einzelbriefe eingeordnet, die nicht streng zeitlich, sondern logisch gruppiert wurden.

5. Die Datierung

Sie liegt – mit wenigen Ausnahmen – fest. Nicht fest liegt in sehr vielen Fällen der exakte Absendeort. Tucholsky pflegte – eine Mischung aus bewußtem Versteckspiel und kultiviertem Chaos – mal auf persönlichem Briefpapier zu schreiben, mal auf dem redaktionellen Briefpapier der «Weltbühne», mal auf dem redaktionellen, das seinen persönlichen Aufdruck trug, und mal auf Blankobogen ohne jeden Aufdruck. Das sieht dann so aus:

Dr. Kurt Tucholsky	Berlin-Friedenau Kaiser-Allee 79
Kurt Tucholsky Post: Weltbühne Berlin-Charlottenburg Königsweg 33	Foix
Die Weltbühne Begründet von Siegfried Jacobsohn Herausgeber: Kurt Tucholsky	Charlottenburg
Die Weltbühne Herausgeber Siegfried Jacobsohn	Charlottenburg
Post: Weltbühne Berlin-Charlottenburg	Le Vésinet

Königsweg 33   28 Avenue des Pages
Post: Weltbühne   Redaktion
Berlin-Charlottenburg 2   Paris XVIIe
Kantstraße 152   1 Place de Wagram

Berlin W 50, Nachodstraße 12

Nur: diese Angaben sagen noch überhaupt nichts. Auf einem
Briefbogen der «Weltbühne» Berlin schreibt Tucholsky im
Brief dann «Wir sitzen hier in Kent...», während er seine
Pariser Privatbögen benutzt, um 1926 – nach dem Tode von
Siegfried Jacobsohn – Briefe zu schreiben, die evident aus
Berlin kommen. Oft läßt sich der Absendeort nur erraten – ist
Tucholsky noch in Dänemark oder schon in Schweden oder
bereits in der Schweiz, wieso kommt ein Brief aus Paris, der
über Südfrankreich berichtet, und wo ist das von ihm gern
verwendete «Hier, heute»: auf der Reise nach Hindås oder
Garmisch oder (auf Lesereise 1929) Köln? Selbst *innerhalb*
von Paris ist Tucholsky in den Jahren seiner «Seßhaftigkeit»
(1924 bis 1928) so oft umgezogen, daß das jeweils mit frischer
Adresse versehene Briefpapier schon nicht mehr stimmte,
wenn es aus der Druckerei kam. Sooft das ein Versehen gewesen sein mag, so oft war es auch Absicht – Kurt Tucholsky
wollte für die meisten Leute unauffindbar sein. Schon lange
vor der bewußten Umleitung seiner Post – ab 1933 ging sie
über die Zürcher Adresse seiner Freundin Hedwig Müller,
obwohl er in Schweden lebte – beschwert er sich etwa aus
Paris «Wieso hat Roda meine Telefonnummer?» und läßt fast
alle Post über das Sekretariat der «Weltbühne» in Berlin laufen. Ein «Vorzimmer», 1115 Kilometer entfernt.

Es gibt von Tucholsky verschiedene Absenderangaben am
selben Tage, es gibt aber auch jenseits des eigenen Verwirr-
spiels Widersprüche in amtlichen Dokumenten: In der Zeit,

in der er in Kent war, verzeichnet sein Paß Ein- und Ausreise-
stempel aus Dänemark und Schweden und zugleich die englischen Stempel im Aufenthaltspaß.

Für unsere Ausgabe bedeutet der Terminus «Post: Weltbühne», daß Tucholsky entweder das persönliche oder das
redaktionelle Briefpapier der «Weltbühne» benutzt hat. Hat
er außerdem den Absendeort angegeben, ist er gedruckt.

5. Die Druckvorlagen

Es existieren kaum Originale. Der Zustand der Briefe, aus
denen dieser Band besteht, differiert. Zumeist sind es Foto-
kopien oder Kopien von Kopien; fast ausnahmslos getippte
Vorlagen, Tucholsky schrieb selten mit der Hand. Lücken,
unleserliche – manchmal handschriftliche – Ergänzungen
oder fragliche Schreibweisen werden durch [?] kenntlich gemacht. Ein einziger Brief ist unvollständig vorhanden (an
Gertrud Elisabeth Dunant-Müller und ihren Mann Roby
vom 21.4.1934), er wurde wegen der für Tucholsky wichtigen Selbstaussagen dennoch aufgenommen. Evidente Tippfehler – Zensuren statt Zensoren, unbändigt statt unbändig,
Antisemititen statt Antisemiten – wurden korrigiert. Desgleichen die Zeichensetzung da, wo sie nicht Stileigentümlichkeit
ist: ein Komma vor einem Gedankenstrich wurde eliminiert.
Auch inzwischen veränderte Schreibweisen wurden dort der
heutigen angeglichen, wo sie nicht als Pointe gelten konnten:
nicht mehr kompliciert, pacifistisch oder specifisch, sondern
kompliziert, pazifistisch und spezifisch.

Tucholskys Briefe sind aber zu einem großen Teil in einer
Art Privatsprache abgefaßt, zudem vollkommen sorglos und
ohne Rücksicht auf Falschschreibungen «in die Maschine ge-
hauen». Joice statt Joyce (ein Beispiel für viele andere),
«mirrkwirdig» und «Bichers läsen» und «pervat» und anderes
mehr wurden belassen. Oft ist es schwer zu entscheiden:

Tippfehler oder Pointe. *Soll* es «aufregegt» oder «aufgeregt», «gewissagt» oder «geweißagt», «wahr und warraftig» oder «wahrhaftig» heißen? Ist die Grußformel «Mit den besten Grüßen wie stehts» eine der bei Tucholsky häufigen kleinen Obszönitäten oder ein Tippfehler? Ist gar ein ganzer Brief (an Hans Glenk vom 23. 3. 1926) mit einer gezeichneten Panther-*katze* als Schlußvignette nicht von ihm, sondern von seiner Frau Mary (die damals in eigenen Briefen, zumal denen an Tucholsky, seinen Stil sehr weitgehend imitierte)?

6. Die Erläuterungen

Anspielungen, Abkürzungen oder Verballhornungen werden dann aufgeschlüsselt, wenn sie aus dem Zusammenhang des Wortlauts nicht deutlich sind. Zur besseren Orientierung des Lesers sind die Briefstellen kursiviert, für die er im Anhang Erläuterungen findet. Das betrifft Sachbezüge wie Namen; letztere werden selbstverständlich nur erklärt, wenn es sich um entlegenere Personen handelt, zu denen Kenntnisse nicht vorausgesetzt werden können. Die Materialrecherche für diese Erläuterungen leistete – mit freundlicher Unterstützung von Michael Hepp – Ulrike Gropp. Auf der Grundlage dieses Materials erarbeitete Ulrich Bitz den Anmerkungsapparat, den er außerdem (mit Hilfe eigener Recherchen) erweiterte. Geholfen hat auch Antje Bonitz, die Bibliothekarin des Kurt-Tucholsky-Archivs im Deutschen Literaturarchiv Marbach am Neckar. Ihnen allen dankt der Herausgeber an dieser Stelle. Trotzdem findet sich bei der einen oder anderen Erläuterung die für Briefeditionen typische Formulierung «Nicht ermittelt». Hinweise sind dankend erbeten.

Hamburg, Ende März 1989   Fritz J. Raddatz

Briefe

AN RUDOLF LEONHARD

Post: Weltbühne
[Berlin-]Charlottenburg
Königsweg 33

Foix, 3–10–25

Lieber Herr Leonhard,
ich bin seit sechs Wochen auf Reisen, und Ihr Brief kommt
erst heute in meine Hände.

Wenn Sie mit den zitierten Herren eine Zusammenkunft
haben, bitte ich Sie folgende Gesichtspunkte als meine Ansicht zur Sprache zu bringen; sie sollen kein apodiktisches
Urteil darstellen, sondern nur eine Grundlage zur Diskussion
bilden.

Eindruck der *Massendenunziation auf die Justizbehörden.*
Hochnäsig, wie man die Burschen hat, werden sie sagen: «Was zu konfiszieren ist, beurteilen wir allein, Ihre
Werke scheinen uns nicht strafbar, sonst hätten wir sie ja kon-
fisziert» – und Sie wissen ja, daß jeder Referendar im Schlaf
jeden von oben gewünschten Unterschied *zwischen Becher
und Ihnen und zwischen dem Rezitator Gärtner und Max
Hermann oder Hasenclever sofort herauskonstruiert.*

Eindruck der Denunziation auf die Öffentlichkeit.
Zum mindesten fraglich. Das deutsche Publikum ist außerordentlich abgestumpft, das Rechtsgefühl kaum geweckt.

Ich bin gern bereit, mich einem von Ihnen und Ihren
Freunden beschlossenen Massenverfahren anzuschließen,
und gebe nur zu bedenken, daß ich im Auslande sitze, daß
man also sagen kann, ich hätte es sehr leicht, mich zu denunzieren, da ich kaum zu fassen bin.

Es wird mich sehr interessieren, von Ihnen zu hören, was aus der Sache geworden ist, und ich bitte Sie, davon überzeugt zu sein, daß ich mich unter allen Umständen mit einem solchen Schritt solidarisch erkläre.

Mit den besten Grüßen
Ihr
Tucholsky

Paris, 18–10–25

Lieber Herr Leonhard,
ich danke Ihnen erst heute für die freundliche Übersendung Ihrer Bücher, weil ich so lange unterwegs auf Reisen in den Pyrenäen war. Ich will sie beide gleich lesen. Übrigens freue ich mich, *sie auch in der hiesigen «Nouvelle Litteraire» so vernünftig anerkannt zu sehen.*

Mit den schönsten Grüßen
Ihr Tucholsky

Paris, 10–11–25

Postkarte
Lieber Herr Leonhard,
ich danke Ihnen vielmals für Ihren Brief vom 29. und dafür, daß Sie mich immer auf dem laufenden halten. Wenn es Ihnen keine Mühe macht, tun Sie das doch bitte weiter. Es wäre wirklich schön, wenn ein aktiv tätiger Zusammenschluß dabei herauskäme.

Mit den besten Wünschen wie stehts

Ihr
Tucholsky

Post: Weltbühne
Berlin-Charlottenburg
Königsweg 33

Paris, 12.11.25

Lieber Herr Leonhard,
ich danke Ihnen für die Übersendung *des Rundschreibens
vom 8.* und möchte dazu folgendes sagen.

So wie Ihr die Sache anfangt, ist sie mir durchaus sympathisch, und ich bitte Sie, mit meinem Namen und im Rahmen des Üblichen auch mit meiner Bereitwilligkeit, Beiträge zu zahlen, zu rechnen.

Ich rate, mit dem Schutzverband unter allen Umständen loyal, wie Sie es vorgeschlagen, und unter scharfer Abgrenzung der Kompetenzen zu arbeiten, damit nicht ein «neuer Verband deutscher Erzähler» herauskommt und der Schutzverband nicht geschwächt wird.

Ohne mich zu jedem kleinen Schritt, der in Berlin getan wird, zu äußern, möchte ich einzig meiner Meinung gegen die Aufnahme von *Eduard Fuchs* Ausdruck geben, dessen Betätigung mir den Anforderungen *der Statuten «Niveau und kein allzu indurielles Verhalten»* nicht zu entsprechen scheint. Ich bitte ausdrücklich, aus dieser meiner Ansicht keinen «Kasus» zu konstruieren, sondern sie nur für die Meinung eines in der Gruppe gelten zu lassen. Selbstverständlich werde ich mich in dieser Sache dem Mehrheitsbeschluß beugen.

Mit allen guten Wünschen und den allerherzlichsten Grüßen

Ihr sehr ergebener
Tucholsky

Paris, 20–11–25

Lieber Herr Leonhard,

als ich vorgestern abend sinnlos betrunken nach unseren gemeinsamen Ausschweifungen nach Hause kam, fand ich zwar kein fremdes Mädchen am Morgen in meinem Bett, dafür aber diesen Führer in meiner Manteltasche. Habe ich den Plan aus Versehen von Ihnen mitgenommen? Wenn ja – anbei. Wenn nein – *Versteigerung zu Gunsten der Hilfskasse ausgetrockneter Rehfischfabriken.*

Indem ich Sie bitte, mich Herrn Studienrat Hasenclever bestens zu empfehlen,

bin ich mit gebührender Hochachtung
Dr. iur. Tucholsky

Post: Weltbühne
Berlin-Charlottenburg
Königsweg 33

Paris, 11–2–26

Lieber Herr Leonhard,

ich erkläre Ihnen gern meine Zustimmung zu den Programmsätzen *der Gruppe.*

Mit den besten Grüßen
Ihr
Tucholsky

Le Vésinet
28 Avenue des Pages

6–5–26

Lieber Herr Leonhard,

1.) allerschönsten Dank für die Übersendung *Ihres Buches,* das ich ganz ausgezeichnet finde. Ich bedaure sehr, *die Auf-*

führung nicht gesehen zu haben. Wenn das kein Erfolg war, verstehen die Leute nichts vom Theater –.

2.) freue [ich] mich sehr, daß Sie – wie mir Hasenclever erzählt hat – für längere Zeit herkommen wollen. Ich glaube, prophezeien zu können, daß Ihnen der Aufenthalt sehr wohltun wird. Außerdem hoffe ich, daß ich Sie dann öfter bei mir zu sehen bekomme.

3.) habe ich an den Verlag *wegen eines Reisebuchs geschrieben.*

Mit den allerschönsten Grüßen

Ihr
Tucholsky

Die Weltbühne
[Berlin-]Charlottenburg
Königsweg 33   12. Januar 1927

Lieber Herr Leonhard!
Ihr Brief hat mir keinen kleinen Schreck eingejagt, und ich kann Sie nur freundschaftlich ermahnen, nicht den Kopf zu verlieren, wenns auch mal schiefging.

Von uns beiden:

Ich habe hier eine große Zahl von Aphorismen gefunden, mit denen ich sehen will, etwas anzufangen. Über die Qualität ist gar nicht zu reden. Ich habe immer nur Bedenken, weil ich gar so sehr unter Materialüberfluß leide und Schwierigkeiten habe, *die Interessen der Mitarbeiter auf 40 Seiten untereinander auszugleichen.* Aber was gemacht werden kann, wird gemacht.

Sie müssen doch aber mit Ihrer großen Fähigkeit, so prägnante Glossen zu schreiben, an die ich mich immer mit Vergnügen erinnere, wenigstens etwas Geld verdienen? Überschätzen Sie das Publikum nicht, und liefern Sie, um dichten zu können, Ware gegen Brot – die Ware wird immer noch turmhoch über anderer Leute Dichtwerken stehen.

Arbeiten Sie gut und schreiben Sie wieder einmal Ihrem – vorläufig noch Berliner K. T. Vielleicht gehe ich auch wieder nach Frankreich zurück und regiere von da aus, und würde mich sehr freuen, Sie dann dort zu sehen.

Mit den besten Empfehlungen

Ihr sehr ergebener
Tucholsky

Die Weltbühne
[Berlin-]Charlottenburg
Königsweg 33   1. Februar 1927

Lieber Rudolf Leonhard!
Was Sie mir da über *die «Gruppe 1925»* schreiben, interessiert mich besonders, und ich höre auch hier in Berlin allerhand für und gegen die Gruppe, was nicht uninteressant ist. Ich habe allerdings Ähnliches vorausgesehen, und ich erkenne immer mehr, daß man solche Gruppen eben nicht gründen soll. Es führt das zu nichts; meine Skepsis wird mit jedem Jahr bestätigt und immer größer. Selbst ist der Mann.

Natürlich wollen wir aus dieser Geschichte keinen öffentlichen Knatsch machen; dergleichen ist ja immer sehr unerquicklich.

Inzwischen habe ich übrigens bereits *mit den Aphorismen angefangen, wie Sie gesehen haben werden.* Wohin soll das Honorar gehen? Und: Wissen Sie einen Gesamttitel für die Sache? Ich möchte natürlich nicht Aphorismen herüberschreiben, sondern irgend etwas Gutes, Buntes, Kräftiges. Machen Sie mir doch möglichst mehrere Vorschläge, und schicken Sie mir ein paar Titel zur Auswahl.

Inzwischen allerschönste Grüße Ihres
Tucholsky

Alles Gute!
Kopf hoch!

Post: Weltbühne

Paris XVII
1 Place de Wagram
1−10−28

Herrn
Schlächtermeister Leonhard
Klamahr
Möchte bitten, von heute ab, weil mein Mann wieder da ist, wieder sechs Karbonaden zu schicken, anstatt vier. Das Aas frißt mir noch arm.

Hochachtungsvoll
Frau Nottebohm

P. S. Sehe soehmt seinen dicken Bauch. Wir wollen es bei vier lassen.

Du Affe. Klingel mal an.

Den Kunstschriftsteller *Hasenclever* habe ich in unbeschreiblicher seelischer und moralischer Verlotterung neben dem ebenso beschaffenen Dramisten *Toller* getroffen – Hasenclever stank vor Unsittlichkeit, gab aber keine Adressen von sich und wollte auch, trotz mehrfacher Berufung auf unsere gefl. Blutsbrüderschaft, die von ihm mitgehabte Döme nicht mit mir teilen. So seid Ihr aber alle –!

Der Obige

AN RUDOLF LEONHARD

Post: Weltbühne

Paris XVII
1 Place de Wagram
1[2]–11–28

Bitte Hasenclevers Berliner Adresse –!

Du dammlicher Hund,
habe soehmt – – so haben überhaupt alle anständigen Briefe
anzufangen.

Das Buch, das Sie mir geschickt haben, habe ich brav gelesen – that is not my line, und ich kann Ihnen darüber nichts
sagen, weil es mir damit geht wie mit guter Musik: ich verstehe es nicht. Hingegen…

*Habe soehmt Ihr Stück gelesen. Und mich gleich auf die
Hosen gesetzt und etwas für die «Weltbühne» darüber geschrieben, so gut hat mir das gefallen.* Es ist eine gute Sache,
viel mehr als das: so ein paarmal hat es mir eine Gänsehaut
gemacht, von der ich glaube, daß sie das einzige Kriterium in
der Kunst ist. Ich täte hier und da etwas zusammenraffen –
manchmal sind die Bürgerszenen (die große Beratung vor
dem Gerichtsverfahren) ein bißchen behäbig ausgewalzt;
winzige Stellen stören mich stilistisch (am Anfang heißt es:
«die Kömö Koö Komödie geht los» –) der Rest ist eine ge-
glückte und hervorragende Arbeit. Mensch, Du bist ja'n
Dichter –! («Diß wissen Sie erst seit heute, Herr Tucholsky?»
– Na, ick meine man bloß.) Kurz: Händedruck und *Marcèle
Toffe*-!

Telefonier mal. Wenn Sie übers Jahr nicht in einer Rolls-
Royce-Villa an mir vorbeifahren, dann sind Sie ein Ochse.

Dies wünscht Ihnen Dero
Tucholsky

Post: Weltbühne   Paris XVII
                                   1 Place de Wagram
                                   19–11–28
Sehr geehrter Herr,
woso hat *Roda Roda* meine Telefonnummer? Was ist das –?

Ich aber war in Beaune und in Dijon zwecks Rotwein, und
ich bin noch nicht ganz wiederhergestellt. Das wird morgen
der Fall sein. Rufen Sie doch wirklich mal an – da oben steht
meine Nummer, denn Clamart… das erreiche ich ja nie. Wir
wollen was verabreden, damit wir etwas verabreden können,
wann wir mal was verabreden könnten (zwecks Verabre-
dung). Das Manuskript habe ich leider als Altpapier verkauft.
Ich hätte noch mehr dafür bekommen, wenn es nicht so be-
schmiert gewesen wäre… (Erzählung, im Jahre 1968, an
meine Urenkel: «Ja, ich habe das Manuskript von den Anonymen Briefen selbst in der Hand gehabt… damals, in Paris…» Die Enkel durchschauerts.)

                                   Baubau.
                                   Hochachtungsvoll
                                   Dero Tucho

Post: Weltbühne   Paris XVII
                                   1 Place de Wagram
                                   11–12–28
Es waren 2 Königskinder –
indem ich nämlich, geliebter Lull, in diesen Tagen wegfahre,
um mich auf dem Weihnachtsbaum auszuruhen – und daher
vorher alles aufarbeiten muß, daß es nur so kracht *zum Ullsteinerweichen*. Und daher nicht kann. Und daher nicht böse
sein sollen. Und daher auch nicht schimpfen sollen und auch
nichts ins Tagebuch schreiben sollen – det mecht Ihn so passn,

daß nachher die Nachwelt staunend erfährt, «Tucho hat ja nie Zeit» – und die Schulkinder sich anstoßen und tuscheln: «Das kennt man schon!», und dann kommt die ganze *Liebesgeschichte mit der Lilly* heraus und diene ich der Posteriorität zum Gespött. Det laß Du man.

Ich wünsche Ihnen ein vergnügtes *Chanuka-Fest*, und wenn ich wieder da bin, dann melde ich mir – so wahr mir Gott helfe.

Hochachtungsvoll
Herr Tucholsky

Was macht das Stück –? Hast Du schon ein Auto –?

Post: Weltbühne
Berlin-Charlottenburg 2
Kantstraße 152

18. Oktober 29

Hochverehrte Mitjuden,

Ihre freche Schreibe erhalten, worin sich sehr dicke tun. Ja, liebe Herren, nun sitze ich also in Berlin und lasse die wilde Weltstadt über mich hinüberbrausen, aber es ist gar nicht so schlimm, *und ich fahre in vier Wochen wieder weg*, denn dann will ich in den Provinzen vorlesen, aber es ist gut, daß Ihr nicht dabei seid, indem ich dann lachen müßte, und die feinen Leute sind teils entzückt, teils böse über *das neue Buch*, und ich habe Angst, im Winter einen Pariser Schnupfen zu bekommen, und daher werde ich wohl zu den beiden Bettelmönchen erst im Frühjahr kommen, und ich frage mich doch sehr ernsthaft:

wer reicht mir denn ein nacktes Mädchen auf einem Kissen ins Schlafzimmer? Ich gucke keinen an.

Lieben Leute, hier ist ein sonniger milder Herbst ausgebrochen, und ich habe *vorher an der Mosel einen leichten gekippt*, woselbst es sehr schön war, und Ihr müßt immer ausführlich schreiben, wie es bei den Franzosen ist, ob sie noch so kleine *unanständige «Cedilles»* unter dem Zeh tragen. Lieben Freunde, Gott ist groß, denn sonst hätte ja auch *Leonhard keinen Rundfunkpreis bekommen*; das Stück soll in der Taubstummen-Anstalt Bitterfeld-Süd sehr gut gefallen haben. Schick mal die Komödie her, Du alter Affe.

Lieben Freunde, in der Vossischen Zeitung lieben sich Bruder und Schwester, ich aber liebe *Marquita*, die ich herzlichst von mir auf die Nase zu küssen bitte, und bin daher

Euer trauter Postschwede
Tucho

Post: Weltbühne

27–12–29

Sehr geehrter Lümmel, Herr Lümmel,
Ihre werte Komedie erhalten und auf den Nachttisch geleckt, woselbst sie lesen will. Und verbitte mir alle dahingehenden Ausspülungen – echt jüdisch! echt französisch! echt Clamart – Nichtgewünschtes zu durchstreichen.

Fall Wels. Da hat die Mama recht: die stürbe ja wohl eher, als daß sie einem erlaubte, in ihr Privatleben hineinzusteigen. Nun weiß ich aber jedennoch, daß da eine Wendung zum Besseren eingetreten zu sein scheint – und ich glaube und hoffe, daß Ihr Mamabrief überholt ist. Ich werde mich noch mal um die Sache kümmern – die Frau verdient das, das ist ein ganz seltenes Menschenexemplar, sehr klug, sehr gebildet, und von einer ebenso seltsamen wie seltenen Überlegenheit.

Wer ist Holzpuppe? Hast Du schon wieder eine neue Geliebte? Sie haben doch erst im Jahre 1926 eine neue Geliebte gehabt! Was wechseln Sie egalweg! Sie sind ein *Sardanarola*.

Woso haben Sie *das Deutschlandbuch* nicht bekommen, Leonhard? Ich schwöre (ohne kalten Eid), daß ich Ihnen auf die Liste gesetzt habe. Vielleicht hat Sie da ein Hammel wieder runtergesetzt. Ich werde das befummeln und mit Verlaub zu sagen in die Hand nehmen.

Himmelarschund Zwirn: Wer ist Holzpuppe? Wieso ist Holzpuppe Holzpuppe? Puppt sie Holz? Wenn ja, warum nicht? Liegt sie wie ein Brett auf demselben? Dann mußt Du sie kützeln, dann bewegt sie sich.

Ich sitze hier und klappere leise vor mich hin. *Drunten im Tale gen Italien* hin bellen die Hündlein. Hasenkleffers Diskant ist deutlich herauszuhören. Was macht *der kleine Napoléon-Biograph*? Leonhard, wie ist Paris? Aperitieft Ihr? Geht Ihr noch tanzen? Bei die Mädchen? Hör' ich doch noch im Geiste die Gonokokken bellen... das war eine schöne Zeit...

Ich grüße Sie und *den jungen Dichter des «Vatermords»* in geziemender Hochachtung – sowie auch meine Braut Marquita, wo in einem kleinen Heidekirchlein mitgetraut, jedoch offenbar stehengelassen und nicht abgeholt. Das ist aber nichts gegen den Neger, der aus dem Bade stieg – durch die Badehose sah man so ein Ding. «He!» sagte ein evangelischer Pastor, der dieses sah, «schämen Sie sich nicht!» – «Na, na...» brummte der Neger. «Immer mit der Ruhe. Wenn Sie zwei Stunden im kalten Wasser schwimmen, schrumpft er Ihnen auch ein –!»

Dies wünscht Ihnen

Post: Weltbühne
Berlin-Charlottenburg 2
Kantstr. 152

9–2–30

Lieber Mann,

so ein Flegel, wie es den Anschein hat, bin ich nun wieder nicht. Bei mir dauert nur manches ein bißchen lange – na, nun lacht die Holzpuppe... Item:

Sie haben mir pfreundlicherweise *ein Stück* dargewidmet. Dank! und angenommen. Sie fragen auch, wie es mir mundet. Paß mal auf:

Es ist alles sehr schön und nett (wobei zu berücksichtigen, daß ich kein Theatermann bin) – das einzige, was mir nicht geschmeckt hat, ist die Vorstellung, auch spaßeshalber nicht: zusammengewachsene Mättcher auf der Bühne zu sehen. Das... ich weiß nicht. Na, Sie wissen doch, Leonhard: ich bin nicht Tante Julla, die dann sagt: «Gott, wie peieieinlich!» – aber es ist da wirklich irgendein Erdenrest, zu tragen peinlich... ich habe nicht ganz herausbekommen, was es eigentlich ist. Kann man das spielen? Wenn ja: bleiben die Leute so lange still sitzen? Gibt es nicht einen Klamauk? Was sagt *der wackere Klever* dazu?

Dies schreiben Sie mir mal bitte. Auch, warum denn *der gute Hosenkleffer* nun wahr und warraftig nach Berlin abgebraust ist, wo ich hier bei dem wenigen Gold und Silber, das mir die Nächte mit Euch gelassen haben, ein Telegramm von ihm aufbewahre: Rettet Eure Seele rückkehret Paris! So mobil sind Dichterherzen...

Und schreiben Sie bitte überhaupt mal, wie es im Leben zugeht. Und was es alles ist. Und wie jeht. Und auch die Liebe.

Von Deinem dicken
Tucho

Hier; heute
[Mai 1930]

Sehr geehrter Herr,

wenn Sie mich so fragen, muß ich sagen: ja. Ja, ich komme...
diß weiß ich noch nicht... es hängt so von allerlei ab. Mir
bekommt der Friehling nicht, daher weiß ich es nicht.
Mensch, eine Klaue hast Du – da werden sich aber mal die
Nachlaßverwalter der Gesammelten Werke freuen. «Mit
unendlicher Mühe» wird mein Vorwort beginnen... Na,
denn stirb man. Los! *Que fait la poupée de bois?*

Mit Achtung Fidol,
Gebirgskatzen und Seehunde en gros

Post: Weltbühne

Lieber da Vinci,   19–7–30

schönen Dank für Ihren Brief. Ich habe mir das sogleich genau überlegt, und es ist damit so:

Wenn ich es könnte, täte ich es.

Nun habe ich seit Monaten eine Magensache, die mir die
Arbeit stark verleidet und sie mindert – *daher hierorts Kur*
und so.

Ich weiß genau, wie Ihr Brief nicht aufzufassen gewesen ist
– aber ich setze das an die Spitze, weil ich nämlich weit und
breit in Berlin keinen Menschen sehe, dem ich diese Sache mit
Aussicht auf Erfolg unterbreiten könnte. (Denn ehe man
einen solchen Brief losläßt, muß man sich die Chancen ausrechnen.) Und da sieht es so übel aus...! Keine Post vergeht,
ohne daß nicht mit großem Wehgeschrei selbst einer der
Großkopfeten jammert. Die haben immer gejammert, aber
dieses Mal scheint es sehr faul zu stehen. *Hugo Simon?* Ich
glaube nicht.

Hingegen: wenn Sie irgendeinen bestimmten Mann haben, bei dem ich helfen kann, dann will ich das sofort tun. Ich kenne auf diesem Gebiet überhaupt nur zwei, und beide sind derart «abgenutzt», daß es sinnlos wäre, sie anzugehen.

Mir tut es verdammt leid, Dicker, daß ich nicht in Paris bin – solche Sachen machen sich zu zweit immer besser ab, als wenn Sie da so allein hocken. Ich wäre längst da, wenn es mir besser ergangen wäre, aber ich habe gesundheitlich allerhand Kummer gehabt. Bitte schreiben Sie mir, ob irgendeine Aussicht da ist, bei der ich Sie unterstützen kann. *Kann man beim SDS was machen?* Das täte ich sofort.

Bitte nehmen Sie es so kameradschaftlich, wie es gemeint ist: daß ich Ihnen keine falschen Hoffnungen mit Geschmuse mache – sehe ich aber einen, den man anhauen kann, dann tue ich das.

Lassen Sie es sich so gut gehen wie möglich!

Allemal
Ihr alter
Tucho

[Hier], heute.

[Mai 1931]

Sehr giöhrter Herr,

es ist ein Brief von Ihnen gekommen, das ist aber auch alles, was ich sagen kann. Hier liegt der außerordentlich seltene Fall vor, daß ich aber auch kein einziges Sterbenswörtchen habe lesen können. Stimme daher den Ausführungen des Herrn Vorredners zu und erkläre ihn für einen Lompenhond. Übrigens komme ich näxte Woche to Paris, klingele an und lasse mir den Brief von Ihnen vorlesen. Ein Wort heißt Hausapotheke, es kann aber auch Hauptstadt heißen. Dies wünscht Dir Ihr guter

Tucho

Post: Weltbühne

11-7-31

Sehr geehrter Herr Mittelmaß,
dieses nicht auf mir sitzen lassen könnend, will ich gleich antworten.

Buch ist abgegangen – da gibts keine Ausrede, das hatte ich glatt verschludert. Mit Paris war das anders. Das gehört eigentlich in den nächsten Absatz – verdammte Unsitte!

Item: ich war wirklich da, Ihre Quatre-Sous-Knaben hatten recht. Aber: mir wuchs diese Stadt über den Kopf, ich geriet in einen Strudel von Verabredungen, Hin und Hers... und weil ich ein stilles Kind vom Lande bin, so habe ich mich auf meine bezaubernden Socken gemacht und bin auf und bzw. davon. Nach Longdong. Da kennt mir wenigstens keiner. Ich habe nicht recht gehandelt und will es nie wieder tun. Verzeihet mir.

Den Olf-Vorschlag habe ich Ossen unterbreitet. Er hat sich vorbehalten, über Serien-Artikel deshalb zu entscheiden. Weil er ja die technische Redaktion hat – daher mag ich das nicht dekretieren und so stehe ich auch nicht mit ihm. Befürwortend weiterjejehm – denn ich bin da4.

Hurra für die Anonymen Briefe! Das ist ja hocherfreulich. Na, wo denn? Na, wann denn –?

Und Sie –?

Unsereiner sitzt hier auf dem Lande, wie üblich, und klappert allerhand. Und hier ist es still und friedlich und nichts ist und gar nichts, und das ist eben das große Glück. Dahinter kommt man allmählich.

Dies wünscht Dir der den *Friedel Sieburg in London* wieder gesehen habende und Ihrer dabei gedacht habende

und alte und dennoch nicht ungetreue
Tucho

Post: Weltbühne

31–7–31

Lieber da Vinci,

schönen Dank für Ihre beiden Schriebe. Dazu:

Ich wünsche vor allem viele Aufführungen der «Briefe» – wenn das einigermaßen geschickt herauskommt, ist damit sicherlich ein großes Geschäft zu machen. Man muß es allerdings stellenweise etwas nach dem strecken, was sich das Popplikom so unter «Anonymen Briefen» vorzustellen pflegt.

Nein, London ist nicht Land. Ich sitze in Kent und gucke in das Land hinaus. Mit einer schönen Sicht. Im übrigen könnte ich nicht sagen, daß ich mich an denen Engländern erfreue – ihre Leistungen in allen Ehren, aber ich liebe sie keineswegs.

Dank für das, was Sie *über das Büchelein* schreiben. Außer Oss sind Sie der einzige, der das richtig angemerkt hat. Was diese Ochsen so an Lob und Tadel zusammenschmieren...! Sie haben natürlich recht. Es rührt daher, daß ich diesen Kram, damit er ganz, ganz leicht und luftig wird, 4 (vier) Mal aufgemalt habe – und dabei habe ich es um die entscheidende Nuance überdreht. Jetzt fragen die sich da ihre Klugheit ab, und es «klappt» alles so schön, und das ist natürlich falsch. Und wenn ich nach Amerika mache, klopfe ich vorher bei

Ihnen an. Und hole mir den Dollar ab. Und *die Schweinerei auf Seite 91* ... na ja, schööön ist es ja – aber es ist doch auch wegen der realen und moralischen *Protargolspritzen* – also das ist ein weites Feld, das mich übrigens heute weniger beschäftigt als die Figur.

Na, Sie haben mir ja das Maul nicht schlecht wäßrig gemacht, durch Ihr Menuprogramm. Ich hoffe doch sehr, doch im Herbst noch so viel Geld übrigbehalten zu haben – dann will ich es aber gewißlich in Paris treiben. Auf und ab. Und in dem Hallenrestaurant. Du bezahlst alles. Ich esse alles. Finden Sie übrigens das Leben sehr komisch –? Ich nun also weniger.

Der Genosse Kläffer schreibt aus dem Süden. Wo gehst Du im Sommer hin? *Der Genosse Sieburg* ist im hohen Norden, auf dem Kaiserfranzjosefmirbleibtauchnichtserspart-Land.

«Warum aber», wandte sich die Puffmutter an einen jungen Mann, der traurig abseits saß und aber gar nicht mitmachte, «gehen Sie denn nicht nach oben? Die Damen erwarten Sie.» «Nein. Ich habe meine Gründe...» sagte der. «Was für Gründe?» – «Ich habe drei Gründe», sagte der junge Mann. «Erstens habe ich die Lues, zweitens steht er mir nicht mehr, und drittens bin ich verlobt.»

Dies wünscht Dir
Ihr freundlichst grüßender
Tucho
Mitglied

[16. 10. 31]

Ich bin hier.

Mit einer süßen... haben Sie inzwischen ein neues Drama unter sich gelassen... mit einer himmlischen... warum sind die zu Hause eigentlich noch Republik, sie sind es doch längst nicht mehr... mit einer wundervollen... wann sehen wir uns? ...mit einer geradezu begeisternden... allein ihretwegen lohnt es sich, mich zu sehen... Ich bleib noch 8 (pfui) jours... und wohne im Hotel Royal Condé 10 rue Condé, nahe der rue Danton am Buhlew8 Säng Tschermäng... und habe die Telefonnummer Danton 9162... und bin hier mit einer prachtvollen Mandelentzündung und freue ich mich, Sie zu sehen? Kannst Du das lesen –? Aha.

> Hochachtend
> Rudolf Leonhard

Post: Weltbühne

11–11–31

Lieber da Vinci,
hopfentlich ist das Telegramm – dringend – rechtzeitig angekommen, denn ich bin es auch. Schönen Dank für Ihre Freundlichkeit: bitte vernichten Sie die Briefe.

Die Finanzkontrolle an der dänischen Grenze beschränkte sich darauf, daß mich der Schlafwagenkutscher fragte, ob ich mehr als 200 Mark bei mir hätte. Ich sagte, ich hätte nicht. Dabei blieb es denn. Zu denken, daß ich rund 450000000000000000000000000000000000000000000000000 Mark und achtzig Pfennig hätte herausschmuggeln können! So was tröstet sehr.

Der Kleffer saß in Kopenhagen und fraß, was ihm der Arzt erlaubt hat. Ab und zu knöpfte er die Weste auf, um zu sehen, ob sein Darm auch keine Schlacken hätte. Er hatte keine, roch aber scheußlich. Wir sind dann zusammen *irrtümlicherweise nach Lappland gefahren*, wo wir, glaube ich, noch sind. Klever ist frisch und munter – wahr ist vielmehr, daß er genauso verrückt ist wie ich.

Also, *der Brutus.* Das liegt nun an meinem dramatischen Unvermögen, mir Stücke gespielt vorzustellen. Mich stört zweierlei: die Diktion, die, wie Sie sagen, ja beabsichtigt ist, und dann kommt für mich das nicht heraus, daß das eben nur ein Schulfall der Geschichte ist. Es ergreift mich nicht unmittelbar; ich muß es mir erst über den Umweg der Geschichtskenntnis nahebringen. Irrtum vorbehalten – nochmals: ich bin kein guter Dramaturg, und wenn das Stück eines Tages mit großem Aplomb ihnen zween Nobelpreise einbringt, so will ich nichts gesagt haben.

Hier ist der Himmel grau. Ach, Mensch – mal nicht Hotel… das ist auch ganz schön. Wie war der Vortrag? Hier sind gar keine Vorträge – *nur ehmt dieser lästige Besuch.* Er frißt so viel. Außerdem hat er die Länder verwechselt. *Il est cocu le chef de gare,* und was soll ich Ihnen sagen: jetzt hat er mit der jüngsten Tochter des hiesigen Stationsvorstehers etwas angefangen. Wenn ich recht bin, ist es ein Verhältnis. Ein Zug ist schon entgleist. Der Vorsteher hat geschworen, keinen mehr fahren zu lassen.

Dies wünscht Ihnen
Ihr ergebener
Tucho

Post: Weltbühne

19–11–31

Lieber Affenkopp,
ich habe also am Tage meiner Ankunft dringlichst telegraphiert und dann auch noch der Sicherheit halber geschrieben. Haben Sie diesen Brief bekommen? *Die Frau von Montaignac* klagt nämlich, sie habe nicht alle meine Briefe bekommen.

Hier geht es zu. *Hasenclever arbeitet,* und ich gehe umher

und ordne an, wo er hinarbeiten soll. Manchmal aber muß ich dichten, und dann sagt er: «Falsch! Noch mal dichten!» Und das müssen nachher die Schulknaben des Jahres 1987 auswendig lernen, von ihren werten Gedichten ganz zu schweigen. Schreib mal, Du Affe

Deinem hochergebenen
Rudolf Leonhard

Post: Weltbühne

28–11–31

Lieber Herr,

vielen Dank für beide Briefe. Der Witz mit dem General war so gut, daß ich versuchen werde, ihn drucken zu lassen. Im übrigen habe ich den Klamauk schon richtig verstanden. Also:

Ich habe mit Ossn telefonisch gesprochen. Er war sehr ruhig und gefaßt – er ist meines Erachtens viel zu anständig gewesen, das wird sich nicht rentieren. Ich hätte das Schweigegebot gebrochen, und ich wäre geflohen. Nur keinen falschen Stolz... Na, nun versuchen die Herren Advokaten, die Strafe in Festungshaft umzuwandeln... ich kann nicht übersehen, ob ihnen das gelingt. Wir haben über Vertretung und alles gesprochen, die Sache sieht nicht gar so mulmig aus, wie es den Anschein hat. Es ist eine Gemeinheit, die man kaum kommentieren kann, höchstens mit Fußtritten. Dieses Pack hat die Gelegenheit benutzt: der Junge sitzt für meine große Schnauze mit, das ist kein Zweifel. Sie haben sich gerächt, mit Justiz hat das alles nichts zu tun. Von hier aus kann ich natürlich nicht hereinreden, die Anwälte und so – ich hätte das aggressiver gefingert. Nur wer brüllt, kann auf Recht, nein, auf weniger großes Unrecht hoffen. Na – wollen weitersehn.

Vielen schönen Dank. Zu tun ist gar nichts im Moment. Ich will mal gucken, was wir machen – eventuell schreibe ich dann an Sie, wenn und ob Sie etwas mitmachen können. Er kann froh sein, wenn er «begnadigt» wird. Diese Säue.

Nie vergessen: Es waren die Herren *Theodor Wolff, Georg Bernhard* und *die Frankfurter Zeitung* im schönen Verein mit der SPD, die diese Mistkerle wie *Geßler* und *Groener*, die Vertreter übler, kaum kontrollierbarer Hintermänner überhaupt so großgemacht haben. «Lieber Freund… Sie haben den Uniformkoller… so schlimm sind diese Leute ja gar nicht…» Schade, daß man *Heinz Simon* und *Breitscheid* nicht das Fell vollhaut. *Reimann* schrieb mir übrigens, daß sich Heinz Simon, der Chef der edeln Frankfurterin, bereits heftig und oft bei *Hanns Johst*, der rechten literarischen Hand Hitlers, zeige und dort emsig verkehre. Johst: «Ja, ich bin ja Antisemit. Aber es gibt doch Ausnahmen.» Sicher, die gibt es. Ich habe nur nicht gewußt, daß dieser Schleimscheißer Simon dazu gehört. *Die und die Sozialdemokraten…* bei denen können wir uns bedanken.

Hatché.

Dein guter Tucho

Hier ist keine Mitternachtssonne o wie scheinest du so schön. Klever arbeitet derart fleißig und intensiv, wie ich es nie geglaubt hätte. Eifere ihm nach.

Post: Weltbühne

13–12–31

Lieber da Vinci,
es handelt sich an folgendem, wie *Gussy* immer sagt – aber dieses Mal ist es nicht patentierter Landesverrat, sondern viel schöner.

Hier in Schweden tut kein Wein wachsen. Daher importieren sie auch keinen, damit die Krone geschützt wird, die kann man aber nicht trinken. Man kann sie trinken, dann heißt sie aber Kronenbranntwein, und dann ist sie wieder kein Geld. Infolgedessen habe ich eine Bitte.

Wenn man sich aus Frankreich Rotwein schicken läßt, was erlaubt ist (hier ist doch Rationierung), dann kostet das Zoll. Dieser Zoll ist nun wesentlich geringer, wenn es sich um ein Geschenk handelt. Daher hat mir ein netter Beamter des hiesigen Spritmonopols gesagt: «Lassen Sie sich Ihren Wein von der französischen Firma schenken.» Das finde ich nun reichlich dämlich. Infolgedessen habe ich eine Bitte.

Schreiben Sie mir bitte einen Brief, daß Sie sich erlauben werden, mir – als alter Leser und Bewunderer meiner ziemlich unsterblichen Werke – (per Sie geschrieben) eine Kiste Weines zum 9. Januar zu schicken, das ist mein Geburtstag. Es könnte sein, daß die Kiste später käme – da Sie jetzt auf Reisen gehn. Ich hätte die Kiste aber bei Ihnen gut.

Wenn es dann soweit ist, werde ich Sie bitten, mir Wein zu bestellen, und dann sind Sie vier Wochen besoffen. Und dann geht die Kiste ab. Und dann schreiben Sie mir infolgedessen noch einen Brief, und dann muß ich hier weniger Zoll bezahlen. Überschrift: EUROPA.

Hast Du das verstanden? Gut.

Der andere Verrückte hat ein Buch gefunden, in dem steht, alles in der Medizin ist falsch, richtig sei vielmehr das Gegenteil. So wie auch der Aderlaß. Jetzt läuft er hier rum, redet von nichts anderm und ist nur mit Mühe davon abzuhalten, nach Wien zu fahren, wo der – übrigens sehr kluge – *Arzt wohnt, der das Buch «Die Krise in der Medicin» geschrieben hat.* Fährt er je hin, so wird er sicher gesund, und ich finde diesen Heilungswillen sehr schön. Nur ist es ein bißchen viel für einen einzelnen Herrn. Er arbeitet aber + + + großartig,

ist viel beständiger als ich und schuftet wie ein Dampfesel.
Was mag das für ein Tier sein.

Wenn Sie auch noch hier wären, *dann fehlt bloß noch Hiller*, und dann käme die Feuerwehr. Schade, daß Verrückte nur
selten den Ruhm der Mitwelt ernten. Infolgedessen habe ich
eine Bitte.

Lecken Sie mich im Arsch.

Mit Hochachtung
Ihr getreuer
Leonhard Rudolf

Necken Sie den andern Verrückten nicht mit seiner Medizin.
Gläubige muß man nicht stören. Außerdem hat er in der Sache recht.

Nur Verrückte merken, daß Verrückte verrückt sind.

Post: Weltbühne

13–1–32

Geliebter Beuh,
ich danke Dir schön für Deinen allerhäzlichsten Glückwunsch allerhäzlichst, und ich wünsche nur eines: daß es Ihrer Maschinerie wieder gutgehen möge. Denn es ist manchmal im Lehm nicht leicht. Das sage ich Dir.

Krümel im Bett... ja, das ist ein Rätsel. Vielleicht fallen sie
mir aus dem Gesäße. Dortselbst sind welche. Bei Dir nicht?
Dann geh schnell zum Achzt.

Schicke die Komödie. Beiße mich aber nicht, wenn ich das
nicht so weiß – ich habe hier wieder *am Klever gesehn*, was
alles zu einem Theatermann gehört – der ist ja einer, wie mir
scheint. Ich aber weiß es mitnichten, ob ich einer sey. *Daher*

haben wir auch die Gomödje von den Columbuss fertig ge-macht, und nun werden wir ja sehn.

Er, der andere Verrückte, fährt übermorgen ab. Er war weitaus verrückter als ich, hat sich aber viel verständiger be-nommen. Er ist wirklich ein netter und anständiger Mann, ich habe ihn sehr gern. Und hat ehm Humor, Mensch, det is so selten. Die andern nehmen sich alle so ernst. Aber, hat neu-lich der Gubener Anzeiger oder so etwas geschrieben: *Meh-ring* und *Ringelnatz* und *Kästener* und Tucholsky... man kann sie nehmen sich selber nicht ernst, «haben also nicht den Anspruch, ernst genommen zu werden». Und in dieser Spra-che hat Lichtenberg geschrieben! Nein, er hat ja natürlich in einer ganz andern Sprache geschrieben.

Wegen der Weinkiste, das wird woll im Februar steigen – im Januar habe ich für diese welschen Torheiten kein Göld.

Heil! Damit Du es schon weißest: ich schicke Dir Probier-geld, und dann suchst Du:

50 Flaschen eines guten, nicht zu schweren Burgunders, den man als Tischwein trinken kann. Milde, ohne Säure, keine große Sache, aber auch keinen offnen, gepanschten.

20 Flaschen Burgunder, also das muß einer sein, der Papa und Mama sagen kann. (Beides) Davon saufst Du, bis Du umfällst, und dann schicke ich einen Tschekk. Und dann schickt ihr ab.

Dies wünscht Dir

Dein hochgeehrter
Amadeus Magensaft
Geometer

Hindås

12−2−32

Lieber Osaf,

Ihren dreckigen Schrieb erhalten *sowie auch mehrere Pfund Papier, die sich for eine Komödi ausgeben.* Das werde ich betrübten Herzens lesen, was soll ich nebbich tun.

Sehr geehrter Herr Staffeleibesitzer, Staffelbesitzer, Staffeleiführer: anbei etwas für Ihr Gemüt. Schicken Sie es mir bitte zurück. Es ist *eine südfranzösische Geschichte von der Gräfin* (die Gräfin heißt die Gräfin, weil *Karlchen* sie so benannt hat – und Sie kennen sie ja aus Paris) – also eine Geschichte, die Sie sich mit dem schönsten Akksang vorzustellen haben, den übrigens *Klever* wunderbar kann. Ich habe so gelacht... ich bin so ein alberner Mensch und kann mich an solchem Wahnsinn sehr erfreuen. Heute nacht habe ich noch einen halben Meter nachgelacht. Unübersetzbar. Nur dort unten möglich: ob wahr oder nicht, zwischen Geschehen und Erzählen ist ja da unten der Unterschied nicht so sehr groß. Ich finde sie ganz ersten Ranges – gar nicht witzig, sondern ganz was anders.

Dafür ist dieses Mal meine Maschine kapott.

Ich empfehle mich Ihnen – wenn ich Geld habe, dann schicke ich solches für den Wein. Friß nicht soviel.

Grüßen Sie die Wachspuppe, und sie möchte meiner im entsprechenden Moment gedenken.

Dies wünscht sich... nein, eine möblierte Zimmerwirtin hat mal den ehrlichsten Briefschluß geschrieben, den es gibt, nämlich: «Ich hoffe, daß es mir gut geht.»

– als Ihro sehr ergebener

Hindenburg

Post: Weltbühne

14–2–32

Lieber Anatol,

natürlich habe ich etwas vergessen. *Der Wendriner.* Ja, lieber Herr, *das steht doch schon bei Rowohlt,* da kann ich nichts machen. Wie denkt sich *Herr Timpe* das? Was heißt *«Handpresse»*? Will er eine besondere Ausgabe machen? Das habe ich alles nicht verstanden.

Ihr Stück.

«Hingegen wird die Tendenz des Spiels, Politisches zu vergeistigen, es in jene Luftleere zu rücken, wo eine Idee, ist sie das nur, so schwer oder so leicht wiegt wie die andere, wird die Absicht, das Tun des politischen Menschen unterworfen zu zeigen der jeweiligen Kräfte-Konjunktur, unter der er steht, geheimnisvoll bestimmt von ihr wie vom wechselnden Mond die Gezeiten des Meeres… hingegen also wird solche Tendenz und Absicht wohl merkbar.»

Sagt Polgar über den «Diktator» von Romains.

Ja… schwer. Ich weiß schon, was los ist. Nun glaube ich aber nicht recht an Stücke, die «in jeder Republik» spielen. Der Zuschauer zieht ununterbrochen Vergleiche – Hitler ist es nicht, Mussolini auch nicht, und es ist ja auch sehr gut so – denn das hätte dann wieder das Fatale vom Wachsfigurenkabinett. Aber machen Sie sich Ihre Aufgabe schwerer: jedes historische Stück basiert ja auf den von den Zuhörern bereits mitgebrachten Assoziationen, braucht also gewisse Dinge nicht noch mal zu schaffen – man sagt «Kolumbus», und der andere weiß schon. Das haben Sie nicht gemacht, gut.

Nun aber hängt da vieles in der Luft. «Imag-Aktien» oder wie die Dinger heißen, ist zunächst gar nichts – und nicht, wie Sie glauben: alles, sondern zunächst gar nichts. Bei «Standard-Oil» stellt sich die Wirkung sofort ein – das andere bleibt doktrinär. Sehr schwer zu lösen, außerdem bin ich kein

Dramatiker. Das Stück ist sehr klug, aber vieles bleibt wie hinter einer Glasscheibe. Man möchte immer ran, aber man kann nicht ran. Das kann an mir liegen – ich bin ein völlig unmöglicher Dramaturg, vergessen Sie das nicht. Ich schreibe ja auch fast nie Theaterkritik.

Wem haben Sie das eingereicht? Ick weesss nich... dafür gibt es vielleicht gar kein Publikum. Ich kann mir wenigstens keins vorstellen. Und wenn Ew. Liebden Erfolg haben wollen, dann müssen Ew. Liebden nicht Konjunkturschreiberei machen, aber für die Leute schreiben, die da sind. Und so, wie sie da sind. Und so, wie sie heute da sind, leider, leider... aber das müßten Sie. Finde ich. *Salvavi animam meam.*

Hugh.
Dein guter
Tucho

Post: Weltbühne

2–4–32

Lieber da Vinci,
ich habe lange nichts von Ihnen gehört und nehme daher an, daß Sie tot sind. Für diesen Teil erlaube ich mir, Sie zu benachrichtigen, daß ich mit nächstem – etwa Mitte April – durch Paris trudeln werde, *von wo ich nach Hasenklevern herunterfahren will – wenigstens in seine Nähe.* Sollten Sie das gleiche tun, so teilen Sie mir das mit – dann können wir zusammen fahren. Sollten Sie schon an der Riviera sein, dann fahren Sie doch bitte nach Paris zurück, damit wir doch zusammen fahren können. Wir wollen es möglichst umständlich machen – ich bin Deutscher.

Dies wünscht Ihnen keinesfalls

Ihr allerwertester
Leonhard

AN RUDOLF LEONHARD

[16.5.1932]

Inseln

Wie eine Insel ragt
            nein…
        Inseln
Es ragt der dicke Bauch vom Leonhard
aus blauen Wellen auf wie eine Insel.
Die Sonne brüllt vor Hitze. Jenner paddelt zart –
es überstreicht das Firmament der Pinsel
des weißen Haarschopfs… Möwen winseln,
die Strandgeräusche einen sich zu Lautgerinnseln,
zu einem großen Schrei:
            «O Zoff!»
Nun weiß ich weiter keinen Reim auf Inseln.
                    Hochachtungsvoll
                    Der andere Meistersinger

Post: Weltbühne

        Le Lavandou – aber da schreibe
        nicht mehr hin, denn ich mache weg.
                    8–6–32

Lieber da Vinci,
die WB also läßt sich folgendermaßen vernehmen:

Sie könnten es nicht machen, sie wären vollbesetzt. Aus
den Glossen ginge hervor, daß solche Dinge rasend schnell
überholt seien – und dazu müßten Sie in Berlin sitzen. Relata
refero – weil es gewisse Sachen gibt, die nur der am Telefon
machen kann. So möchte ich da nicht einschreiten. Nichts für
ungut.

Was aber nicht hindern soll, daß Sie die Aufsätze über die französische Provinz unter sich lassen, und zwar recht bald.

Hier ist endlich die Sonne ausgebrochen.

Wie waren die Konferenzen?

Womit ich verbleibe als Dein hochgeehrter
Tucho

Post: Weltbühne

18–1–33

Hochzuverehrender, nein.

Sehr geehrter Herr, auch nicht.

Ew. Heiligkeit,
ich finde es gradetzu riehrend, daß Sie meiner gedenken, ich habe meinen *Kürschner* nicht dabei und weiß nun nicht, wann ich Ew. Pontifikalität zum Geburtstag gratulieren kann. Was hiermit auf Vorrat tue. Und bedanke mich auf das schönste.

Mir ergehet es noch nicht zum besten, sonst wäre ich schonst längstens in Paris aufgetaucht.

Bin aber bis dahin Ihr wohlaffektierter
[handschriftliche Unterschrift unleserlich]
diplom. Schriftsteller. Mitarbeiter und
Besucher erster Häuser.

AN HEINRICH MANN

Le Vésinet
28 Avenue des Pages

7–11–25

Sehr verehrter Herr Heinrich Mann,
bitte belasten Sie mein Konto nicht mit einem Posten Ungezogenheit (man hat ja nicht umsonst Bank gelernt...) – ich will Ihnen erklären, was vor sich gegangen ist.

Ich habe zwei Monate in den Pyrenäen – einschließlich Lourdes – gesteckt – nicht ohne in einer bösen Waldschlucht mit dem Schienenbein glorios aufgeschlagen zu haben – und dann haben sie mich in Lourdes operiert (ohne Wunder). Als ich wieder nach Hause kam, mußte ich gleich *eine kleine Arbeit über die Pyrenäen fertig machen*, und das hat mich bis gestern vollkommen in Anspruch genommen. Entschuldigen Sie also bitte die Verzögerung –!

Den «Kopf» habe ich bekommen. Ich habe ihn sorgfältig gelesen, und es ist mir nicht leichtgefallen, ihn zu verstehen. Ich weiß, daß hier etwas Neues gemacht ist: die Geschichte, wie sie nicht gewesen ist, eine andre Welt... aber sobald etwas von der Realität fort ist, in politicis, dann macht mir das Kummer. Das ist kein Urteil – sondern eine Inkompetenzerklärung. (Ich schreibe Ihnen das so, weil ich weiß, daß Sie es so auffassen, wie es gemeint ist.)

Was es hier gibt, muß ich erst wieder ergründen – seit einem Vierteljahr habe ich alle Gesellschaft gemieden und seit der Reise immer nur gearbeitet. Immer wieder erstaunlich ist das hiesige Tempo der Politik, die Beweglichkeit der Leute und ihre absolute Scharfäugigkeit. Solche «Sozialdemokraten» wie bei uns gibt es hier denn doch nicht. Obgleich...

9

Aber das ist ein langes Kapitel. Ich wünschte sehr, Sie einmal hier im Lande sehen zu können. Ich kann Ihnen nichts zeigen, nicht einmal Leute vorstellen – ich wäre in jeder Hinsicht der Nehmende. Aber ich möchte einmal hören, was Sie zu allem zu sagen haben – ich verstehe Deutschland weniger denn je.

Haben Sie «Ulysses» von Joice gelesen? Meine englischen Kenntnisse erlauben mir die Lektüre dieses so schwierigen Buches nicht – hier sind viele Gruppen voll davon.

<u>Wann</u> kommen Sie zum Tee – Es ist ein richtiges Eßzimmer da (vorsichtig umdrehen!) und eine Art Schreibtisch. Aber ich will nicht undankbar sein: besser als in Berlin ists schon.

Mit den schönsten Grüßen wie stets

Ihr sehr ergebener
Tucholsky

AN SIEGFRIED KRACAUER

Post: Weltbühne
[Berlin-]Charlottenburg
Königsweg 33

4. März 1927

Sehr geehrter Herr Doktor!

Ich habe Ihre vor einiger Zeit erschienenen *«Pariser Beobachtungen»* gelesen und möchte Ihnen denn doch daraufhin eine gewaltige Liebeserklärung machen.

Ich habe annähernd 3 Jahre in Frankreich gelebt, und niemals, weder während meines Aufenthalts noch nachher, habe ich eine so ausgezeichnete Analyse des französischen Wesens gefunden, wie Sie sie gegeben haben. Das ist ganz meisterhaft. Ganz herrlich, wie Sie sagen, daß der Deutsche seine Kategorien in die Ecke stellen muß, daß er ein aufgeregter Bürger ist, und wie in Frankreich die Begriffe «Ehe» oder «Mitgift» noch so sehr viel gelten. Ich war immer der Meinung, daß die Franzosen ihre Tage so intensiv erleben wie ein Kind seinen Geburtstag: an solchen Festtagen bellen sogar die Hunde anders.

Weil nun aber auch die Spritzer, die auf Deutschland dabei abfallen, formal und sachlich so brillant sind, möchte ich Sie fragen, ob Sie Lust haben, an der Weltbühne mitzuarbeiten.

Sollten Sie in Berlin leben, was ich nicht weiß, oder sollte Ihr Weg Sie hierher führen, so ließe sich leicht das Nötige mündlich besprechen. Wenn nicht:

Ich nehme von Ihnen am liebsten Aufsätze, die anderswo nicht möglich sind. Sie können bei mir natürlich auch über Frankreich schreiben oder über irgendein andres Land. Mich interessieren aber auch konkrete deutsche Fragen.

Ich würde mich sehr freuen, auf diesem Wege einen ausgezeichneten Mitarbeiter zu gewinnen, und begrüße Sie inzwischen mit den besten Empfehlungen als Ihr

sehr ergebener
Tucholsky

Post: Weltbühne
Berlin-Charlottenburg 2
Kantstraße 152

Paris, den 21–8–27

Sehr geehrter Herr Kracauer,
ich danke Ihnen schön für Ihren freundlichen Brief.

Ja – voraussichtlich bin ich in Paris; vielleicht haben Sie die Freundlichkeit, mich anzurufen: Auteuil 44-24, und meine Adresse ist wahrscheinlich: 5 Avenue du Colonel Bonnet. Sollte ich umgezogen sein, was möglich ist, *denn ich habe noch keine feste Wohnung*, dann fragen Sie bitte im Bureau der Vossischen Zeitung: 23 rue Pasquier. (Central 45-54.)

Ich werde mich sehr freuen, Sie zu sehen, und wünsche Ihnen eine nahrhafte und bekömmliche Reise.

Inzwischen bin ich

mit den besten Empfehlungen
Ihr sehr ergebener
Tucholsky

AN CLAIRE UND IWAN GOLL

Post: Weltbühne
Berlin-Charlottenburg 2
Kantstraße 152

Redaktion
Paris XVIIe
1 Place de Wagram
15−1−28

Liebe Frau Gollinska,
Lieber Herr Golf,
Sie müssen mich ja für einen gelben Neger halten! Das bin ich
aber mitnichten. Sondern:

Seit Mitte Dezember läuft mir die Nase, und ich kann nicht
arbeiten und nicht ausgehen und nicht Briefe schreiben, und
was ich alles noch nicht kann, das wage ich gar nicht aufzuschreiben. Der *Doktor Sailly* hat das Schlimmste wegbekom-
men, aber ich muß wahrscheinlich morgen nach Berlin fahren, und da werde ich mich denn zu Ende kurieren lassen. Es
ist ganz schrecklich, und ich gehe umher wie ein Weib mit
einer steinernen Geburt – o Gott!

Zürnet mir nicht – wenn ich wieder da bin – in etwa 8 Tagen –, dann will ich Euch in die vielfach gefältelten Arme sinken, und Ihr müßt herkommen…!

In tiefer Verschnaubtheit
auf dem letzten Nasenloch pfeifend
Euer seliger
Tucholsky

AN JULIUS BAB

Berlin W 50
Nachodstraße 12

den 8. April 1914

Sehr geehrter Herr Bab,
Ihre Besprechung von «Rheinsberg» hat mich sehr gefreut.
Das um so mehr, weil Sie grade den Punkt getroffen haben,
um den es mir so zu tun war: «den Gleichgewichtspunkt von
Selbstbewahrung und Selbsthingabe».

Die feuilletonistischen Stellen des kleinen Buches stören
wirklich; ich werde versuchen, bei einer Neuauflage eine
Umarbeitung durchzusetzen.

Ich bin mit den besten Empfehlungen

Ihr sehr ergebener
Tucholsky

Die Weltbühne
[Berlin-]Charlottenburg
Königsweg 33

21–5–26

Hochgeehrter Herr,
na, diß wär ja noch schöner, meine Adresse nich mitteiln – so
siehst du aus! Da is se. Aber:

Es ist noch nicht ganz raus, ob ich auch im Guli hier bin –
wir wollen ein bißchen an die See machen, und ich weiß noch
nicht, wie das aussehen wird. Schreiben Sie auf alle Fälle ein

Zeilchen, bevor daß Sie herkommen – antworte ich nicht sofort, bin ich nicht da. Hoffentlich bin ich es aber.

Du willst det bloß vasteckn, det Du hast 'n Haus jemiet hast Dir woll jesund jemacht bei die Inflation diß kennt man Juden raus aba nachher die Fürstn enteijnen und selber nich in Schützengrahm!

Dies wünscht Ihnen

mit den besten Grüßen
Ihr alter
Tucholsky

Post: Weltbühne
[Berlin-]Charlottenburg
Königsweg 33

21. Dezember 1926

Lieber Julius Bab,
ich danke Ihnen vielmals für die freundliche *Übersendung Ihres Buches.*

Hoffentlich hat Ihr Sohn doch noch Karten bekommen: es war ein unbeschreiblicher run, und wir waren zum Schluß ohne jede Eintrittskarte.

Den *Alexander-Granach*-Artikel habe ich in der letzten Minute aus dieser Nummer, in der er schon drin war, wieder herausnehmen müssen; *ich bringe ihn aber noch.*

Führt Sie Ihr Weg einmal hier vorbei, dann lassen Sie doch einmal die Gnade Ihrer Brillengläser leuchten auf Ihren alten und ergebenen

Tucholsky

Die Weltbühne
[Berlin-]Charlottenburg
Königsweg 33

23. Dezember 1926

Lieber Julius Bab,
vielen Dank für den schönen Bericht und die freundlichen Worte.

Je länger je mehr: *der Mann* kommt nicht wieder, und wenn ich sage, daß wir nimmer seinesgleichen sehen werden, so wird das wahrscheinlich für unsre Lebzeiten richtig sein. Jetzt sehe ich so vieles, was ich nicht gewußt habe; wie er zum Beispiel nur quantitativ mit seiner Arbeit fertig geworden ist, verstehe ich gar nicht mehr. Er war einfach ein Phänomen, ein Wunder, ein Zauberer.

Bitte, kommen Sie bald vorüber. Und vergnügtes Fest! Mit antisemitischem Gruß von Haus zu Haus

Ihr ergebener
Tucholsky

Die Weltbühne
[Berlin-]Charlottenburg
Königsweg 33

14. Januar 1927

Lieber Julius Bab!
Ihren Brief habe ich erwartet und beantworte ihn also vorbereitet und daher gleich.

Von der Abmachung von S. J. *wegen des ewigen Antlitzes* habe ich nichts gewußt, sonst hätte ich natürlich *Ihre Besprechung der andern vorgezogen.*

Das mit Shaw scheint mir so zu sein:

Natürlich hat der große Erfolg des Mannes eine Menge kleiner Pinscher gereizt, nun auf einmal gegen ihn zu sein, was etwa so interessant ist, wie wenn sie für ihn wären. – *Die hat Ehrenzweig wohl nicht vertreten wollen.* Was aber, wie ich feststellen kann, die heterogensten Vertreter der jungen Generation so reizt und erbittert, ist die Apostelposition eines Mannes, der ihnen ungefährlich zu sein scheint. Ich habe in Paris das internationale Hotelpublikum der *heiligen Johanna* zujubeln hören, und – steinige mich! – ich hatte das Gefühl eines eminent geschickten Jongleurs, der sich um alle Ecken und Kanten, wo er etwa anstoßen könnte, herumschlängelt.

Das kann alles falsch sein. Ich glaube aber im Sinne von S. J. zu handeln, wenn ich solchen Stimmen Raum gebe, um so mehr, als eben S. J. unserm *Alfred Polgar viel Schärferes, fast Vernichtendes gegen Shaw erlaubt hat.* Für Shaw kann man überall schreiben – gegen Shaw nur an sehr wenigen Stellen. Und da ich den dolus Ehrenzweigs für rein halte, so hatte ich keine Bedenken, ihn herauszustellen. Ich tue etwas selbst dann, wenn es nicht ganz meiner Ansicht entspricht.

Zu Ihrer Frage – «*Jahr der Bühne*» – teile ich Ihnen mit, daß nur zehn Bände erschienen sind.

Ich hoffe, lieber Julius Bab, Sie einmal bei mir zu sehen, um mich mit Ihnen ausführlich über diese Dinge zu unterhalten.

> Mit den allerschönsten Grüßen
> in alter Gesinnung Ihr
> Tucho

Die Weltbühne
[Berlin-]Charlottenburg
Königsweg 33

15. Januar 1927

Lieber Julius Bab!

Das habe ich noch vergessen: *Ihren Aufsatz über Herbert Eulenberg* habe ich seinerzeit mit dem größten Genuß und Vergnügen gelesen; er war prachtvoll. Eulenberg hat einen guten Kampf schmählich kompromittiert. So geht es natürlich nicht. Aber *G. B. S.* soll doch nicht tabu sein, und mir tut es leid, wenn seine Gegner Gefahr laufen, in die schlechte Gesellschaft jenes falschen Romantikers zu kommen.

Allerschönste Grüße Ihres
Tucholsky

Fontainebleau
11 Rue Beranger
[Berlin]

3-2-27

Lieber Julius Bab,

was Sie mir da geschrieben haben, drucke ich in der nächsten Nummer. Unnötig zu sagen, daß Sie mit solchen Entgegnungen zu Worte kommen. Nur eins: selbst wenn *der Junge* nur ein verärgerter Autor wäre, darf *er Prinzipielles gegen die Volksbühne sagen*. Aber, wie gesagt: man wird sie hören alle beede.

In alter Gesinnung
Ihr
Tucholsky

Die Weltbühne
[Berlin-]Charlottenburg
Königsweg 33

17. März 1927

Lieber Julius Bab!
Allerschönsten Dank für Ihren freundlichen Frühlingsbrief.

Der Artikel von Springer ist gekommen und wird natürlich sofort gebracht. Ich freue mich ganz besonders, daß es in diesem Falle für alle Beteiligten feststeht, wie die Weltbühne traditionsmäßig eine neutrale Tribüne ist, die sich grundsätzlich nicht in eine solche Diskussion einmengt, sondern die beide Parteien zu Worte kommen läßt.

Im übrigen findet in meiner Nase zur Zeit jene reizende Veranstaltung statt, die man Stockschnupfen nennt. Gegen nur ein geringes Entree wird die Besichtigung gern gestattet.

Daher allerschönste Grüße Ihres
alten und dicken
Tucholsky

Post: Weltbühne
[Berlin-]Charlottenburg
Königsweg 33

1. April 1927

Lieber Julius Bab!
Allerschönsten Dank für Brief und Artikel, den ich aufmerksam gelesen habe.

Darüber läßt sich natürlich durchaus diskutieren, und das will ich auch gern mit Ihnen tun.

Eine zweite Frage, die gleichfalls diskutabel ist: ob nicht gewisse Grundsätze dieser Programme veraltet sind, ob es nicht nötig ist, ungerecht zu sein, um gerecht sein zu können, und ob man nicht immer wieder auf die scheinbar ewigen und in Wirklichkeit zeitbedingten Kunstgesetze, dies nicht gibt, verzichten solle...

Gar nicht zu diskutieren, lieber Julius Bab, ist aber eine Sache: *daß der Vorstand neben zahllosen andern Taktlosigkeiten und Ungeschicklichkeiten sich in der Versammlung nicht hat repräsentieren lassen.* Das ist die überhebliche Nichtachtung eines rein geistigen Vorganges: nämlich die Nichtachtung jener aufquellenden Empörung, die bei sehr vielen Leuten keine persönlichen Gründe in sich schließt. Ich habe nicht meinen Sohn hingeschickt, sondern bin selbst hingegangen, und ich glaube nicht, daß Ihre Anwesenheit Ihrer Sache so geschadet hätte, wie es die Abwesenheit zweifellos getan hat. Sie waren gar nicht der «bestgehaßte Mann». Die Versammlung hat sehr wohl begriffen, daß hier die Personen nur Repräsentanten von Anschauungen sind, und ich hatte nicht den Eindruck, unter zankenden Literaten zu sein. Es ist vielleicht nicht jedermanns Sache, sich gegen eine tobende Versammlung durchzusetzen, aber es wird mir sehr schwer fallen, mich mit Ihnen über einen Vorgang zu unterhalten, dem Sie nicht beigewohnt haben.

Ich freue mich sehr, Sie bei Ihrer Rückkunft zu sprechen, und bedanke mich auch schön für die Glückwünsche, die wo Sie ins neue Lokal gebracht haben.

Allerschönste Grüße und glückliche Reise
Ihr wie stets ergebener
Tucholsky

Post: Weltbühne

London; 11-6-31

Lieber Herr Bab,
ich danke Ihnen herzlichst für *Ihre freundlichen Worte über* «Gripsholm». Inzwischen haben Sie das nun auch öffentlich

gesagt – und ich erinnere mich noch bei dieser Gelegenheit, *wie nett Sie damals bei S. J. über «Rheinsberg» geschrieben haben* – ich bin damals vor Freude fast aus dem Bett gefallen und platzte vor Stolz.

Ganz besonders hat mich gefreut, daß Sie diese leichten Dinge, deren Herstellung ja ein bißchen mühselig ist, genau so nehmen, wie sie gemeint sind!

Mit den besten Grüßen und schönem Dank

Ihr wie stets ergebener
Tucholsky

AN RICHARD DEHMEL

Orion / Ein Jahrkreis in Briefen

Kurt Tucholsky, Berlin W 50, Nachodstr. 12, Pfalzburg 9274
Kurt Szafranski, Berlin W 10, Sigismundstr. 5, Kurfürst 4470

Wir bitten die Vorbesprechungen zum Orion, den bei Zustandekommen der Verlag Kurt Wolff in Leipzig vertreiben wird, vertraulich zu behandeln.

---

den 14. Oktober 1913

Sehr geehrter Herr Doktor,

wenn wir Sie zur Mitarbeit an diesem neuen Unternehmen auffordern, so erlauben Sie, daß wir Ihnen zunächst auseinandersetzen, worum es sich handelt.

Wir beabsichtigen, unseren – circa 200 – Abonnenten alle vierzehn Tage oder öfter eine Sendung zugehen zu lassen, die faksimiliert das Schreiben eines Schriftstellers, Juristen, Soziologen oder dergleichen enthält. – Wir glauben, daß diese Art Zeitschriftenersatz aus zwei Gründen großen Reiz hat: erstens werden sich die Adressaten freuen, einen Brief gewissermaßen vom Autor selbst zu erhalten und zu sehen, wie ein solches Ding eigentlich aussieht. Zweitens aber ist hier eine Gelegenheit gegeben, Dinge radikaler oder persönlicher Natur auszusprechen, die für den Druck nicht geeignet sind – (Erotik ist dabei ausgeschlossen). Der Vorzug vor einer Zeitschrift beruht auch darin, daß der Autor eindringlicher gehört wird, weil stets nur ein Beitrag an den Leser gelangt. Eine solche Arbeit wird natürlich aufmerksamer gelesen, als wenn sie in einem Wust der verschiedensten Dinge erscheint.

Wir haben als Honorar für jeden Beitrag circa hundert Mark veranschlagt.

Wir möchten Sie nun bitten, sehr geehrter Herr Doktor, für uns einen Beitrag von ungefähr 4 oder 8 Briefseiten zu schreiben. Wenn wir Ihnen auch die Wahl des Themas überlassen, so möchten wir Ihnen als Anregung vielleicht vorschlagen, uns etwas über Kunst und Volk zu sagen.

Die Beiträge werden später in keinerlei Buchform veröffentlicht, bleiben also einem internen Kreise vorbehalten. – Wir haben u. a. bereits Zusagen von: *Blei*, Morgenstern, Th. Mann, *Hyan*, *Roda*, *Holitscher*, Rilke, Hesse, *Hochdorf*, Jacobsohn und viele mehr.

Anbei eine Liste der in Aussicht genommenen Mitarbeiter.

Sollten auch Sie gesonnen sein, bei uns mitzuwirken, so bitten wir Sie, uns bald Nachricht zu geben.

Mit dem Ausdruck der vorzüglichsten Hochachtung
sind wir Ihre sehr ergebenen
Tucholsky Szafranski

AN RICHARD DEHMEL

Orion / Ein Jahrkreis in Briefen

Kurt Tucholsky, Berlin W 50, Nachodstr. 12, Pfalzburg 9274
Kurt Szafranski, Berlin W 10, Sigismundstr. 5, Kurfürst 4470

Wir bitten die Vorbesprechungen zum Orion, den bei Zustandekommen der Verlag Kurt Wolff in Leipzig vertreiben
wird, vertraulich zu behandeln.

---

den 17. Oktober 1913

Sehr geehrter Herr Doktor,
wir danken Ihnen vielmals für Ihre Zusage.

Wir sind mit dem von Ihnen vorgeschlagenen Thema einverstanden, und wir werden uns erlauben, wenn wir mit den
nötigen Vorarbeiten fertig sind, noch einmal an Sie heranzu-
treten, um einige Einzelheiten zu besprechen.

Wir sind Ihre sehr ergebenen
Tucholsky Szafranski

AN ARNO HOLZ

Orion / Ein Jahrkreis in Briefen

Kurt Szafranski, Berlin-Wilmersdorf, Helmstedterstr. 30,
Pfalzburg 6506
Kurt Tucholsky, Berlin W 50, Nachodstr. 12, Pfalzburg 9274

Wir bitten die Vorbesprechungen zum Orion, den bei Zustandekommen der Verlag Kurt Wolff in Leipzig vertreiben wird, vertraulich zu behandeln.

---

den 3. Januar 1914

Sehr geehrter Herr Holz,
wir haben uns erlaubt, Sie am 1. September zur Mitarbeit am «Orion» aufzufordern. Sie schrieben uns damals ab, weil Sie *zu sehr mit Arbeit überlastet waren.*

Da wir nun erst im Februar d. J. mit der Propaganda für unser Unternehmen an die Öffentlichkeit treten und die Beiträge erst nach Abschluß der Subskription, also frühestens im Mai oder Juni, fällig werden, möchten wir nochmals bei Ihnen anfragen, ob Sie uns für diese Zeit einen Beitrag in Aussicht stellen können, da uns gerade an Ihrer Mitarbeit besonders gelegen ist.

Wir bemerken gleichzeitig, daß wir das Honorar pro Beitrag auf ca. 100 M festgesetzt haben.

Wir sind

Ihre sehr ergebenen
Tucholsky Szafranski

AN ALFRED KUBIN

Orion / Ein Jahrkreis in Briefen

Kurt Tucholsky, Berlin W 50, Nachodstr. 12, Pfalzburg 9274
Kurt Szafranski, Berlin W 10, Sigismundstr. 5, Kurfürst 4470

Wir bitten die Vorbesprechungen zum Orion, den bei Zustandekommen der Verlag Kurt Wolff in Leipzig vertreiben
wird, vertraulich zu behandeln.

---

den 8. Oktober 1913

Sehr geehrter Herr Kubin,
wir möchten Sie bitten, am «Orion» mitzuarbeiten, indem Sie
uns ein Original von sich überlassen. Wir erlauben uns, Ihnen
zunächst kurz auseinanderzusetzen, worum es sich handelt.

Wir beabsichtigen, unseren – circa 200 – Abonnenten alle
vierzehn Tage oder öfter eine Sendung zugehen zu lassen, die
faksimiliert das Schreiben eines Schriftstellers oder dergl. enthält. – Wir haben u. a. bereits Zusagen von: Blei, Morgenstern, *Owlglass*, Rilke, *Schäfer*, Hesse, Th. Mann, *Meyrink*,
Hyan, Roda, *Friedell*, Hochdorf, Jacobsohn, Holitscher,
Damaschke, Vindex, Bie, Breuer.

Mit solchen Briefen möchten wir aber auch gute Repro-
duktionen von Zeichnungen abwechseln lassen, Radierungen
und dergleichen.

Das Honorar würde sich auf 100 M belaufen.

Wir würden von Ihnen am liebsten eine unheimliche Zeichnung haben, die sich für größere Kreise ihrer starken Wir-

kung wegen nicht eignen dürfte, *ev. mit einem Text, ähnl. der*
«Anderen Seite».

Ihre baldige Nachricht erwartend, ob Sie unseren Wünschen nachkommen können und wollen, zeichnen wir als

Ihre sehr ergebenen
Tucholsky Szafranski

AN GEORG MURBÖCK

21.12.20

Sehr geehrter Herr Murböck,
ich danke Ihnen vielmals für Ihren interessanten Brief vom
15. d. Mts.

Der Modus der Verteilung ist Ihnen vollkommen überlassen. Selbstverständlich werden Sie besser übersehen können, wer zu Ihnen gehört und wer nicht. Auf alle Fälle bitte ich Sie, bei den noch etwa eintreffenden Gaben so weitherzig wie möglich zu verfahren und nur wirklich charakterlose Menschen auszuschließen. Auf keinen Fall verteilen Sie die Gaben bitte nach irgendwelchen Parteischablonen.

Über die Beleidigungsprozesse, die Sie erwähnen, schreiben Sie mir doch bitte Genaueres. Es interessiert uns das sehr.

Mit den besten Empfehlungen

Ihr sehr ergebener

AN BALDEWEG

Paris, 20–4–26

Sehr geehrter Herr Baldeweg,
ich danke Ihnen vielmals für Ihren freundlichen Brief, der mich ebenso überrascht wie gefreut hat.

Ich lebe seit etwa zwei Jahren im Ausland und habe daher mit Berlin keine sehr enge Fühlung. Mit *Ullstein* insbesondere liegt es so: das Haus ist eine kleine Stadt und derartig groß, daß ein Stockwerk vom andern buchstäblich nichts weiß. Ich stehe den kaufmännischen Stellen völlig fremd gegenüber, kenne die leitenden Herren nicht einmal bei Namen, und es ist kein Geheimnis, wenn ich Ihnen mitteile, daß ich nicht einmal *meine Schwester* dort habe unterbringen können. Bitte verübeln Sie mir also mein Versagen nicht; ich bedauere es außerordentlich, daß ich Ihnen in dieser Sache nicht gefällig sein kann. Eine Meldung bei Ullstein oder doch zumindest bei einer Ullsteinfiliale in der Provinz scheint mir aber nach allem, was ich weiß, nützlich und ratsam.

Was machen *Herr Unteroffizier Lunkebein*. Ich lasse ihn recht herzlich grüßen.

Von hier kann ich Ihnen nur berichten, daß es beinah so schön ist wie *in Autz*, nur die Plätze waren in Autz etwas besser beleuchtet. *Ich sitze hier als Vertreter der Weltbühne* und lebe zwar nicht wie Gott in Frankreich, aber immerhin einigermaßen erträglich.

Ich denke noch oft an jene Zeiten, als wir Granattrichter an Granattrichter im *Trommelfeuer der Zimmermannschen Beschießungen* lagen. Vergessen Sie mich nicht ganz und seien Sie herzlichst gegrüßt von Ihrem alten und ergebenen

T.

AN CARL VON OSSIETZKY

Hindås [20.11.1931]
Telegramm

Händedruck in diesen Tagen herzlichst

Ihr Tucholsky

5−3−32

Lieber Oss,

Hünicke schreibt mir, Sie wären unzufrieden, *daß ich dem Karsch politische Direktiven gebe.*

Ich hätte es nun lieber gesehn, wenn Sie mir das direkt geschrieben hätten – stehen wir so miteinander, daß wir einen Umweg brauchen? Ich stehe zu Ihnen bestimmt nicht so.

Zur Sache selbst:

Die Durchschläge der Karsch-Bogen liegen vor mir. Es gibt keine Bemerkung von irgendwelcher Bedeutung, in der nicht dem Sinne nach oder mit den Worten vorkäme: Oss möge entscheiden. Sagen Sie bitte Oss, daß... Das muß Oss wissen. Wenn Oss nicht da ist, sollte man und so fort. Alles, was ich ihm schreibe, hat einen natürlichen Mittelpunkt: Sie. Und warum schreibe ich das an ihn?

Ich hatte, besonders früher, den Eindruck, daß Ihnen diese fortgesetzten Marginalien nicht angenehm seien – Sie haben sie mir nie beantwortet. Andererseits sind sie, sicherlich zum Teil, nötig – sonst kann man nicht arbeiten. Also habe ich alles über das «Rayon Karsch» gehen lassen – niemals sind die Zettel an den Mann von mir etwa in ein Couvert gelegt worden, mir erschien es als selbstverständlich, daß alles, aber auch alles, Ihnen untersteht. Nur so bitte ich das aufzufassen. Ich bin gern bereit, das anders zu machen: also die rein politischen Dinge gesondert an Sie zu schreiben – das ist eine Kleinigkeit. Für mich ist es nichts andres als eine Papierfrage: so wenig bin ich jemals auf den Gedanken verfallen, Herrn Chefredakteur Karsch etwas mitzuteilen, was Herrn Angestellten Ossietzky nichts anginge – aber lieber Oss!

Sie werden also in Zukunft, besonders die für die Reisezeit bestimmten Marginalien, direkt bekommen. Kleine Schlußbitte: wenn Sie etwas stört, dann schreiben Sie mir das bitte. Wieviel Jahrhunderte müssen wir noch zusammen machen, ehe Sie merken, daß ich nicht aus der Reihe tanze und daß wir alles miteinander bereden können. Hat es schon mal einen Knatsch gegeben? Es wird auch keinen geben.

Nochmals: ich habe Sie nicht kränken wollen.

Herzlichst
Ihr getreuer

12–3–32

Ganz besonders schönen Dank für Ihren Schrieb vom 10. hujus, der mein Herz erfreut hat. Dazu:

In der <u>Wahlkampf-Sache</u> bin ich mit Ihnen bis ins letzte Komma einverstanden. Sie sind, soweit ich das übersehen kann, der einzige deutsche Publizist, der überhaupt die Frage aufgeworfen hat: «Ja, was wird denn, *wenn Hindenburg gewählt wird?*» Und Sie haben sie richtig beantwortet: dann wird es noch schlimmer. Es ist einfach nicht wahr, daß der Mann das kleinere Übel ist – das Übel ist beinah genauso groß. Außerdem ist es wohl dieser Nation vorbehalten, Wahlen zu veranstalten, um ein Übel zu wählen. Anderswo wählt man das, was einem – relativ – gut erscheint. Bravo und bravo und nochmals bravo zu Ihrer Haltung.

Wie sie beim 2. Wahlgang entscheiden, ist eine andere Sache. Der Unterschied zwischen den beiden H's ist für einen Arbeitslosen gleich Null. Für uns ist er auch nicht gar so groß; denn ich halte mit Ihnen die neue Herrschaft Hindenburgs (vor allem nach den preußischen Landtagswahlen) für dreiviertel faschistisch, und einen gewählten Hitler niemals für voll faschistisch. Der Unterschied wird also nur in den ersten etwas wilden Hitlerwochen bestehn.

Mein Aufsatz über Hitler. Ich habe mich nicht klar ausgedrückt. «Stichwahl» gibts ja gar nicht. Ich schlage also vor, daß ich nach der zweiten Wahl schreibe – wenn er geschlagen wird. Man kann, wenn der morgige Tag besondere Überraschungen bringt, vielleicht zwischen den beiden Wahlen schreiben – aber das ist so unsicher... ich mag nicht gegen Hitler das gröbste Geschütz auffahren, dann wird er gewählt, ich bin nicht da... aber Sie sind da.

Groener-Prozeß. Material anbei. Das A und O scheint mir nicht nur das literarische, sondern vor allem das juristische zu sein. Die Kollektivität ist nicht begrenzt; das ist aus hundert Reichsgerichtsentscheidungen (wenn es nämlich gegen Breslauer Juden, preußische Parteibuchbeamte und ähnliches ging) genau zu belegen. Das muß auf das allerschärfste ausgenutzt werden. Mit allgemeinem Herumgerede ist da niemandem gedient. Fakten. Reichsgerichtsentscheidungen und nochmals Judikatur. Nur das kann helfen. Bringt vor allem den betreffenden Richter in viel größere Verlegenheit.

Meine Haltung. *Nach der Äußerung Apfels*, ich könnte Ihnen schaden, schreibe ich zunächst nicht – darüber ist überhaupt nicht zu reden. Sie können Groenern jetzt angreifen – ich darf es nicht.

Was meine Haltung sonst angeht:

Ich habe in dieser Sache keine Briefe bekommen. *Tollern räume ich jedes Recht ein*, mich zu kritisieren – den andern weniger.

Was im Falle eines Falles allerdings zu plakatieren wäre, ist dieses:

In Leipzig und jetzt hier ist beide Male die Anklage gegen den Verfasser und den Verantwortlichen zum mindesten in Betracht gezogen worden – in Leipzig ist gegen beide Anklage erhoben worden. Es ist also nicht so, daß Sie als Ersatzmann für mich angeklagt werden. (Das wissen Sie natürlich, Oss – ich schreibe jetzt den Tenor eines zu schreibenden Artikels und gegen aufgeregte Anhänger.) *Wären Sie für mich angeklagt, so käme ich sofort.* Da Sie neben mir angeklagt sind und sicherlich nicht schärfer angefaßt werden, weil ich nicht da bin –: so halte ich das alles für überflüssig: die Reise – das dammlige Gequatsche – dieses dumme Gezeter mit Typen, denen ich ganz entfremdet bin... ich kann nicht mehr in die Schule gehen. Worauf die andern sagen dürfen: «Dann müssen Sie so was nicht schreiben.» Worauf ich erwidern kann: «Keiner von uns, die wir unsern Laden gut kennen, wären jemals auf den Gedanken gekommen, daß das strafbar ist. Und das war auch niemals strafbar. Und nun leckt mich am.»

Ich halte es für richtig, daß man sich niemals vor den Lesern «verteidigen» soll. *Nürnberg, Kraus und das zählt ja nicht.* Hat eigentlich Herr Nürnberg seiner Überzeugung, wenn er eine hat, jemals ein Opfer gebracht? Ich habe mich viermal vor diesem Affen präsentiert – ich kenne die Talare. Und Kraus? In diesem Operettenstaat geschieht ihm doch nie was – man kann doch dem Kraus nix tun...! Ottakring. Ich möchte ihn mal kreischen hören, wenn sie ihn, ohne auf seine 75 Berichtigungen zu hören, einfach einsperren. Also das ist ja alles Zimt.

Was ich ganz und gar ablehne, ist: mir die Richtlinien für mein ethisches Verhalten von preußischen Richtern vorschreiben zu lassen. Eben das ist ja der Fehler all unsrer Leute: daß sie dem Faschismus entgegenhalten: «Aber wir sind ja national!» und so fort. Keiner hat den Mut, zu erklären, daß die Kategorien für uns einfach keine Gültigkeit haben. Und grade das will ich.

Vielen schönen Dank für alles! Nochmals: wenn Sie keine Zeit haben oder wenig, genügt für kleine Anfragen eine Zeile. Nämlich das Resultat Ihrer Entscheidung – ich verstehe das schon richtig. Es liegen ja auch keine Sachen vor, bei denen ein wildes Hin und Her sein müßte – mir wenigstens ist alles ganz klar. Kleinigkeiten schreibe ich nach wie vor auf, damit nichts anwächst.

In Züchten. Ich gehe mit wilden Nasenplänen um. Meine schönen Augen sind verschwollen. Beten Sie für mich. Ich will es auch für Sie tun – und dann wird etwas Rechtes herauskommen.

Mit skandinavischem Gruß
Hochdero

[12.3.1932]

Oss II

Es wäre vielleicht gut, wenn Sie für manche Punkte Ihren letzten bzw. vorletzten Willen aufschreiben täten, damit etwas da ist, woran wir uns festhalten können.

Karl Kraus. Nach dem letzten, etwa 150. Angriff dies: Der Mann kann gegen mich schreiben, was er lustig ist. Was ich ihm übelnehme ist, daß er genau das macht, was er den großen Zeitungen vorwirft, mit denen er ja – sonst greift man auch nicht dreißig Jahre lang an – solche Ähnlichkeit hat: er lügt durch Verschweigen. Liest man das da in der Fackel, dann glaubt man, ich heiße [unleserlich]. Also gut – glauben Sie ja nicht, daß ich etwas unternehmen will. Jedennoch: Wir wollen – *außer Hiller* – keinem mehr erlauben, ihn bei uns zu loben. Soweit kanns nun nicht gehn. Ich bitte also formell und feierlich, jedes Lob auf Kraus rücksichtslos zu streichen, und zwar durchaus mit Berufung auf seine Haltung gegen uns, S. J. und die WB. Zitate würde ich nicht streichen – dagegen aufpassen, daß sie wörtlich sind. Damit wir nicht eine dieser albernen Berichtigungen auf den Hals bekommen.

Hiller deshalb ausgenommen, weil es sonst einen riesigen Krieg gäbe – mit Berichten nach Wien, und das ist mir das alles nicht wert. Wenn ich mich nicht irre, hat der Einfluß Krausens eher ab- als zugenommen, ich wehre mich also nicht.

Bereiten Sie einen Abschiedsartikel für sich vor? Das wäre sehr gut – sozusagen *Villons «Kleines Testament»*. Soll ich dazu eine Coda schreiben? Wenn ja, was soll da inne stehn?

Frau J. fragt wegen Ihering an. Ich meine, daß uns nicht damit geholfen ist, wenn wir zu allem nein sagen. Ich sage, nicht ganz leichten Herzens, ja. Vor allem, wenn er sich zur «gesamt theater politischen Situation» äußern will. Wenn er aber als wöchentlicher Kritiker seinen Brecht ausposaunt, dann allerdings wird mir etwas blümerant.

Ja, noch was. Darf ich in einem etwa notwendig werdenden Artikel sagen, daß ich *Ihre Loyalität Groenern gegenüber* übermenschlich finde? Also nicht kritisch gegen Sie – sondern frech gegen jenen. Und daß diese Waffen eben von einem völlig sturen Militarismus der Bureaus überholt sind – es hat keinen Sinn. Wenn Sie es nicht wünschen, sage ich es nicht.

Heil! In alter Bundestreue –

apropos: *Apfel* macht aber Liquidationen... also ich spiele das nicht mit.

Ihr ajehmster

25 – 3 – 32 und folgende

Lieber Oss,

das «Tableau», das sich da unsern Blicken enthüllt, macht mir wenig Freude. Mich erstaunt es nicht gar so sehr – *wie ich ja denn von allen Ihren Arbeiten der letzten Monate nur eine nie gebilligt habe: den Offenen Brief an jenen*. Lieber Herr, der ist nicht loyal – er ist eben doch, was er ist – es ist nicht gut, da irgend etwas vorauszusetzen, was bei uns Voraussetzung ist. Nochmals: was kann ich tun? Ich für mein Teil hätte das nie gemacht, was Sie zu machen im Begriff sind – aber das müssen Sie besser wissen. Wenn aber: *i oro et obsecro* – bereiten Sie die Einzelheiten bei dem betreffenden Direktor vor – sonst sind Sie dem Mann ausgeliefert. Wenn er aber von vornherein – *etwa durch Apfel* – weiß, daß jedesmal gekreischt wird, wenn er Sie schikaniert, wird er sich vorsehn. Man soll ihm auch übers Maul fahren, wenn er etwa erzählt: «Na, Sie als Demokrat werden ja keine Vergünstigungen haben wollen» – davon ist auch keine Rede. Die Regel soll eben anständig sein – und ist sies nicht, wird Krach gemacht, solange das noch geht. Mensch, das ist eine blöde Epoche für so etwas.

Nochmals: verfügen Sie über mich, auch außerdienstlich.

Mich bestärkt das in meinem Entschluß, mir nun den Vorwurf der Feigheit einzustecken. Ich werde dem Kerl was malen. Mit Schutzleuten diskutiere ich nicht. Das ist sinnlos.

Des weiteren: *Brecht*. Sie haben ganz recht, und ich habe daran auch schon gedacht: unter den vielen Arbeiten, die Sie jetzt im Vorrat haben, findet sich, glaube ich, nur einmal etwas gegen ihn. Nein, ich nicht. Darum handelt es sich auch gar nicht.

Ich möchte gern, daß andere verhindert werden, bei uns über ihn lobend zu schreiben. Man kann das grundsätzlich verhindern. Besteht in solchen Fragen zwischen uns – wie zum Beispiel bei *Friedell* – eine Verschiedenheit in der Wertschätzung, so ists gut. Hier aber besteht völlige Einigkeit. Also darf man nach außen sagen: Bei uns wird Brecht nicht gelobt. Wollt ihr das tun, macht das anderswo. Dafür gibts heute hundert Stätten. Aber nicht bei uns. Man kann das doch nicht decken – das ist ein Schwindler. (Nicht nur ein kleiner Plagiator – der Mann ist unwahr.)

Nase in Kopenhagen. Sie haben recht – nun ists genug. Aber es scheint etwas geholfen zu haben, ich atme viel freier. Da man sich Erfahrungen mitteilen soll: wenn Sie jemals in eine solche Lage kommen und kein Kokain vertragen, dann lassen Sie sich mit Perkain bestreichen, das ist das große Glück.

Reimann. Ich hielte es für Wahnwitz, diesen Mann, der hundertmal links gestanden hat, dadurch den andern in die Arme zu stoßen, daß man ihm jetzt diesen Brief wie einen Verrat ankreidet. Das ist er sicher auch nicht. Die erste Hälfte ist durchaus richtig – ich könnte, aus künstlerischen Gründen, *Hitlern auch nicht parodieren*, weil da nämlich keine Substanz ist. *Das Lob, das Reimann ihm zuteil werden läßt...* ja, das ist zunächst seine Sache. Ich bin also, sicherlich mit Ihnen, dafür, ihn bei uns, wenn er das will, zu Worte kommen zu lassen und keinesfalls zu erlauben, daß er bei uns von irgend jemandem dafür angepöbelt wird. Wir heißen ja nicht Kraus. Nur eines ist mir total unverständlich: Wie konnte dieser Brief an die Öffentlichkeit kommen? Hat die Gegenpartei ihn verlesen? *Das wäre von Gronemann durchaus echt* – so ist der.

Mit gleicher Post noch etwas *von dem Reverend.* Da ich nicht weiß, was Sie über Amerika haben, so habe ich nicht angenommen – bitte entscheiden Sie. Ich halte den Mann aber für durchaus beachtlich – bei manchen Ausstellungen. Man muß ihn auch sorgfältig redigieren, er schmockt manchmal.

Sie schreiben manchmal, Sie befürchteten, daß Autoren bei

uns den Dreck absetzen und anderswo das Gute. Nun, wenn auch nicht Dreck... bei uns... warum schreibt *Anton Kuh* im Durchschnitt manchmal bezaubernde Impromptus und bei uns nicht? Da stehen mitunter Dinge drin, die sind zum Umfallen schön – warum nicht bei uns? Sollte man ihm unter die Nase halten.

[25.3.1932]

Nochmals zu *«Freundliche Vision»* – dem Prozeßartikel:

1.) Ich habe Sie nicht als sprechend eingeführt, weil es mir kindlich erscheint, Ihnen meine Worte zu leihen. Wenn Sie wollen, schreiben Sie herein, was immer Sie mögen.

2.) Zensur: Ich unterscheide da schärfstens zwei Dinge: In allen – aber auch in allen Punkten, Oss, in denen Sie sagen: «Das schmeckt mir nicht», gebe ich diskussionslos nach. Da sind gar keine langen Briefe erforderlich. Sie sitzen da drin – nicht ich.

In allen Punkten, in denen ein Anwalt sagt: Dafür übernehme ich keine Verantwortung – Ihr werdet aufs neue hereinfallen – gebe ich ebenfalls nach. Ich quengele *über die Liquidationen Apfels*, also kann ich nicht durchsetzen wollen, daß Sachen erscheinen, die nachher aufs neue sein Eingreifen notwendig machen. Soweit ist alles in Ordnung.

Wogegen ich aber mehr als skeptisch bin, das wäre alles, was die Herren Berater (nicht Sie!) als «Taktik» ins Gefecht führen. Wenn ich mir die ganz bescheidene Bemerkung erlauben darf: was ist bisher bei aller Taktik herausgekommen? Nichts. Auch nicht das leiseste für Sie. Bei dem Resultat hätten wir auch die ganze Zeit frech wie Oskar sein können.

Das ist nicht Apfels Schuld. Kein Anwalt hätte das anders machen können.

Aber wir müssen nun endlich einmal einsehn, daß diese Leute da ja gar nicht wollen und daß es Wahnwitz ist, irgend etwas zu unterlassen, in der aberwitzigen Hoffnung, wir erreichten damit etwas.

Ich will nichts tun, was Ihnen schaden kann, und da höre ich auf jeden Fliegenhusten.

Aber ich möchte nichts ungesagt sein lassen, was man heute noch sagen kann, und zwar immer so, daß nicht eine neue Klage steigt. Das wäre ja sinnlos.

Nochmals resümiert:

Jede, aber auch jede Einrede von Ihnen ist von vornherein akzeptiert. Von den Beratern nur die, wo eine neue Klage in sichere Aussicht gestellt ist. Auf die sogenannte Taktik blase ich. Sie ja wohl auch.

In Züchten

4–4–32

Lieber Oss,

hier kommt die Post immer abends – aber Ihren Schrieb vom 2. will ich doch am selben Abend beantworten. Ich bin ganz verzweifelt.

Wie ist es menschenmöglich, daß das, was ich schreibe, so mißverstanden werden kann! Und da gebe ich mir nun solche Mühe, Sie a) nicht mit meinen Briefen anzuöden und b) doch ausführlich genug zu sein... Also:

Ich gebe Ihnen mein Wort, daß ich nie im Leben daran gedacht habe, Ihnen Konjunkturitis und Opportunismus vorzuwerfen! Mensch!

Nie im Leben habe ich Ihnen abgeplattete Pfeile geschickt; das ist gar nicht meine Nummer. Meine Kraft ist das, was die Boxer den «Direkten» nennen – und wenn ich was gehabt habe, was mir nicht gefallen hat, dann habe ich das offen gesagt. Wenn Sie nachblättern, so werden Sie finden, daß sich

diese Bemerkungen über «Taktik» immer in Verbindung mit
Ihren Beratern findet. Was ich befürchtet habe, war dies:

So ein Anwalt sagt sich natürlich: Jetzt hauen die wie die
wilden Affen los, besonders der, der gar nicht da ist – statt
etwas das Maul zu halten – und dann rette ich vielleicht doch
noch was. Daran habe ich nie geglaubt – nie. Und da habe ich
immer geschrieben: Herrschaften, wenns sein muß... gut.
Aber ich glaube nicht dran, an diese ganze Taktik nicht – was
ist dabei herausgekommen? Wissen Sie, ich bin überhaupt nie
auf den Gedanken gekommen, daß Sie, dem ich mich immerhin mehr als verbunden fühle, auch nur einen Moment auf
den Gedanken kommen könnten, das auf das, was im Blatt
steht, zu beziehn! Aber Oss –!

Wir sind ja keine Pathetischen. Aber der Heiligenschein,
mein Lieber, hat seine Berechtigung – haben Sie sich benommen. Sie, Ihre Artikel, das, was im Blatt stand – auch nicht
der Schatten von Taktik. Und ich bitte Sie hiermit, die feierliche Versicherung entgegenzunehmen, daß ich das nicht
schreibe, um Ihnen die letzten Tage zu versüßen oder so ein
Quatsch. Das ist meine feste Überzeugung – das Blatt war
Nummer eins.

Wenn es sich aber – und nur darum hat es sich gehandelt –
um taktische Erwägungen für meine Artikel gehandelt hat,
dann und nur dann – war ich der Meinung, nicht zu ängstlich
zu sein, weils doch nichts hilft. Ich habe immer die Herren
Juristen vor mir gesehn, die das beachten, und nach dem, was
Sie mir so von den Vorbereitungen zum Prozeß erzählt haben, habe ich gedacht: Au backe – wenn die dem jetzt einre-
den, man könnte... und man sollte...

So war das gemeint.

Bitte lassen Sie sich nochmals sagen, daß ich das nicht
schreibe, um etwas zurückzunehmen, um Sie zu trösten pp.
Ich fand Ihre letzten Arbeiten zu Wolkenhöhen gestiegen,

und ich habe das auch gesagt, Ihnen und andern. Keiner der Artikel, die sich mit Politik befaßten, hat auch nur im letzten Komma etwas gehabt von: Jetzt spielen wir die artigen Kinder. Keiner.

Was nun die *Zurückhaltung von Wrobeln* angeht, so muß ich Ihnen ein kleines Geständnis machen.

Wie ich zu dieser gemeinen Verurteilung stehe, wissen Sie. Daß es sich um Sie handelt, ist mir furchtbar. Sonst aber – wie sags ich meinem Kinde? –, sonst aber kotzt mich das alles derartig an, daß mir die Polemik und die Satire fast eingefroren sind. Es ist also gar nichts da zum Zurückhalten. Leider nicht. Ich weiß gar nicht, wie ich geistig noch mal zurück kann. Diese Haltung – diese Illoyalität – diese hundsordinäre Verachtung alles Geistigen – grade, daß Sie nicht für Hindenburg geschrieben haben, mußte doch wenigstens einen dieser Hunde auf den Gedanken bringen, Ritterlichkeit zu zeigen. Jawoll.

Ich werde also natürlich schreiben, wenn es soweit ist. Und ich werde nicht frech sein, sondern sehr ruhig und sehr gesammelt ohne Bezugnahme auf das *Echo de Paris* sagen (wenn Sie das für richtig halten), daß:

nichts verraten worden ist, weil es bekannt war;

daß also die behaupteten Tatsachen wahr gewesen sein mußten (darf man das?)

und daß sich die Leute Ihnen gegenüber benommen haben wie…

[4. 4. 1932]

II.

Soweit dies.

Ihering – da will ich sehn, was sich machen läßt. Der Fall Brecht steht dem ja hindernd im Wege – wenn ich denke, daß das bei uns nun auch losgehn soll… Hm. Ich habe auch im ähnlichen Sinne wie an Sie an *Frau J.* geschrieben.

Daß Sie aber mit der Frau von T. W. vorher noch einmal rumschlafen sollen, halte ich für eine barbarische Strafverschärfung. Die Unterzeichneten protestieren auf das schärfste...

Kraus hat mich durch Ernst Krenek (wer ist das?) in der Frankfurter Zeitung angreifen lassen, und wenn er platzt, ich antworte nicht. Leider platzt er nicht.

Anbei etwas für Thomas Mann. Wenn Sie es nicht wünschen, werfen Sie das weg – ich hielt es für nötig; grad, weil ich ihn so angegriffen habe, erscheint mir das als ein Akt notwendiger Höflichkeit. Aber entscheiden Sie bitte.

Ich flehe Sie nochmals an, vorher mit dem betreffenden Direktor verhandeln zu lassen. Damit er merkt, daß er sich nicht alles erlauben kann.

Ceterum censeo: Ich wäre ja wohl der letzte, der Ihnen vorwerfen darf, daß er in Taktik macht. Was mache ich denn? *Ich komme nicht.* Was mir, soweit ich das sehen kann, sehr schaden wird. Und dennoch halte ich es für richtig, an eine im Augenblick halb verlorene Sache vor allem mal kein Geld zu wenden; das ist der Hauptgrund. Geiz? Nein, aber Verstand. Dann will ich das Geld lieber mit Ihnen versaufen. Wozu ich doch noch hoffe Gelegenheit zu haben.

Mit Krankheitsberichten will ich Sie nicht plagen: es geht mir säuisch.

Ich hinterlasse nochmals formal und feierlich, daß jeder Nachfolger, Vertreter, Vertrauensmann pp. das Recht hat, mich bis aufs Blut zu zensieren. Wenn zum Beispiel auf das «*Beschlagnahmefreie Gedicht*» eine Anklage kommt, kann jeder Jurist ein Geheul ausstoßen: «Seht ihr! Ich hab's ja gleich gesagt!» Und immer wieder: Ich hielte es für sinnlos, Geld in diese Sache zu stopfen.

Schlußchor, Orgel, die ganze Gemeinde:

Von Rechnungsträgerei kann keine Rede sein.

Und Ihnen alles Gute!

Seien Sie im übrigen überzeugt, daß ich keinesfalls nun plötzlich loslege. Das wäre, wie Sie richtig sagen, glatter Unfug. Es wird sich also von mir aus im Ton nichts ändern.

Lassen Sie es sich jedoch gutgehn – so gut das geht. Und nutzen Sie bitte alle Möglichkeiten aus, die es nur gibt. Sie brauchen in allen redaktionellen und außerdienstlichen Dingen nur auf den Knopf zu drücken – ich bin immer für Sie da.

Und nochmals: es bleibt meinerseits nicht das kleinste Vielleicht zurück.

In alter Herzlichkeit
immer Ihr

AN ERWIN PISCATOR

Dr. Kurt Tucholsky
Berlin-Friedenau
Kaiser-Allee 79   16.III.23

Sehr geehrter Herr Direktor,
Sie ließen heute bei mir anfragen, ob ich bereit wäre, *Nestroys*
«Revolution in Krähwinkel» zu bearbeiten. Ich sagte grund-
sätzlich zu.

Da es mir nicht gelungen ist, Sie heute noch zu erreichen,
und da ich zur Zeit meistens unterwegs bin, so erlauben Sie
mir zunächst einige Worte:

Die Angelegenheit hat einen Haken. – Geben Sie das Stück
wörtlich, dann wirkt es ein wenig verstaubt. Arbeiten wir es
um, was ich gern tun will, wird wahrscheinlich ein neues
Stück daraus. Denn Nestroy ist, bei aller Schärfe, nicht bösartig. Und wie wollen wir es machen, daß Zeitanspielungen
heute nicht böse wirken?

Die typischen «Brotkartenverse» werden Sie von mir nicht
haben wollen, dann kämen Sie ja nicht zu mir. Aber denken
Sie in dieser Zeit und Stimmung an revolutionäre Anspielungen! Gegen wen? Gegen rechts? Dann hauen ihnen die Leute
wahrscheinlich die Kassen kurz und klein. Gegen links?
Dann fällt der Vorstand der Volksbühne auf den Bauch. Was
fang ich an, ich armer Mann –?

Über die Punkte wäre zu reden.

Vielleicht lassen Sie mir mitteilen, wann ich Sie einmal auf-
suchen kann – ich kann zur Zeit nur nach 5 Uhr nachmittags
oder sonntags (vormittags).

Bis dahin –

Ihr sehr ergebener
Tucholsky

AN ARMIN T. WEGNER

Ullstein-Bilderzentrale

Bilder-Annahme für «Berliner Illustrirte Zeitung», «Zeitbilder» (Beilage zur «Vossischen Zeitung» und «Berliner Allgemeinen Zeitung»), «Heiteren Fridolin», «Dame», «Praktische Berlinerin», «Modenwelt», «Ullsteins Blatt der Hausfrau», «Brummbär» (Beilage zur «Berliner Morgenpost» und «Berliner Allgemeinen Zeitung»)
Berlin SW 68
Kochstraße 22–26

den 13. August 1924

Sehr geehrter Herr Wegner!
Ich habe Ihre Arbeiten unseren Herren zur gemeinschaftlichen Entscheidung vorgelegt. Was den «Arbeiter im Hafen von Marseille» angeht, so wollen wir allerdings rein deskriptive Aufsätze möglichst nur dann bringen, wenn wir sehr gutes und neuartiges Bildermaterial dazu haben. Das wird ja hier nicht zu machen sein, und daher scheidet Ihr Aufsatz, wie ich Ihnen ja schon bei der Besprechung andeutete, aus.

Anders steht die Sache bei dem Schattenspiel.

Ich habe zwar die Bilder noch nicht gesehen und möchte daher die Arbeit noch so lange zurücklegen, bis ich sie gesehen habe, um gerade einem Autor wie Ihnen gegenüber keine Voreiligkeiten zu begehen. Die Sache selbst hat ein Manko, sie ist für uns zu lang. Wenn es möglich wäre, einen Extrakt der Handlung von 8 Maschinenseiten zu nehmen, dann kann man der Möglichkeit nähertreten; aber in diesem Ausmaße würde sie wohl den Aufbau jeder Nummer zerstören.

Ich bitte Sie, lieber Herr Wegner, mir diese Ausstellungen nicht als oberlehrerhafte Nörgelei auszulegen. Die Intentionen des Verlages sind genau festgesetzt, und es bedeutet keineswegs eine Kritik (nach der uns ja auch kein Mensch gefragt hat), wenn wir eine Ware nicht kaufen, deren Verwendung uns nicht rätlich erscheint. Mir liegt daran, daß gerade an dieser Stelle zwischen Wert und Ware ganz scharf unterschieden wird.

Ich möchte Sie bitten, mir doch möglichst bald die Figuren zugänglich zu machen und uns, wenn es irgend möglich ist, andere Beiträge zu schicken; wie ich schon sagte: spannende Erzählungen oder Schilderungen ungewöhnlicher und seltsamer Art.

Ich danke Ihnen vielmals für die Zeit, die Sie sich mit uns genommen haben, und bin mit den besten Empfehlungen

Ihr sehr ergebener
Tucholsky
Ullstein
Bilderzentrale

AN GEHEIMRAT RENAUD,
MITROPA

29. X. 22

Sehr geehrter Herr Geheimrat,

Sie waren seinerzeit so freundlich, mich – auf Empfehlung von Herrn Rechtsanwalt Dr. Oskar Cohn – zu empfangen. Wir sprachen damals über *meine etwaige Verwendung in Ihrer Gesellschaft*, und Sie erwähnten Pläne, die Rußland betrafen.

Da Sie mir erlaubt haben, mich nach Ablauf von einigen Wochen wieder an Sie zu wenden, so gestatte ich mir die Anfrage, ob sich die von Ihnen angedeutete Konstellation inzwischen verwirklicht hat. Für diesen Fall stehe ich Ihnen jederzeit gern zur Verfügung. –

Ich bin mit den besten Empfehlungen

Ihr sehr ergebener

AN WALTER ZADEK

Sehr geehrter Herr Zadek,
natürlich erinnere ich mich, und mit Vergnügen. Und einen
Korb will ich Ihnen auch nicht geben. Aber:

1.) Ich habe nicht recht verstanden, ob diese Lieder gesungen oder gedruckt werden sollen. Das ist sehr wichtig zu wissen – danach arbeite ich. Wenn sie veröffentlicht werden: wo werden sie das? Im *B. T.? Das wird Ullsteins wegen kaum gehen.*

2.) Wie hältst Dus mit dem Honorar? Wenn Sie keinen alten song gebrauchen können, kostet es 100 M.

Bitte grüßen Sie die Herren, die ich noch von früher her kenne – insbesondere *Herrn Engel und Herrn Bauer –*, recht herzlich!

Mit den besten Grüßen auch an Sie
Ihr ergebener

AN DIE REDAKTION DES
«PRAGER TAGBLATTS»

Post: Weltbühne   Paris XVII
Berlin-Charlottenburg 2 1 Place de Wagram
Kantstraße 152   11–12–27

Lieber Herr Doktor,
schönen Dank für Ihren Brief vom 2. d. M. – *Anbei der gewünschte Weihnachts-Artikel*; ich habe ihn an keine andere Stelle gegeben.

Bei dieser Gelegenheit eine Frage, die mich – nach so langer Verbundenheit mit Ihnen – interessiert: Warum eignen sich meine letzten Arbeiten nicht so zum Nachdruck wie die frühern? Damit wir uns recht verstehen:

Literatur ist, unter anderm, auch eine Ware, und ich bin nicht empfindlich; denn was ich Ihnen für Ihr Blatt wert bin, hat ja gar nichts mit künstlerischer und persönlicher Wertschätzung zu tun. Sind die Arbeiten nicht journalistisch genug? Gebe ich zu wenig Reportage? Ist es zu berlinisch? Mich wird Ihre Meinung sehr interessieren; denn ganz abgesehen von Ihrem stets großen Entgegenkommen in pekuniären Dingen: ich möchte doch nicht nur in der Weltbühne wirken, sondern auch anderswo – und ganz besonders bei Ihnen, wo die Resonanz dessen, was erscheint, erstaunlich groß ist.

Wenn die Neujahrsnummer vorbei ist und Sie einmal nichts Besseres zu tun haben, dann schreiben Sie mir bitte gelegentlich Ihre Meinung darüber.

Ihnen ein frohes Fest wünschend,
     bin ich
     mit den besten Empfehlungen
     Ihr wie stets ergebener
     Tucholsky

AN ALEXANDER RODA RODA

Lieber Roda,

schönen Dank für Deinen lieben Brief vom 7. d. M. – ich antworte so rasch wie möglich, schneller ging es nicht. Also, das
Geschäftliche zuerst:

Dein Plan, Dein Wagemut und Deine Frische sind gleich
bewundernswert. Ich will gern mittun. Antworten auf Deine
Fragen:

1.) *Das Pyrenäenbuch* ist längst nicht mehr bei der «Schmiede». Es hat Rowohlt gehört – es ist dort eine Ausgabe ohne
Illustrationen herausgekommen, die vor allem von den
Druckfehlern der ersten Ausgabe einigermaßen gereinigt ist.
Ich lasse Dir ein Exemplar zugehn. Sollte R. noch Exemplare
haben, und er hat sicherlich welche, so könnte man sich ja mit
ihm in Verbindung setzen – diese Exemplare sind lieferbar,
denn sie befinden sich nicht in Deutschland. Juristisch halte ich
mich für völlig frei – ich habe nun aber mit R. immer gut
gestanden und hielte es für gut, wenn sich Dein Verleger mit
ihm in Verbindung setzte. Ein Halsabschneider ist R. nicht,
man wird sich mit ihm einigen können.

2.) Die Illustrationsfrage ist erledigt – ich gebe Dir völlig freie
Hand hinsichtlich der Bilder, ich halte sie für überflüssig. (Entweder neues und wunderbares Material oder gar keines.)

3.) Ich gebe Dir in der Honorarfrage freie Hand, mit einer
Marge: unter 10% vom Ladenpreis möchte ich nicht gern
heruntergehn. Was hältst Du davon? Das wären bei einem
Ladenpreis von etwa 3 Francs, mit dem ich durchaus einverstanden wäre, 300 Francs für das Tausend. Ist das zuviel?

4.) Ich habe nur eine conditio sine qua non: ich möchte Kor-
rektur lesen. Dies und jenes ist ganz inaktuell geworden,

und vielleicht sollte man, aber das nur, wenn Du das für gut hältst, ein kleines Vorwort schreiben. Auf dem Vorwort bestehe ich nicht. Das Buch soll wieder unter Peter Panter erscheinen, nicht unter meinem Namen.

Deine Auswahl halte ich für besonders glücklich, was das Literarische angeht. *Raucat* ist eines meiner Lieblingsbücher – hoffentlich ist die deutsche Übersetzung gut. Du kennst ja, wie ich Deinen Anthologien entnehme, die Weltliteratur besser als ich. Mir ist kein Fall bekannt, in dem jemand diese bezaubernde Technik angewandt hätte, die fortlaufende Handlung dauernd durch anders postierte Lampen, nämlich durch die verschiedenen Personen, zu beleuchten. Das Buch ist eine Spur zu lang, aber doch reizend. Wie heißt Raucat? Das ist ein Pseudonym. Es soll noch ein zweites, schwächeres Buch geben, das ich nicht kenne. *«La lune, cette chose vraiment japonaise...»*, es ist wirklich bezaubernd.

Bei dieser Gelegenheit möchte ich *Frau Dana* gratulieren, was ich längst getan hätte, wenn ich davon gewußt hätte. Nun wird hoffentlich bald ihre Tochter sagen: «Je du rufst, desto komm ich nicht.» *Cela ne nous rajeunit point*, aber das haben wir ja auch nicht nötig.

Bitte halte mich auf dem laufenden, was aus der Sache geworden ist und ob etwas geworden ist. Wichtig und nötig erschiene mir, daß Du einen guten Prospekt für die Sache schreibst, gerade Du kannst das, durchaus nicht schäumenden Mundes, aber mit klarer Ablehnung des dortigen «Kulturkreises», von dem die klugen Schweizer ja nun auch allmählich abrücken. Und ehe sie sich ganz nach Westen orientieren, ist solch ein Versuch gut.

Bitte grüße Deine Frau recht herzlich und sei es selbst – das kann man nicht sagen, aber ich sag es doch.

Allerschönstens und herzlichst wie stets
Dein

AN LEO PERUTZ

Fontainebleau
11 rue Béranger
13−10−26

Verehrter Herr Perutz,

nach meiner Rückkehr von einer Reise finde ich Ihr Telegramm vor, das ich nun leider unbeantwortet gelassen habe.
Sollte Sie dieser Brief in Frankreich erreichen: es wird mir
immer eine besondere Freude sein, wenn ich Sie einmal sehen
könnte. *Nach soviel Entzücken*...! Aber mir scheint, wir
fangen allmählich an, das Lied von den 2 Königskindern zu
blasen, die nicht zueinander konnten. Das wollen wir doch in
Zukunft anders halten, ja −?

Mit den besten Empfehlungen

bin ich Ihr sehr ergebener
Tucholsky

AN LISA MATTHIAS

Post: Weltbühne
Berlin-Charlottenburg 2
Kantstraße 152

Paris, den 14–11–27

Liebes Lottchen,

Du bist doch ein kl. Schaf, auch wenn Du so klug bist und
vanimftig und allens. Aber inzwischen wird ja wohl mein
Brief angekommen sein, und Du wirst gesehen haben, daß ich
nicht in Mimose mache, was ja auch völlig blödsinnig wäre,
maßen Du nur nette und liebe Briefe geschrieben hast und
überhaupt. Komm mal her, gib mal Kißchen auf daddy –
(noch warm vom Betrug… Du! ach Gott).

Häzlichen Dank für alle Liebesbriefe, die mir tief ge-
riehrt haben. Lottchen, mit dem Blättchen ist natürlich wenig zu machen. *Ich glaube nicht, daß der Mann böswillig
ist, sondern indolent und nicht sehr intelligent.* Ich habe das
ja alles gewußt; das A und O jeder Reform ist aber ein
brauchbarer Kandidat, und den weiß ich nicht. Du –? Niemand weiß ihn. Ich kann natürlich nach Berlin fahren und
sagen: «So. Also hier wird gebummelt, und kein Mensch
kümmert sich um neue Mitarbeiter, und ich habe hier die
und die Beschwerden über Unliebenswürdigkeit, Faulheit
und Bummelei – also schlage ich Herrn X. vor.» Solange
ich diesen Satz aber nicht sprechen kann, ist die Sache faul.
Dann ist es nur ein trauriges Herumgerede. Ich mag nicht
zurück. – *Was den Deckel angeht, so habe ich das schriftlich
versprochen – sehr schwer, davon zurückzutreten.* Ich lehne
in der Korrespondenz jede Verantwortung ab und weiß von
nichts. – Affe, ich habe gahnich intensiv geschwiegen, son-

dern bloß gebummelt, und ich war schwarzer Laune, und dann mag man nicht schreiben, und an Dich schon gar nicht, damit Du nicht denkst, Du seist gemeint. – Lottchen, was hat denn *der Oss* vor? Es ist sehr myxteriehs, was Du schreibst. Sag es ruhig – ich kann, mit Verlaub zu sagen, einen Puff vertragen.

Lottchen, Du bist ein guter Kamerad und eine kluge Frau – aber sag mal, für wen ich mich denn sonst binden soll, wenn nicht für das *Käsblättchen*? Valleicht bloß für den *Uhu*? Oder für *Herrn Großmann*? Es gibt kein Blatt, das sage ich, Marenzeller, Dir. Gäbe es eins, wäre ich längst da. Und da es auch keinen Kandidaten für den Herausgeberposten gibt – es sei denn, Du wüßtest wirklich einen, der a) politisch linkst steht, b) bei unserm Publikum bereits etwas akkreditiert ist und c) ein interessanter, gepflegter Kerl ist, der dazugehört, was Oss eben nicht tut – dann sags.

Hierorts nichts Neues. Gestern war die *obligate Autotour mit Sieburgs*, was sehr hipsch war – und ich habe viel zu tun un klappere den ganzen Tag. Mir ist nicht so schrecklich lustig zumute, aber die Arbeit geht gut, und ich passe jetzt sehr auf, daß keine Gelegenheitesachen mehr herausgehen, sondern lauter Dinger, hinter denen ich eine Weile gebrütet habe. Und Du –?

Liebes Lottchen, Du wirst mir ja gewiß nicht alles schreiben, was Du so machst, aber das soll mich nicht hindern, Dir mal was zu sagen, Du bist sogar ein sehr dicker Kamerad gewesen, und nicht bloß ein Lichtlein im Berliner Gesümpf. *Ich habe da in der Voss einen Spaß auf die Spessartreise geschrieben* (auch auf unsere), und ich weiß nicht, ob sie das bringen. Aber ich habe mich sehr hüten müssen, da mit allem herauszukommen, was ja schamlos wäre. Gedenfalls war es Mamma und Freindin und Kamerad in einem, und ich habe, wenn ich auch ein paarmal mehr, als nötig war, das Maul gehalten habe, eine mächtige Sehnsucht. Und ich habe viel weniger Talent zum Doppelleben, als Du denkst, weil ich Dich wirklich gern habe, und ich falle dann immer gleich schräg nach vorn – «ein gefühllos Herz ist ein kostbar Gut – auf der wankenden Erde» – und ich kann das gar nicht. Und ich habe Dich mächtig lieb, und mir tut verschiedenes sehr leid. Unter anderm, daß ich nicht genug gestreichelt habe, und wenn der lb. Gott das will und wir auch, dann will ich es gern nachholen. Du wirst mir dann vor dem Einschlafen eine große Geschichte von einem Abessynier erzählen, den wo Du gehabt hast und wie abessynisch es gewesen ist – und ich werde mit gekreuzten Beinen an Deinen Lippen hängen. (O hinge ich!) – Und dann wirst Du mir noch mal die Hand geben und einschlafen. Und ich werde ebbes in die Dunkelheit sinnen, wie daß man nie, nie alles zusammen hat – mal fehlt uns das Lottchen, mal fehlt uns das Geldchen –, und wie schön es im Lehm eingerichtet ist. Immerhin: eine harte Unterlage zieht durch mein Gemüt, silbernes Geläute. Und wennste heute ahmt auch mit den neuen Kerl ausgehst: ich habe Dich doch sehr lieb. Und das wird auch gar nichts daran ändern. Er soll Dir nur nichts ins Häuschen tragen.

Mit einem alten daddy-Küßchen
der intensive Schweiger
daddy
Ehrenmitglied des R. D. K.
Senior des Kissenbrummer-Verbandes
ehemal. Anlieger bei Lottchen

Paris, den 13–12–27

Sehr liebes Oberlottchen,

Du bist zwar ein gutes, aber leider ein dummes Kind. Glaubst Du wirklich, daß es irgendeinen «Grund» gibt, wenn ich nicht schreibe? Es gibt natürlich 100 – bloß einen nicht: daß ich auf dem grünen Sofa gesessen habe und übelgenommen habe. Es gibt keinen, überhaupt gar keinen Satz in irgendeinem Deiner Briefe, auf den ich mich besinnen könnte, der zum Übelnehmen war. Das ist ja Blak. Dazu bist Du ein viel zu guter Kamerad. Nein, sondern:

Mit mir klappt es zur Zeit nicht. Das kann doch vorkommen, und während ich mich mit Erfolg in die Arbeit flüchte, was ihr gut bekommt, rollt das Leben in einer Art ab, die ich zu ändern zu feige und zu unentschlossen bin. Das ist schon so. Ganz abgesehen von einer scheußlichen Unannehmlichkeit mit der Bank (wovon zu sprechen Du mir verboten hast) – von der Einsamkeit, von den haardünnen Runzeln unter den Augen – gibt es Tage, wo ich nicht schreiben könnte, ohne zu lügen – und da mag ich nicht. So ist das.

Im einzelnen:

Bild mit großer Freude gesehen – geht anbei zurück, Du darfst es aber nicht für Dich behalten, sondern mußt mir versprechen, es in einer dicken Mappe aufzubewahren, wo mir gehört. – Den Brief-Anschnauzer habe ich verdient, aber doch nicht verdient – ich weiß ja, daß es Nervosität der Liebe war – und es tut mir leid, daß Du umsonst gelauert hast...

Wegen der Bücher schreibe ich Dir noch genau, worauf Du rechnen kannst – ich will sehen, Dir einen Teil direkt zu schicken, ich habe manches davon, was ich entbehren kann. Du bezahlst gar nichts.

Nein, ich will also n i e wieder so lange pausieren, nie wieder. Mit die Treffe ist das so:

Paris scheint mir ja leicht faul zu sein. Denn: Du wirst als

Dame höchstwahrscheinlich Unannehmlichkeiten haben, wenn Du mich auf dem Zimmer empfängst, in ein Hotel mit Dir gehen ist mir allerzuwiderst – das können wir beide nicht. Dazu das Aufdieuhrgegucke... ich muß sagen: das ist wenig heiter. – Fahre ich nach Lugano, was immerhin möglich ist, *so fürchte ich hier manches, es liegt zur Zeit das Schiff etwas schief*, und da soll man nicht wackeln. Lottchen, ich weiß alles: daß Du mich nicht heiraten willst, und daß wir beide nur nett sind, wenn wir uns sporadisch sehen – mit klarerem Sinn ward nie ein Weib gefreit, und wir wissen ja Bescheid. Gut. Aber Du, die Du so oft in solchen Fallen gesteckt hast und die Du von andern weißt, wie das ist –: laß mir eine kleine Atempause. Ich weiß auch alles, aber ich kanns nicht ändern; es ist nicht nur Entschluß[un]fähigkeit, ich sitze zur Zeit falsch, und ich weiß nicht, wie ich mich wieder grade setzen soll. Die Hosen habe ich gar nicht voll, die Seele wesentlich mehr, wenn Sie das harte Wort verzeihen. Ich habe die Neigung, mich in solchen Stadien zu verkriechen, und das bekommt mir auch gut, nur den andern nicht, das sehe ich schon ein. Aber wirklich: wenn ich mich allein wieder aufgerappelt habe, dann komme ich an und bin auch wieder da. Was man zur Zeit nicht sagen kann.

Ich schreibe Dir jetzt öfter, damit Du siehst, daß es nicht an Dir liegt – Du bist ein liebes Lottchen und kombinierst immer Sachen, wo gar nicht gibt. Glauben Sie einem alten Mann, die Welt ist gar nicht so: sie ist ganz anders.

Sonst ist hier diese Woche viel los, weil ich die ganze vorige auf dem Hintern gesessen und gearbeitet habe. Diese Woche ist Ausgang und Rumgelaufe und so. Die Wohnungsfrage wird nun wohl in nächster Zeit nicht gelöst, weil ein Malheur mit 1000 M passiert ist. Aber die möblierte Wohnung geht an, und man kann famos darin arbeiten. Jeden Abend eingeladen, meistens bei Deutschen. Am 5. Januar halte ich eine französerische Rede mit einem großen Tier zusammen – ich muß dazu richtig arbeiten, es wird sehr chehn.

Heute abend ist Theater, *ein Stück von dem Autor der «Gefangenen»*. Post der Leser gut wie noch nie – sehr viel Frauen und nette Sachen. (Eine Döme aus der tiefsten Provinz: «Geben Sie Ihr Bild nicht in die Bücherkataloge – Sie sind rundlich, und wir haben uns Sie immer schlank und sehnig vorgestellt!» Das mir!) – *Das Buch kommt etwa am 16. heraus*, Du bekommst ein Exemplar zunächst direkt vom Verlag – ich mache Dir aber was rein. Ich habe das veranlaßt, weil ich nicht weiß, wann ich meine Freiexemplare hier habe.

Rowohlt im Briefverkehr nett und freundlich – hat auch von selbst Zahlung angeboten. – *Abgeschraubtes Türschild in Berlin scheußlich: ein Neutraler ist ernannt und prüft zur Zeit die beiderseitigen Forderungen. Da kann ich schön hereinfallen*, was meine gute Laune beträchtlich steigert.

Sonst nichts Neues vor Paris. Gar keine, aber auch gar keine Anfechtung – ich bin Dir wahr und wahrhaftig treu gewesen, was ja gewiß beklagenswert ist – und von *Jakopp und Kallchen* bekomme ich komische Briefe, die meine einzige Erheiterung sind – außer den Deinen, s. P. (schwarze Prinzessin.)

Lottchen, nu hau nicht auf mir herum und wirf mich nicht gleich ins Kehrichtsfaß – so ist das nun nicht. Ich kann nichts verlangen und verlange auch nichts – aber ich bitte Dich nur, mit mir etwas mehr Geduld zu haben – ich weiß nicht genau, was ich will – aber sehr genau, was ich nicht will. Dich zum Beispiel will ich.

Ich küsse Dich trotz alledem auf die Nase, weil es züchtig ist – sende Dir Deine Pornographien zurück und bitte, mich auf Straße nicht mehr zu grüßen und erkläre ich unsere Verlobung mit meiner Tochter Anna für aufgehoben, bzw. storniert. Lottchen, *ich habe Rosen in die Weltbühne gebracht*, erscheint nächstens, kommt vor in «Werbekunst». Davor nehme ich denn den süßen kleinen Kalender mit schönstem Dank an und bitten wir, denselben auf Geschäftskostenunkontospesen freundlichst verbuchen zu wollen – zu Lasten.

> Klapps – Du dicke Last – bleib mir wenigstens innerlich treu und mach keinen Quatsch.
> Ick hab Dir doch jerne!
> Loetteken.
>> Guck mir mal an!
> So.

> In Achtung
> daddy

> Kurhaus Sonnmatt
> Luzern Schweiz
> 28–7–30

Liebes Pipilottgen,
ich habe beschlossen, Dir die monatliche Apanahsche zu kürzen. Wer so populär ist, der braucht kein Geld von fremden Herren. Anbei – Dank für die Kärtchen. Du hast alles.

Hierorts: Hanke und Siegel meinen, ich kaufte meine neue Schreibmaschine bei ihnen. Lasset uns beten: heute ist der erste Tag, wo es ein wenig besser geht. Mit dem Dicken habe ich gestern einen mächtigen Whisky abgezogen – er hat dieses Mal sehr gute Witze erzählt. Er hat dann ganz ernsthaft gesprochen, wegen dem Leibe. Setzen wir in Rechnung, daß er sich hier sehr unterdrückt fühlt und seinen Miko am Chef ausläßt und überhaupt... er hat nochmals sehr ernsthaft zu *Cauterets* geraten. Schreibe doch darüber mal baldigst. Ich

will mir mal ausrechnen lassen, was die Fahrpreise kosten…
er meint, der Aufenthalt in der Höhe habe keine spezifischen
Wirkungen. Außerdem ist es hier kalt und es regnet land. Es
ist ja sehr zu überlegen. Arbeiten kann ich da auch – und
Schwefel – – Gott, es ist wie Lourdes. Schreibe darüber mal
ausführlich. Es spricht vieles dafür – trotz der Entfernung.
Den Katarrh kriegen sie nicht weg – nicht ganz wenigstens.

Ola hat geschrieben. Sahre selbst. Ich will aber jetzt nichts
dergleichen.

Das wärs. Du hast alles. Ich kriege wieder Spritzen – und
mache keiner keine.

Was tutt sich? Schreibe es alles. Sehr schön wegen stimm-
schenbihör – wem sangest Du diese wundervollen Verse?

Indem ich Dir, gewitzten Person, alles Gute wünsche,

bin ich Dein pußliger
daddy

Handschriftliche Zufügung:
Der Dicke meint, Dr. G. würde nie
Cauterets empfehlen – wegen
Schweizer Nationalismus.

AN WILLI STEINERT

Post: Weltbühne
[Berlin-]Charlottenburg
Königsweg 33

11–8–24

Lieber Herr Steinert,
dieses schreibe ich auf einer fremden Schreibmaschine, und
Sie müssen es also nicht verübeln, wenn sich hier und da ein ß
oder ein & einschleicht (&%+„"––

Daß der Wint durch den Beumen seussel, hat mir schon
Zille erzählt. Seine Schilderung Ihrer Erlebnisse auf dieser
etwas romantischen Fahrt hätte ich ja gern von Ihnen selbst
gehört, und ich kann mir vorstellen, wie Ihre kleinen Äuglein
dabei plinkern mechten, wenn Sie das erzählen. Ich kann mir
kein rechtes Bild von dieser Reise machen (Weltreise wäre
ironisch, und das will ich wirklich nicht sein, obgleich…
aber das ist ein weites Feld). – Ja, also Sie fuhren damals ein
bißchen sang- bzw. klanglos ab – und ich habe dann nur gehört, daß Sie da oben mancherlei Fährnisse zu bestehen hatten. Wollen Sie mir mal einen Brief schreiben? – Mit An-
schreiben der Gattin? Und Einzelheiten und so –?

Was mich angeht, so hat mich die Inflationszeit mächtig
betroffen, und weil ich damals nicht klug genug gewesen war,
mir etwas Richtiges zu kaufen – ach, ach! daran darf ich gar
nicht zurückdenken –, *so wurde ich Sekretär bei einem großen Bankier.* Na – Sie können sich das denken. Ich stenogra-
phiere ja leidlich und schreibe auch sonst besser Maschine als
auf dieser hier, bei der man die Vorstellung eines kleinen Erd-
bebens nie los wird &%+„" – jedenfalls war es ein Jahr lang
ein heftiger, angestrengter Dienst. Von 9 bis 9, Bezahlung an-

101

ständig, aber doch schließlich eine uns etwas fremde Sache. Gut. Dann habe ich im April dieses Jahres Ernst gemacht *und bin nach Paris gegangen. Für die Voss und die Weltbühne.* Da war es himmlisch, und wenn nichts dazwischenkommt, wird es wieder himmlisch sein. Indem ich hier nur auf Kommando sitze, *bei Ullsteins, die einen neuen Pieron machen,* und ich denke mir wieder alles aus (es ist ein Monatsmagazin) – und im September will ich wieder nach drüben gehen und da bleiben, wenns irgend geht. Ich fühle mich da wohl, das Leben ist leicht und reizend, und das Nähere steht in der Weltbühne. (Keine Personalreklame – sondern Faulheit, alles noch mal zu schreiben). Es sind eben Menschen, wie wahrscheinlich Ihre Leute da oben auch – und ich habe nach Jahrenden wieder gelernt, was es heißt, am Leben zu sein. Dieses aber hier... sch...

Ja, so ist das. Und wann sehe ich Sie –? Und Madame? Dieses und noch vieles andere

schreiben Sie doch einmal bitte

> Ihrem alten und sich seinerzeit ein
> wenig im Stich gelassen fühlenden
> Franz Léman
> Königl. Republik. Güterbodenarbeiter

P. S. Franzmänner da trinken ja viele Glasel auf Gestreifte.

AN ADOLF BEHNE

Die Weltbühne
[Berlin-]Charlottenburg
Königsweg 33

[?]6. April 192[?]

Sehr geehrter Herr Doktor!

Allerschönsten Dank *für Ihren Artikel «Kunst und Tendenz»*. Verspäteten Dank auch für die *Antwort an Peter Panter*, die wahrscheinlich schon in der nächsten Nummer erscheinen wird.

Ich freue mich immer sehr, von Ihnen zu hören, und bin mit besten Empfehlungen und bestem Danke für Ihr freundliches Interesse

Ihr wie stets ergebener
Tucholsky

AN WERNER VORDTRIEDE

Post: Weltbühne

Hindås 19–6–30

Sehr geehrter Herr Vordtriede,
ich komme erst heute dazu, Ihren freundlichen Brief vom Mai zu beantworten – bitte entschuldigen Sie diese ungebührliche, durch eine Grippe verursachte Pause. Item:

Was Sie mir da schreiben, ist mir leider, leider nicht neu. Ich habe aber gefunden, daß wir an diesen Zuständen nicht ganz unschuldig sind. Zweifellos haben es die andern oft leichter – aber nicht immer. Ich halte die Zivilcourage «drüben» für größer; bei uns wollen sich die Leute die Hände nicht naß machen. Was ich auf meinen Reisen durch die deutsche Provinz gesehen habe, war auf der Seite der Gegner entsprechend – aber immerhin: da war etwas. Von den sogenannten Freunden habe ich meist einen niederschmetternden Eindruck mit nach Hause genommen. Meist nur ästhetisch interessiert und – erlauben Sie mir schon das herbe Wort: feige. Ich bin nun in diesen Dingen immer sehr vorsichtig – schließlich verlange ich ja von niemandem, daß er für mich auf die Barrikade klettert – aber für die Sache? Da brauchten wir bessere und andere Leute. Lauwarm sind sie.

Es wird mich immer sehr interessieren, von Ihnen und Ihren Kameraden zu hören!

Mit den besten Grüßen an Sie

Ihr sehr ergebener
Tucholsky

Post: Weltbühne

28–7–30

Sehr geehrter Herr Vordtriede,
woher wissen Sie denn, daß ich Ihnen «aus lauter Höflichkeit
und Konvention» geschrieben habe, daß es mich freuen wird,
von Ihnen zu hören? Im Deutschen lügt man, wenn man höflich ist? Merken Sie sich, «junger Mann» – die besten Lügen
im gesellschaftlichen Leben stecken in dem, was man ver-
schweigt (streicht sich den Bart). Also damit ist es nichts.
    Schönen Dank für Ihren Brief.
    Der *Hiller-Artikel* hat eine bewegte Diskussion zur Folge
gehabt. Er gehörte zu den Beiträgen, für die man dem Verfasser, dessen Reinlichkeit uns bekannt war, die Verantwortung
überlassen mußte. Er hat mit seinem Namen gezeichnet. Ich
mag diese Häkelein nicht; aber manchmal ist das nötig.
    Sehr hübsch war die Stelle in Ihrem Brief, wo Sie schreiben,
der ehrwürdige Greis könne sich noch heute so begeistern wie
Sie vor drei Jahren. Das ist himmlisch. Sind Sie schon so glatt?
Glaube ich nicht.
    Harald soll keine Angst haben. Es ist wirklich falsch. Ex-
amina kann man nur «von oben» her bestehen – nach der Melodie «Ihr könnt mir alle». Dabei kann man sich Mühe geben
und sich anstrengen – aber daß nun das ganze Leben zusam-
menbricht, wenn einer durchfällt – immer mit die Ruhe!
    Wobei – da wir grade von der Schule sprechen – zu sagen
wäre, daß Hebel mit seinen Nachahmern aber gewißlich
nichts gemein hat. Wenn etwa süßliche Kaffern glauben, sie
seien volksdiemlich, wenn sie seine Äußerlichkeiten kopieren –: dieser Hebel ist nach Kleist einer der größten Prosa-
schriftsteller deutscher Sprache. Sie müßten ihn mal von *Ludwig Hardt* vorgelesen hören –! Er ist nämlich ganz echt und
klar wie Kristall und, wenn man näher hinsieht, voll echter
und richtiger «Frömmigkeit» – ich getraue mich gar nicht, das

Wort hinzuschreiben, weil ich Angst habe, Sie halten mich nun für einen Zentrumsmann. Aber die haben die Frömmigkeit nicht gepachtet – eher kompromittiert. Es gibt etwa zehn bis zwanzig Hebelscher Erzählungen, an denen man lernen kann, was das ist: deutsch. (Nicht teutscht.)

Dank für das Bild. Und grüßen Sie die Kameraden!

Ihnen alles Gute wünschend
Ihr ergebener
Tucholsky

Post: Weltbühne

14–9–30

Sehr geehrter Herr Vordtriede,

oro et obsecro: schreiben Sie bitte immer Ihre volle Adresse auf den Brief: zum Glück hatte ich den vorigen bei der Hand, sonst hätte ich Ihnen gar nicht antworten können.

Dank für alles. Hübsch ist es, daß Sie *Polgarn* auch so schätzen. Übrigens: daß er Jude ist, stimmt ja; aber daß das für irgendeinen andern Juden ein Plus wäre, kann ich nun nicht finden. Es ist ja üblich, in Vereinen zu denken, aber sicherlich überzeugt man keinen Antisemiten damit, daß man Polgar aufmarschieren läßt. Nun, das ist ein weites Feld... *über die «Gruppe»* gibt es kein gutes Buch, und das ist sehr schade.

Die beigelegten Gedichte habe ich gelesen. Das ist in der Tat nur Pubertät und nichts als das. «Coitusnelda» kann man s a g e n, dann ist es sogar lustig, wenn es im richtigen Augenblick und mit Grazie gesagt wird – aber geschrieben ist es nur ein Kalauer. Sie werden Ihrem Freund Harald vermutlich diesen Brief zeigen – bitte glauben Sie mir, daß ich nicht an den Versen junger Leute herumschulmeistern mag – das ist es nicht. Wenn aber Harald schreibt, er setze da eine «flammende Entrüstung» über die Verse voraus, so muß ich ihm leider sagen, daß die nicht da ist, nicht einmal die. Dann wären die Verse nämlich gehaltvoll. Nicht ringelnatzen – nicht nachmachen – nicht nachfühlen. Selber! Meinetwegen schweinisch, wenns sein muß – aber selber. Im übrigen sind rein sexuelle Dinge jungen Dichtern fast nie erreichbar; eben, weil sie zu stark beteiligt sind. Hier fehlt die nötige Dosis Ironie, Skepsis, Humor… die habe ich in dem Alter auch nicht gehabt. Empfunden habe ich schon manches (mit 24 allerdings erst) – aber gestalten habe ich es nicht können. Aber das läuft ja keinem weg.

Bitte grüßen Sie alle Ihre Freunde recht schön!

Herzlichst
Ihr ergebener
Tucholsky

Post: Weltbühne
Berlin-Charlottenburg 2
Kantstr. 152

14–10–30

Sehr geehrter Herr Vordtriede,
schönen Dank für Ihren Brief vom 9. d. M.

Nun, die gute *Frau von Eschstruth* ist genau siebzig Jahre alt – also für Späße zu alt. Sie ist übrigens zeit ihres Lebens nur dumm gewesen und süßlich, aber nie bösartig.

Man sollte viel mehr Späße mit den nationalen Zeitungen machen, wenn man so etwas macht. Gedichte, deren Zeilenanfänge irgend etwas Bösartiges ergeben und solche Scherzchen… natürlich ist das kein «Sieg», einen Redakteur hineinzulegen, wie das in gradezu genialer Weise *Karl Kraus und sein Freund Schütz* getan haben… immerhin ergäben sich hier einige Möglichkeiten.

Dank für die Übersendung des Bildchens!

Herr Burte wird leider von vielen Leuten durchaus ernst genommen – ich habe nicht so sehr den Einwand gegen seine Gesinnung, sondern gegen seine Schriftstellerei, die mir gequollen und geschwollen vorkommt – wie Ihnen auch.

Alles Gute für Sie!

Mit den besten Grüßen
Ihr ergebener
Tucholsky

Post: Weltbühne
Berlin-Charlottenburg
Kantstr. 152

8–1–31

Sehr geehrter Herr Vordtriede,
schönen Dank für Ihren Brief. (Adressen, die hinten auf dem Couvert stehen, sind der Deckel zu meiner Urne – ich werfe die Couverts immer fort, und dann habe ich die Adresse nicht. Besonders Frauen exzellieren darin.) Item:

Über *Georg Fink* hat sich neulich ein junger Arbeiter geäußert: vernichtend. So was gäbe es überhaupt nicht, und es wäre von oben bis unten Lüge und so. Wahrscheinlich hat er recht.

Sehr gut, was Sie über die Leute schreiben, für die die Literatur bei Ringelnatz, den ich sehr liebe, anfängt. Mit «Klassikern» meinte ich u. a. auch die, so man uns in der Schule verekelt hat – es gibt bei Goethe Perlen, auch in den Gesprächen (*Biedermann, nicht nur Eckermann*). Immer wieder: Kleist, die Prosa – dann, wenn Ihnen das liegt, alte Volkslieder, Heine in den Prosa-Aufsätzen und, wenn Sie Geduld haben, auch Börne, aber das ist schon ein bißchen Spezialliteratur.

Frau Polly Tieck ist die geschiedene Frau eines früheren

Bekannten von mir, Frau Falkenfeld; sie arbeitet jetzt bei einer Modenzeitschriften-Abteilung des Hauses Ullstein. Sie hat mich einmal in Paris besucht, näher kenne ich sie auch nicht.

Die «Neue Revue» habe ich gesehn; ganz brillant war ein Titelblatt, auf dem ein vermiekerter kleiner Mann mit Nazibinde stand: «Adolf, hast du mich gerufen?» Leider hat er viel gerufen, und leider sind viele gekommen. Ich halte die Lage für ganz besonders gefährlich – es fehlt der rechte Widerstand.

Lassen Sie es sich recht gut gehn – ich stecke in tiefer Arbeit.

Mit allen guten Grüßen und Wünschen

Ihr ergebener
Tucholsky

Post: Weltbühne
Berlin-Charlottenburg 2
Kantstr. 152

27–2–31

Sehr geehrter Herr Vordtriede,
schönen Dank für Ihren Brief.

Den *Polgar* schicke ich Ihnen. Den *«Engel im Diesseits»* kenne ich nicht; lohnt das zu lesen? Ist das gut? *Ich habe einmal das gleiche Thema in der Voss angeschlagen* – sonst bekomme ich viele Briefe, hier aber blieb alles still; ich hatte so den Eindruck: die, die es erlebt haben, wollen nicht daran erinnert werden, und die andern wissen es nicht.

Über Ihren Bericht *in Sachen Binding* habe ich sehr gelacht. Ich kenne ihn nicht, habe ihn aber nie anders eingeschätzt. Er muß maßlos eitel sein; er erinnert mich immer an einen Primus omnium, etwas ganz und gar Scheußliches. Sehr lustig, wie diese Brüder nicht einmal im äußern Habitus so viel Haltung haben... daß er nun nicht einfach zu e i t e l ist, sich vor Fremden so gehen zu lassen! Die Luft um diese Koryphäen, die gar keine sind, ist meist so gespannt... ich habe das ein paarmal in Paris genossen, es war zum Rollen. (Hier wäre ausdrücklich *Emil Ludwig* auszunehmen.) Die Kerle überschätzen sich, als obs Schauspieler wären. Sind ja auch welche.

Ich empfehle Ihnen den *englischen Kriegsroman «Der englische Pachthof»*, im Insel-Verlag. Eine dicke Sache.

Mit allen guten Wünschen für Sie

Ihr ergebener
Tucholsky

Post: Weltbühne
Berlin-Charlottenburg
Kantstr. 152

3 – 5 – 31

Lieber Herr Vordtriede,
da liegt noch ein alter Brief von Ihnen da – vom März; ich bin auf Reisen und bisher nicht dazu gekommen, ihn zu beantworten. Nun denn, auf, auf:

Sie fragen da nach *Eduard Engel*. Dieser alte Tropf ist ein paarmal bei uns böse durchgehauen worden – aber es lohnt nicht recht. Seine Leser, deren er viele, viele hat, lesen die WB nicht, und unsere Leute lesen ihn nicht – man schreibt da also gewissermaßen aneinander vorbei.

Den «Gabbo» fand ich in der I d e e ausgezeichnet – freilich, was nachher unter der freundlichen Ägide der Herren Filmpiraten herausgekommen ist, taugt nicht viel. Stroheim ist ein

Beseßner – mit allen guten und schlechten Eigenschaften eines solchen. *Jannings*, bei dem ich grade zu Gast bin, hat mir viel von ihm erzählt.

Lassen Sie es sich gut gehn und schreiben Sie auch manchmal. Ich fahre in vierzehn Tagen nach Paris und dann nach England. Die WB schickt mir alles nach.

Mit allen guten Wünschen für Sie

und den besten Grüßen
Ihr ergebener
Tucholsky

Post: Weltbühne
Berlin-Charlottenburg 2
Kantstr. 152

5–7–31

Sehr geehrter Herr Vordtriede,
aus dicker Arbeit – damit Ihre Briefe nicht so lange liegenbleiben:

Übelgenommen habe ich gewißlich nichts. Antwortlich: *Viele «Antworten» im Blättchen sind nicht von mir.* Das ist ganz verschieden. / *Waggerl* halte ich nach wie vor für eine dumm-dreiste Hamsun-Kopie und gewißlich nicht für «original». Kennen Sie *Hamsun* genau? Alles, aber auch alles ist geklaut – bis auf die Interpunktion. / *Huebner*... ich will mir ja nicht meinen Bart streichen, denn ich habe keinen. Aber da wollen wir uns in ein paar Jahren noch einmal sprechen. «Unanständig...» immer feste! Aber es ist geschwollen und unwahr. / *Film «Drei Tage Liebe»* nicht gesehn. / Tatsächlich! *Georg Fink gibt es nicht?* Sehr häßlich und unwürdig, solch eine Komödie. Ganz, ganz anders als da damals *das Pseudonym Sinclair von Hesse. Echt Münzer.*

Heinrich Mann muß man aus seiner Zeit verstehn. Das ist

der zwischen den Rassen stehende Germane in Italien – ein Erlebnis, das es heute nicht mehr gibt – und den «Untertan» 1912/13 geschrieben zu haben ist eine große Leistung, die historisch zu werten ist. Das war damals etwas ganz und gar einziges. Und wie richtig ist das alles! Aber sonst kann ich mir schon denken, was Sie abstößt – das ist auch nichts für 1931; es hat sich da etwas abgenutzt. Was er heute schreibt, sagt mir wenig.

Wie Bronnen zu Rowohlt kommt? Ach, der gute Rowohlt – was er alles für dummes Zeug getrieben hat! Bronnen und Salomon und dergleichen. GOtt segne die Verleger – sie können nichts dafür.

Vom Zionismus verstehe ich allerdings gar nichts.

Zur Zeit sitze ich in England auf dem Lande und arbeite schröcklich. Ich habe mir ein Häuschen gemietet, sehe über die Grafschaft Kent und schreibe viel. Hier ist es ganz still und einsam.

Ihnen einen guten Sommer wünschend,

Ihr ergebener
Tucholsky

19–8–31

Sehr geehrter Herr Vordtriede,
schönen Dank für Ihren Brief. Nein, mit Berlin ist es diesen Sommer nichts, denn ich bleibe hier in Kent und arbeite still vor mich hin. *(Aber keine Sommergeschichte – nur keine laufenden Bänder!)* Wenn Sie aber mal im Herbst zufällig in Berlin sind oder späterhin in Schweden, dann sagen Sie es Ihrem

Sie bestens grüßenden und ergebenen
Tucholsky

– Schönen Dank für Ihr Bild –!

Post: Weltbühne

15—2—32

Sehr geehrter Herr Vordtriede,
schönen Dank für Ihren Brief – die Anlage sende ich anbei
zurück.

Das 8 Uhr-Abendblatt hat das gewiß so verteilt, weil die
Kosten für 8 Tage Paris vielleicht ebenso hoch sein werden
wie die für 14 Tage Provinz. Das ist denkbar – sonst wäre das
gar nicht zu verstehn.

Hoffentlich haben Sie viel gesehn, denn ich nehme an, daß
Sie schon da waren. Hat es mit dem Französischen einigermaßen geklappt? Man versteht am Anfang schwer, wenn mans
nicht gewöhnt ist – die Pariser sprechen so sehr schnell. Nun,
ich bin sehr gespannt, was Sie nach Hause gebracht haben.

Was die Herren rheinischen Dichter angeht, so kann ich
mich damit nur sehr schwer befreunden. Was den Beteiligten
gewiß gleich sein kann. Aber ich kann da nicht mittun: *Sie
werden nächstens einen Aufsatz von mir über Ponten lesen
können*, in dem einiges darüber gesagt ist.

Lassen Sie es sich recht gut gehn!

Mit vielen schönen Grüßen
Ihr ergebener
Tucholsky

AN MARCEL BELVIANES

Post: Weltbühne

Lugano; den 8 – 12 – 29

Lieber Herr Belvianes,

schönen Dank für Ihren Brief; ich antworte erst heute, weil ich so lange auf Reisen war – bitte entschuldigen Sie die Verzögerung. Item:

Es ist ganz besonders nett, *daß Sie sich so freundlich für meine Arbeit einsetzen.* Biographie:

Geboren ist der Kerl im Jahre 1890 zu Berlin (die meisten Berliner sind aus Breslau). Er studierte Jura in Genf und Berlin, war dreieinhalb Jahr ein sehr schlechter Soldat und anständiger Europäer, hatte aber nicht den Mut, die Uniform in den Rinnstein zu werfen, was er noch heute bedauert. Verdankt Anfang, Mitte und Erfolg seiner Schriftstellerei *dem verstorbenen Siegfried Jacobsohn*, dem Begründer der «Weltbühne», der viel, viel zu früh im Jahre 1926 gestorben ist – d e r hat ihn gefördert.

Lebt im Ausland – in Frankreich, das er ebenso liebt wie den Norden.

Hat geschrieben:

Rheinsberg, ein Bilderbuch für Verliebte (99 Auflagen – aber echte, nicht wie bei Grasset, bloß auf dem Deckel!)

Mit 5 PS + Das Lächeln der Mona Lisa (beide bei Ernst Rowohlt, Berlin) je 26 Tausend

Deutschland, Deutschland über alles! (im Neuen Deutschen Verlag zu Berlin. 40 Tausend)

In den beiden Auswahlbänden bei Rowohlt stehen auch viele Aufsätze, die in der Vossischen Zeitung erschienen sind.

Die Frage mit den deutschen Zeitungen habe ich nicht recht verstanden; w a s kann ich da für Sie tun?

Und Sie –? Wie gehen die affaires? Und die Literatur? (Was ja mitunter dasselbe ist...)

Händedruck und Dank – wenn ich wieder nach Paris komme, dann meldet sich bei Ihnen

Ihr Sie herzlichst grüßender

Tucholsky

Post: Weltbühne

28–3–30

Cher ami,

nee – nicht: cher ami. Denn *wenn die Franzosen «cher ami» sagen, dann meinen sie: c...* und ich meine doch was ganz anderes. Nämlich:

Ich bekomme da eben *die «Revue d'Allemagne»*, und das hat mein hartes Jägerherz aber mächtig gerührt! Dank. Und Händedruck. Und wissen Sie auch wofür?

Diesem Literaturbetrieb, den *«Combines»*, stehe ich so fern wie Sie – es gibt ein deutsches Zitat: «Und wenn du mich mit Goethe vergleichst, vergleiche ich dich mit Lessing» – also das wollen wir nicht. Aber ich danke Ihnen herzlichst und kameradschaftlich für die unglaubliche E i n f ü h l u n g, die ganz besonders *aus den Übersetzungen* hervorgeht. Ich hätte nie, niemals für möglich gehalten, daß mein Kram auf französisch überhaupt ausdrückbar wäre – und nun gar so etwas wie *der Kaufmann im Boot...* also das haben Sie ganz großartig gemacht! Es ist genau, auf die feinste Nuance genau das herausgekommen, was ich gemeint habe: deutscher Ton und französischer Ton gemischt... (Eine Hure in Scheveningen sprach einmal einen Engländer so an: «Na, Kleiner, wie

ist es? Französischer Schick und deutsche Gründlich-
keit...!») Das ist es.

Ich habe mich unbändig gefreut. Nicht: gelobt zu sein.
Aber verstanden zu sein.

Mit allen guten Wünschen für Sie und Ihre Arbeit und
auf Wiedersehn im Frühling

Ihr herzlichst ergebener
Tucholsky

AN HEDWIG HÜNEKE

Fräulein Hüneke!

Bitte vergessen Sie nicht, die 700 und etlichen Francs, die ich *von Hachette* bekommen habe, zu verrechnen. Die hat der Chef bei mir gut.

Wollen Sie bitte – ausnahmsweise – die vom Hessischen Volksfreund eingegangenen

M 50,–

sogleich schicken an

Restaurant Berg
Charlottenburg
Ansbacherstr. 15

Dazu als wichtiger Vermerk auf dem Postabschnitt:
Für Herrn *Fritz Tucholsky*.

Bitte legen Sie ein Zettelchen in einen Brief an mich, wenn es abgegangen ist. Ich würde Sie auch bitten, bei Abgang des Geldes den beifolgenden Brief an meinen Bruder zu expedieren. Entschuldigen Sie, wenn ich Sie mit diesem Quark behellige – aber dem Jungen gehts nicht gut.

Danke schön.

Foerster hat mich aufgesucht. Seit *Harden* habe ich nicht ein solches Erlebnis gehabt: ein Mann und ein Mensch. (Über seine politischen Ansichten kann man diskutieren.) Aber beste deutsche Art. –

Le Vésinet
28 Avenue des Pages

19.6.25

Fräulein Hüneke!

1) Die Hachette-Reklamationen habe ich dadurch erledigt, daß ich sie dem Inhalt nach an Hachette weitergegeben habe. Sollte das nichts nützen, so können Sie immer noch einmal monieren. Aber noch nicht, bitte.

2) Anbei die Abrechnung. *Dem Chef ist gleichfalls eine Abschrift zugegangen.*

3) Natürlich bleibt das unter uns. Sehen Sie, ich sehe diese Sache so an: Der Chef hat niemals das Glück gehabt, richtige Leute um sich zu haben. Wie Sie wissen, ist er wahrscheinlich der beste Redakteur, den die deutsche Presse hat, aber kein so großer Geschäftsmann. Er ist früher von den verschiedenen Verlagen unsäglich ausgebeutet worden, und vor allem haben diese Leute niemals etwas für das Blatt getan. Da hat er sich gesagt, er wolle das allein machen. Dazu gehören natürlich gute Mitarbeiter. Die hat er auf literarischem Gebiet, und dabei ihm wirklich ergebene Leute. Aber auf kaufmännischem fehlen ihm die. Auf Sie hält er enorme Stücke. Ich sage das nicht, um Sie in Ihren Entscheidungen zu beeinflussen – aber ganz abgesehen davon, daß es mir persönlich leid tun würde, wenn Sie gingen (weil ich weiß, was Sie da in dem Laden so sind und bedeuten) –: er vertraut Ihnen, wie er noch nie einem Menschen vertraut hat. Und er braucht Sie. Ich bin überzeugt davon, daß nicht nur im vorigen Jahr, sondern in den ganzen letzten Jahren sehr zum Schaden des Chefs gewirtschaftet worden ist. Wenn es Ihnen gelänge (endlich! endlich!), da aufzuräumen, sich so vollkommene Machtmöglichkeiten zu schaffen, daß Sie sagen können: Also das mache ich, und da hat mir keiner außer dem Chef hereinzureden – das wäre ideal. Sicherlich ist diese Übergangszeit ekelhaft – aber es

wäre doch schon in der Geschichte des Blättchens eine große Sache, wenn man mit Bestimmtheit wüßte: vom Tage Ihres Eintritts an ist die Sache in Ordnung. Das Blatt geht, ist bekannt, geachtet – es müßte doch mit dem Deibel zugehen, wenn da nicht mehr herausspringen sollte, als daß bloß der Chef davon leben kann. Und er lebt vernünftig und bürgerlich, seine Familie auch – ich meine, das müßte gehen. – Und daß Sie dem Staat Steuern schuldig sind –: wissen Sie, Fräulein Hüneke, das ist noch kein Malheur. Da arbeiten große Betriebe noch ganz anders, wenn sie auch vielleicht nicht grade dieser lächerlichen Einrichtung noch Zinsen in den Rachen schmeißen. En tout cas: lassen Sie nicht den Kopf hängen und reinigen Sie ihm diesen Laden: er glaubt an Sie (ich auch) – und Sie tun ein gutes Werk.

Sie können sich darauf verlassen, daß diese Geschichte vertraulich bleibt.

Warum der Chef nach Berlin kommen wollte, ahne ich nicht – er hat mir nur die Tatsache geschrieben. Vielleicht stand das mit Ihren Schwierigkeiten, von denen er doch sicherlich durch Sie unterrichtet war, im Zusammenhang.

Dank für die Geschichte mit meinem Bruder, Darmstadt wird heute angemahnt.

Hermine Sterler ist eine sehr schöne Frau – sie soll herkommen, wenn sie was will.

So – das ist alles.

Nun weinen Sie nicht, Hüneke – in der Röhre stehn Klöße, Sie sehn sie bloß nicht. Mir machen an dem Blatt ganz andere Sachen Sorgen: wir haben zuwenig Annoncen. Die Annoncenakquisiteure sind ja nun nach den Filmleuten die größten Gauner der Gegenwart – aber kann man denn da gar nichts tun. Man hat mir erzählt, früher hätte *mit der Europäischen Staats- und Wirtschaftszeitung ein gewisser Wilhelm Arndt* zusammengearbeitet (ich weiß nicht, ob er sich so

schreibt) – das soll ein fabelhafter Akquisiteur und ein anständiger Mensch gewesen sein. Können Sie nicht mal gelegentlich feststellen, ob Sie dessen Adresse auftreiben können?
(Die Europäische existiert nicht mehr). Da muß doch etwas
zu machen sein!

In alter Treue

Dero

AN WALTER BERNAYS

Post: Weltbühne

30−9−29

Sehr verehrter Herr Bernays,
ich danke Ihnen schön für Ihren freundlichen Brief.

Nun, so ein Meinungsaustausch ist ja immer gut. Ich mag mir gewiß keine Proteste bestellen – und Ihren Kreis will ich schon ganz und gar nicht in diesem Sinne beeinflussen: Aber:

Das Börsenblatt ist feige. Ich habe die Sache dem Schutzverband Deutscher Schriftsteller übergeben; Sie wissen, daß ich mich auch allein wehren kann – ich habe es deshalb getan, weil ich mir dachte: wie nun, wenn du einer wärst, der kein Blatt zur Verfügung hat? Der SDS hat sich also der Sache recht kollegial und gut angenommen. Das Börsenblatt hat ihm geantwortet.

Traurig. «Eine rein verwaltungstechnische Maßnahme» – so ein Einspruch müsse doch dem Börsenblatt bleiben, zum Beispiel bei Anzeigen, die gegen den unlautern Wettbewerb verstoßen (also gegen das geltende Recht!); der Verlag habe ja inzwischen inseriert, und zwar ohne die Umschlagsreproduktion, <u>also</u> damit anerkannt, daß der Einspruch wohl nicht unberechtigt gewesen sei… kurz: treudeutsch.

Die Herren möchten die Angelegenheit gern als «erledigt» betrachten. Das ist sie nicht. Mir widerstrebt es durchaus, meinen Kram zum Mittelpunkt zu machen – Sie wissen, daß ich auf Angriffe kaum zu antworten pflege. Sie haben aber ganz richtig erkannt, daß es hier gar nicht um Herrn Tucholsky geht – sondern um etwas Prinzipielles. Und dagegen muß man protestieren – wir machen fast alle immer denselben Fehler: wir glauben, wenn wir «überlegen» die Achsel gezuckt haben, dann hätten wir gesiegt. Die andern von der Rechten sind viel lebensklüger. Die protestieren so lange; sie machen so lange Spektakel, bis dem Gegner ganz matt zu Mut wird – und ein zweites Mal tut ers dann nicht so leicht. So sind zahllose Zeitschriften eingeschüchtert worden. Warum soll man diese Taktik nicht anwenden, wenn unsere Sache traktiert wird? Das Börsenblatt besteht heute noch auf der Rechtmäßigkeit seines Verhaltens; in Wahrheit hat es einen Zurückzieher gemacht, *weil sich ein Teil der anständigen Blätter* (mit Ausnahme der großen Zeitungen) *der Sache angenommen hat.* Es wurde ihnen flau. Und wo bleibt der Buchhandel? Läßt er sich das gefallen –?

Dank für alles Freundliche, was Sie mir über meine Arbeit sagen. Ich sitze seit beinah einem halben Jahr in der tiefsten Stille auf dem Lande – in schwarzen Stunden habe ich mir manchmal gedacht: «Du schreibst doch nur für deinen Jahrgang – wer weiß, wo die Jungen sind.» Nun weiß ich aus vielen Briefen und auch aus dem Ihren: sie sind da.

Das hat sehr gefreut

Ihren Sie herzlichst grüßenden und
ergebenen
Tucholsky

Gruß an die Kameraden –!

AN HERMANN CROISSANT

Berlin W 50
Nachodstr. 12

den 5. November 1913

Sehr geehrter Herr!

Ich danke Ihnen vielmals für Ihren außerordentlich interessanten Brief und für Ihre liebenswürdigen Bemühungen. Ihren weiteren Angaben sehe ich mit dem größten Interesse entgegen. (Ich habe mir erlaubt, Rückporto beizulegen.)

Gibt es denn gar keine Möglichkeit, diese genialen Dinge vor der Makulatur zu retten? Jetzt verdienen die Antiquare daran, *aber Panizza wird dabei vergessen.* Ich habe ein halbes Jahr gebraucht, um überhaupt zu erfahren, ob er lebt. Ich glaube, daß einer Neuherausgabe seiner Schriften nicht so sehr das Strafgesetz entgegenstände, das man mit einer ehrlich geschlossenen Subskription ausschalten könnte, wohl aber – wie Sie richtig schrieben – der Widerstand der Berechtigten. Darf ich, der ich alles tun möchte, um diese Herausgabe zu erzielen, Sie um Ihre Meinung bitten, ob und wie man, vielleicht mit Zuhilfenahme der von ihnen genannten Freunde Panizzas, noch einmal alles zusammenfaßt, was dieser Große geschaffen hat. Noch sind seine Briefe zu haben (ich besitze drei), noch treibt sich hier in Berlin ein Original-Manuskript von ihm umher... *aber wie erreicht man es, die Erlaubnis seinen Rechtsnachfolgern abzugewinnen?*

Ich danke Ihnen nochmals für alles und bin

Ihr sehr ergebener

28. Nov. [191]3

Sehr geehrter Herr Croissant,
ich glaube, wir sind beide in gewisser Hinsicht zu spät gekommen. Es geht hier das bestimmte Gerücht, *daß Hanns
Heinz Ewers bei Georg Müller die Schriften Panizzas edieren wolle.* Es ist ja nun außerordentlich schade, daß Panizza gerade an diesen geraten ist, der ihn sicher durch eine
Vorrede etwas verhunzen wird, rein philologisch bleibt es
natürlich ein Verdienst, die Schriften vor der Makulatur zu
retten, und durch welche Schwierigkeiten sich Ewers
(wenns wahr ist) hindurchgearbeitet haben muß, ehe er die
Schriften freibekommen hat, ist mir ja nun durch Sie bekannt geworden.

Ich erlaube mir nun, Ihnen folgenden Vorschlag zu machen: Sie deuteten in Ihrem letzten Brief an, Sie wollten das
Ihnen zur Verfügung stehende Material vom Standpunkt des
Nichtliteraten aus veröffentlichen. Gerade so etwas sucht
die «Schaubühne», an der ich mitarbeite, und ich möchte Sie
nun im Einverständnis mit Herrn Siegfried Jacobsohn bitten, ob Sie uns nicht einiges daraus gegen angemessene Ho-
norierung zum Abdruck zur Verfügung stellen wollen. *Ich
beabsichtige schon seit langer Zeit, über Panizza als Künstler
in der «Schaubühne» zu schreiben.* Die Neupublikation seiner Schriften bietet mir einen hochwillkommenen Anlaß,
und ich würde mich außerordentlich freuen, in Ihnen einen
wirksamen Helfer für die Propagierung Panizzas gefunden
zu haben. Wenn Sie soweit sind, daß Sie Ihr Material ungefähr übersehen können, geben Sie mir doch bitte Nachricht,
welche Teile daraus und wieviel die «Schaubühne» wohl
bringen könnte. Wir könnten ja dann alles Nähere noch besprechen.

Bis ich völlige Gewißheit über die Müllersche Publikation
habe, kann ich natürlich nichts unternehmen. Jedenfalls

danke ich Ihnen vielmals für Ihre liebenswürdige Angabe der Adresse.

Indem ich Sie bitte, mich Ihrer Frau unbekannterweise zu empfehlen, bin ich Ihr sehr ergebener

AN EUGEN DIEDERICHS

Dr. Kurt Tucholsky
Berlin-Friedenau
Kaiser-Allee 79

12.2.21

Persönlich!

Sehr geehrter Herr,
ich habe aus *den Zeitungen* ersehen, *daß Sie von einem Jenaer
Schöffengericht wegen angeblicher Beleidigung thüringischer
Offiziere zu einer Geldstrafe verurteilt worden sind.*
Erlauben Sie mir bitte, Ihnen meine Hochachtung für den
tapferen Kampf auszusprechen, den Sie gegen das schlechtere
Deutschland führen. Die Meinung des juristischen Dreimän-
nerskats ändert an der Tatsache eines im Kriege verkomme-
nen deutschen Offizierskorps nichts.

> In vorzüglicher Hochachtung
> ergebenst
> Tucholsky

AN ERWIN SCHIFFER

Sehr geehrter Herr Schiffer,
haben Sie an Siegfried Jacobsohn geschrieben? Wenn nicht,
tun Sie es doch bitte und teilen Sie ihm mit, wie Sie sich die
Wiederbeschaffung der unterschlagenen Gelder denken. S. J.
bat mich auch, Ihnen zu übermitteln, daß Sie vielleicht in ge-
eigneter Form an *Herrn M.* herantreten und ihm die Unannehmlichkeiten vorhielten, die er sich machen würde, wenn
er nicht zahlte. – Ich verreise morgen und stehe Ihnen von
Montag ab jederzeit zur Verfügung.

Mit den besten Empfehlungen

Ihr sehr ergebener

AN HANS GLENK

Post: Weltbühne   Le Vésinet
Berlin-Charlottenburg   28 Avenue des Pages
Königsweg 33   19–3–26

Lieber Hans Glenk,
Du kannst alles von mir haben – nur nicht das Pariser Tele-
fon, was schrecklich ist. – Wenn Sie morgen, Sonnabend, Zeit
haben, setzen Sie sich bitte um 3 Uhr 9 Minuten auf der Gare
St. Lazare in den Zug nach St. Germain, der in Vésinet hält.
(Steht alles dran auf den rotweißen Schildchen vor dem Zug).
Wenn Sie zum zweitenmal über die Seine kommen, ist
Chatou und dann Vésinet. Dortselbst steigen Sie aus, gehen
über die kleine Brücke und direkt in die Avenue du Maréchal
Foch, die Sie zehn Minuten immer langgehen. Über einen
Fahrdamm, dann über einen runden Platz, und dann liegt auf
der rechten Seite meine Wohnung.
    Der *Republikaner-Toni* soll mitkommen – er muß aber im
Garten schuhplatteln und *Unruhs Werke* dabei singen.
    Sehr froh, Sie wiederzusehn –

                                        Ihr alter und dicker
                                        Tucho

P. S. Musterkollektion in Pariser Lastern frisch hereinge-
kommen. Empfehlen besonders: «Herzblättchens Zeitver-
treib» und «Cocottchen in der Tüte». – (M 3.50.–)

Post: Weltbühne
Berlin-Charlottenburg
Königsweg 33

Le Vésinet, 23–3–26

Geliebtes Hänschen Glenk,
ich soll meine ganze Seele (nebbich) in diesen Brief legen, um
Ihnen zu sagen, daß Panter morgen nicht kann. Die Berliner
Bankiers haben ihn durch ihr Niveau derartig mitgenommen,
daß er heute mit Fieber im Bett liegt und total verrotzt (o
pardon!), aber nicht verschnupft ist. Und er liebt Sie doch so,
und ich auch, und Sie waren doch so nett, und so möchten Sie
doch Ihre Adresse im Süden angeben, damit er Ihnen selbst
schreiben kann, wenn er wieder hinten hoch kann. Und den
republikanischen Toni liebt er auch, und es ist scheußlich,
ihm immer die Eierkuchen eine Treppe hoch ins Schlafzimmer zu schleppen, und er schluckt Aspirin und ich bete zum
Heiligen Coué. Und ich werde auch nie in meinem Leben
Literastin werden

und ich grüße Sie herzlichst

man beachte: generis feminini

Le Vésinet
28 Avenue des Pages

29–3–26

Liebster Goldschnappel,
es hat mir auch furchtbar leid getan, und ich habe mit der
Nase sehr geweint. Jetzt sitze ich schon wieder an der Näh-

maschine und diktiere meiner armen Frau diesen Brief; ich habe ihr vorher die Ohren zugestopft, damit sie nicht weiß, was sie schreibt.

Hat der Regen aufgehört? Waren Sie schon in Sainte-Maxim? Versäumen Sie ja nicht, wo Sie einmal da sind, über Cannes nach Grasse zu fahren, das ist wirklich schön.

Arbeiten Sie fleißig? Ich leider. Hierorts nichts Neues: wir haben damals, als Sie hier waren, noch nicht einmal die halbe deutsche Literatur durchgenommen, und dieser Klatsch muß unbedingt nachgeholt werden. Ich bin ein sehr feiner Herr und rede gar nicht mehr mit Ihnen: *die neue Rundschau hat mich aufgefordert, bei ihr mitzuarbeiten,* und ich werde es noch zu einem königlich preußischen Bajazzo bringen. Gott, Frollein, Sie mit Ihrem Popelorgan, Weltbühne!

Den Toni lassen wir schön grüßen, und Sie sollen mit demselben fleißig «boules» spielen. Dazu muß man ein reines Hemd anhaben (pfui, dieser Mann), wenigstens er, und es muß Sonntag nachmittag sein, sonst ist es nicht richtig. Ich wünsche Ihnen eine recht schöne Erholung, hier hat sie den Absatz vergessen und Liebe Glück & Sonnenschein und einen Roman mit hundert Auflagen!

Dies wünscht Dir Dein lieber Schulfreund
Tucho

Gedenket der deutschen Brüder in Südtirol!

PS. «Boules» ist das landesübliche Spiel.
Die Frau ist leider unmöglich.

AN MARITA HASENCLEVER

Le Vésinet,
28 Avenue des Pages

13–4–26

Sehr verehrtes gnädiges Frollein,
Sie, als Schwester des verstorbenen Hasenclever, sind mir immer willkommen, und ich freue mich mächtig, Sie Sonnabend zu sehen. Der Selige war ein Aast. Ich habe ihm etwa 300mal geschrieben – aber wenn ihm was nicht paßt, tut er sich dicke mit *Swedenborg*, dem Erfinder der Streichhölzer, und sagt: «Ja!» sagt er, «morgen nachmittag habe ich nicht kommen können – da habe ich Visionen.» Er hat aber gar keine Visionen, sondern 1 Vogel.

Daß er Sie seine Korresponenz auf so eigentümliche Art erledigen läßt, ist auf intensiven Verkehr mit *Unruh* und *Viktor Hahn* zurückzuführen.

Ich persönlich bin mit demselben fertig – ob er hierorts Kafffe bekommt, ist mehr als fraglich. Auch soll er mir das Haus nicht umfahren. Tantièmen sind mitzubringen.

Herzlichst Ihr

tiefgekränkter
Tucholsky

P. S. Ich warne, ihm irgend etwas auf meinen Namen zu borgen, da für nichts aufkomme.

Berlin W 57

Datum des Poststempels

Sehr geehrtes Fräulein,

wir hören soeben vom Abscheiden Ihres Herrn Bruders und erlauben wir uns, Ihnen zu demselben unser ganz ergebenstes Beileid auszusprechen.

Wenn wir uns gestatten, Sie in Ihrem tiefen Schmerze mit Geschäften zu behelligen, so geschieht das lediglich in Ihrem werten Interesse. Und zwar gestatten wir uns, Ihre gefl. Aufmerksamkeit auf unsere Firma

Literaria Mors

ergebenst hinzulenken.

Wir berechnen billigste Preise und führen wir Begräbnisse von Literasten in drei Qualitäten aus.

1.) <u>Einfache Ausführung</u>. Die Leiche geht selbst nach dem Friedhof, Leichenwagen mit schlichten jüdischen Emblemen geschmückt, im Leichenzuge bemerkte man u. a. *Rehfisch* (doch kann dies bei sofortiger Barzahlung vermieden werden). An Musikstücken wird durch ein Sterndampferorchester ergreifende Weisen gespielt. Nur Pferdedroschken; am Grabe spricht *Piscator* über die Inszenierung seines nächsten Stücks. Dumpfe Trauerglocken 5.80 – Aufschlag.

2.) <u>Mittlere Ausführung</u>. Leiche prunkvoll aufgebahrt, und zwar so, daß die Züge des Verblichenen ein intelligentes Aussehen zeigen (Original-Patent). Sehr viele Autos; prima Damen der Gesellschaft tupfen sich diskret die Augen aus; man hört unter ihnen murmeln: «Von mir hat er das jedenfalls nicht!» Allererste Kritiker im Frack; Blasorchester der Vereinigten Geldgeber der Reinhardt-Bühnen (Trauermarsch: «Wir werden Ihnen was blasen!») – *Kerr und Ihering sinken sich an dem Grabe gerührt in die Arme.* (Original-Patent.) ff. Leonhard-Aphorismus bei der Leichenfeier.

3.) <u>Feine Ausführung</u>. Hohenzollernwetter. Leiche langt im allerletzten Augenblick im Flugzeug von Paris an, was sich am Geruch schon vorher bemerkbar macht. Auf dem Wege zum Friedhof zerreißen sich achtundsechzig Jungfrauen ihre Gewänder (die Gestellung der Jungfrauen wird von der Kinderklinik der Charité übernommen). Geistige aller drei Konfektionen sprechen durcheinander: Orschester: 23. Inf. Reg. z. Pferd. Der Adjutant Hindenburgs legt einen Kranz nieder und wirft drei Armvoll Erde nach. Kranzinschrift: Komm wieder! – Schauringen des Pinneberger Kriegervereins mit drei Salven! Die Teilnahme von *Ernst Deutsch* kann nicht in Aussicht gestellt werden, da ein neuer Schub Damen aus Amerika in Berlin angekündigt wird.

Wir ziehen Ihre werte Aufmerksamkeit auf unser gefl. Unternehmen und werden uns erlauben, noch vor der Verwesung Ihres von uns so betrauerten Herrn Bruders Ihnen unsern Vertreter, Herrn Kaplan Pinkussohn, ins Haus zu schicken.

> Mit deutschem Leichengruß
> Literaria Mors
> pp Jonas Gide [?]

AN ERICH GOTTGETREU

Post: Weltbühne

Paris, 2−12−28

Lieber Herr Gottgetreu,

na, da gratuliere ich – man kann in einer Provinzzeitung allerhand machen. Außerdem halte ich Übung im Handwerk immer für gut, also schaden kann die Sache nichts, Sie haben vollkommen richtig gewählt. Dank für den hübschen Artikel, den ich aufmerksam gelesen habe. *Die Weltbühne habe ich wegen Ihres Artikels angemahnt – hoffentlich bringt sie ihn bald.*

Lassen Sie doch bitte von Zeit zu Zeit von sich hören – mich interessiert es immer, zu wissen, was Sie exerzieren – und wenn ich Ihnen irgendwo helfen kann, dann will ich es gerne tun.

Mit vielen schönen Grüßen
wie stets
Ihr alter
Tucholsky

AN KAETHE TIPPMANN

Post: Weltbühne
Berlin-Charlottenburg 2
Kantstraße 152

20. April 1927

Sehr verehrte Frau Tippmann!

Auf Ihr Schreiben vom 17. cr. erlaube ich mir zu antworten, daß der *Aufsatz Felix Stössingers*, wie ja auch aus ihm hervorging, noch von meinem Freunde Siegfried Jacobsohn angenommen worden ist. Ich hielt mich für verpflichtet, seine literarische Erbschaft auch nach dieser Richtung hin anzutreten und seinen Willen zu erfüllen.

Der Aufsatz Stössingers hat *vor Erscheinen der Roten Hilfe vorgelegen, die ich um eine Entgegnung gebeten habe: Sie werden in der nächsten Nummer meines Blattes eine sehr interessante und gut dokumentierte Erwiderung finden.*

Ich bin mit besten Danke für Ihr frdl. Interesse

Ihr sehr ergebener
Tucholsky

AN ALFRED HERZ

Sehr geehrter Herr,
auf Ihren Brief vom 25. d. M. erlaube ich mir, Ihnen folgendes zu erwidern:

Den fraglichen *Bericht aus der «Berliner Börsen-Zeitung» über mein Buch «Das Lächeln der Mona Lisa»* habe ich zugesandt bekommen und zu dem übrigen gelegt. Was das Judentum mit meiner politischen Wirksamkeit zu tun haben soll, geht aus Ihrem Brief nicht klar hervor.

Es ist richtig, daß radikale Tätigkeit in Deutschland nicht ungefährlich für den Politiker und Literaten ist – die Männer, die auf den «hervorragenden Beamtenposten» sitzen und von denen Sie schreiben, sie hielten den «Vergleich mit den entsprechenden Schichten der anderen Länder gut aus», haben stets die Mörder gedeckt, wenn es gegen den Fortschritt gegangen ist – politischer Mord gegen Linke ist in Deutschland immer eine billige und risikolose Sache gewesen. Es ist immerhin freundlich, daß Sie mir erlauben, meine Sicherheit aufs Spiel zu setzen.

Inwieweit das Judentum überhaupt ein Recht hat, sich in mir getroffen zu fühlen, will ich deshalb nicht untersuchen, weil dergleichen nach Rechtfertigung schmeckt.

Ich halte die jüdische Frage in Deutschland für maßlos überschätzt. Feindschaft allein macht noch nicht die Bedeutung, und über den Gruppen «Christen» und «Juden» gibt es bedeutend wichtigere Kollektivitäten. Eine der stärksten Grenzen läuft – zwischen Ausbeutern und Ausgebeuteten – quer durch die Religionen und die Rassen, und meine Arbeit gilt den Wehrlosen, unbekümmert darum, was die Juden oder sonst eine Rasse dazu sagen.

Die wimmernde Pogromangst, die durch die Judenschaft geht, wenn etwa so ein tapferer Mann wie Karl Liebknecht auftritt, muß irgendeinen Grund haben. Sie hat auch einen. Die von Ihnen wörtlich aufgeworfene Frage:

«Was kann Ihnen das einbringen?»

versetzt viele Christen rechtens in Pogromstimmung, weil sie nicht wissen, daß es zweierlei Arten Juden gibt: Moses-Juden und Aaron-Juden, wie sie Kurt Hiller trefflich benannt hat.

Es wird mir schwer, Ihnen das auseinanderzusetzen, der Sie von Ihrem kaufmännischen Beruf so in Anspruch genommen sind, daß sie keine Zeit haben, die Bücher zu lesen, die Sie kritisieren, und sich der Einfachheit halber an die Redaktion der *C. V. Zeitung* wenden, um zu hören, ob die Angriffe gegen mich richtig fundiert sind. Sie sind bei dem *Zentralverein jüdischer Staatsbürger deutschen Glaubens* in guten Händen.

Ich bin mit den besten Empfehlungen

Ihr sehr ergebener

AN KURT R. GROSSMANN

Post: Weltbühne
Berlin-Charlottenburg
Kantstr. 152

Zürich poste restante
9-10-33

Lieber Herr Grossmann,

Ihr Brief vom 19., den ich wegen einer kleinen Reise erst heute beantworten kann, kündigte eine Anlage an, enthielt aber keine. Geklaut? Unwahrscheinlich. Vergessen?

[Ihr] Paß wird weiter anerkannt, die Schweizer haben nichts getan. Doch sollte man etwas Energisches tun – *denn alle diese Pässe, nicht nur die 33, laufen ab*. Und dann –?

Wenn Sie nach mir gefragt werden: es geht mir nicht gut, und ich mag nicht mit schwachen Arbeiten herauskommen. Wenn ich einmal wieder oben bin, dann meldet sich

Ihr bestens grüßender
Tucholsky

AN RUDOLF KOMMER

28 Avenue des Pages
Le Vésinet
Visitenkarte
[ohne Datum]

Lieber Herr Kommer,
Polgar hat inzwischen von sich hören lassen. Er war krank.
Hoffentlich werden wir fertig.

Ihr Sorgensohn T.

Visitenkarte
[ohne Datum]

Lieber Herr Kommer, das wird wohl heute abend zu spät
werden. Bitte geben Sie mir bei Frau Löny [?] oder ins Astoria
für morgen ein Rendez-vous, damit wir die Sache in Ruhe
bereden können.

Herzlichst Ihr

Le Vésinet
28 Avenue des Pages

St. Valery, den 5–6 [1926]

Sehr verehrter, lieber Herr Kommer,
inzwischen hat mich der Teufel mit einer Kopfgrippe gepackt,
und *ich habe das Theater* um 14 Tage Aufschub gebeten,
wenn das nicht möglich: um Lösung des Vertrags. Das würde

mich viel Geld kosten und auch um eine höchst lustige Arbeit bringen. Aber mit dem Kopf geht es wirklich nicht.

Ich stelle anheim, mit *Dr. Klein* zu sprechen – damit mich die Leute nicht gleich auffressen.

Nochmals mit bestem Dank für alle Ihre freundlichen Bemühungen.

Ziemlich böse zugerichtet
Ihr [er]gebener
Tucholsky

Le Vésinet
28 Avenue des Pages

22–6–26

Schreibmaschinenzusatz Tucholskys
am Ende des Briefes:
Adresse: (bis zum 2. Juli)
St. Valéry-en-Caux (S. I.)
Les Tilleuls

Sehr verehrter lieber Herr Kommer,
darf ich Ihnen folgendes unterbreiten:

Bei allen Besprechungen in Wien habe ich immer wieder betont, daß ich nicht der Mann bin, einen Grundriß der Revue zu bauen. Man hat mich immer wieder beruhigt und mir stets gesagt, daß das *Herr Polgar* machen würde.

Ich habe mir das in den Vertrag trotz meiner gewohnten Vorsicht nicht extra hineinschreiben lassen, um auf die Wünsche Polgars Rücksicht zu nehmen, die Sie kennen.

Nun schrieb mir Herr Polgar am 11. Juni, daß er sich gar nicht wohl fühle und daß er außerdem auch erst «Turandot» für Reinhardt beenden müsse, eine Arbeit, die ihn etwa bis zum 21. in Anspruch nehmen würde.

Am 15. Juni schrieb er, sein Gesundheitszustand habe sich nicht gebessert, eher im Gegenteil – ob ich nicht einen andern Mitarbeiter wüßte. Und nun höre ich gar nichts mehr, trotz Telegramm.

Was nun – ?

Ich habe meine Zeit inzwischen nicht verloren: die Hauptnummern für die Musik stehen (bis jetzt etwa 10, die völlig fertig sind) – dazu Ideen, Szenen und Szenchen, auch die *phantastische Szene für Pallenberg*, die Reinhardt haben wollte, ist da... aber: es ist mir unmöglich, diese einzelnen Dinge zu einem Ganzen zu verbinden. Ich kann das um so weniger, als ich nicht wage, einen neuen Plan zu machen, da doch Reinhardt den Polgarschen kennt – ich hänge vollständig in der Luft.

Statt nun an das Theater einen feierlichen Brief zu schreiben, mit «Verantwortung ablehnen» und so – schreibe ich zuerst einmal an Sie. Daß Polgar, über dessen guten Willen ja gar nicht zu reden ist, durch Krankheit abgehalten ist, bewirkt aber, daß ich am 10. Juli, wenn ich abliefern will, Berlin gegenüber als Wortbrecher dastehe, und das ist mir schrecklich.

Roda Roda ist am 29. in Paris – soll ich den zuziehen? Er ist aber vielleicht auch nur ein Mann der Einfälle, nicht so sehr ein Mann der Struktur. Und selbständig kann ich das nicht tun.

Kurz: ich wäre Ihnen für eine Weisung, die Sie mir vielleicht nach Rücksprache mit dem Theater geben, sehr dankbar. Was ich nach Garmisch anbringe, hat im einzelnen Hand und Fuß – aber es ist nicht die ganze Revue.

Mit verbindlichstem Dank für alle Ihre Freundlichkeiten in dieser Sache –

> Ihr nach wie vor eifrig arbeitender
> und ergebener
> Tucholsky

Garmisch
Haus Wittelsbach

10−7−26

Sehr verehrter, lieber Herr Kommer,
herzlichen Dank für Ihr freundliches Telegramm. *Das Manuskript wird natürlich zur Zeit fertig* – aber da ist ein Punkt, den ich in Ordnung bringen möchte:

Frau Massary hat sich an Sie telegraphisch gewandt – nicht nur mit meinem Wissen, sondern sie hat auch dabei in der vornehmsten und feinsten Art alles vermieden, was etwa als Tadel gegen die Autoren ausgelegt werden könnte. Nun halte ich aber einen solchen Tadel für berechtigt, und es ist mir ein völlig unerträglicher Gedanke, daß Frau Massary als «launische Primadonna» dasteht, während sie doch in Wahrheit Ausstellungen macht, die vernünftig sind.

Ich kann jederzeit vertreten, daß das, was wir abliefern, den Erfordernissen des Vertrages genügt. Gut. Aber der äußerst subtile Übergang, den Frau Massary zu machen im Begriff ist, der Bruch mit der Kette jahrelanger großer Erfolge nach einem bestimmten Schema, das Durchbrechen dieses Schemas – das ist bei einer so komplizierten Künstlerin schwer, sehr schwer. Alle Einwände, die sie gegen meine Arbeit bisher gemacht hat, haben Hand und Fuß – ich kanns besser machen – aber ich kanns nicht so schnell besser machen. Dazu gehören Unterhaltungen, Spaziergänge, Diskussionen, Vorsingen – und dann muß ich das verdauen, was man mir da gesagt hat – und dann erst kann ich – in Ruhe und Einsamkeit – etwas Neues konzipieren.

Es wird natürlich Sache *Reinhardts* sein, zu entscheiden, was mit dem Termin geschieht. Ich halte es aber für meine Pflicht, Ihnen zu sagen, daß ich an dem abgelieferten Manuskript noch einmal vier Wochen arbeiten möchte – nicht nur, um die klugen und differenzierten Wünsche der Frau Massary zu erfüllen, sondern auch, weil es schade wäre, eine Sache, die man bestens machen kann, nur gut zu machen. Die Stimmung hier ist weder pessimistisch noch gereizt – wir alle sind uns einig, daß die vorgebrachten Wünsche berechtigt sind. Sie sind erfüllbar – aber nicht in fünf Tagen. Polgar hilft nicht nur in großem Ausmaß, sondern sprudelt Ideen, arbeitet und tut somit, daß das Verhältnis «fifty-fifty» fast zu meinen Ungunsten verschoben ist.

Ich kann aus bestem Wissen und Gewissen nur sagen, daß vier Wochen Zeit der Arbeit sehr, sehr gut täten – alles andere möge von dort entschieden werden.

Indem ich Ihnen nochmals bestens für alle Ihre freundlichen Bemühungen danke – bin ich mit den besten Empfehlungen an Herrn Professor Reinhardt und den herzlichsten Grüßen an Sie

wie stets Ihr sehr ergebener
Tucholsky

Herrn R. K. a. Cz.

[ohne Datum]

Heil und Dank!
dem großen Schöpfer eines Reims auf Tucholsky.

Revuen kommen und Revuen vergehn –
aber dieser Reim –
der bleibt bestehn.

Allerschönstens
Ihr
Tucholsky

Et jeht vorwärts. *Polgar* schreibt, ich schreibe, in drei Tagen hoffen wir an *Reinhardt* abzuschicken.

toitoitoi.

Post: Le Vésinet   Garmisch
28 Avenue des Pages   Hotel Wittelsbach
                                                  15–7–26

Lieber und verehrter Herr Kommer,
falls ich nicht bis morgen früh – Freitag – eine Antwort habe, wo Herr Professor Reinhardt zu erreichen ist, *übergebe ich das fertige Manuskript Frau Massary* zu treuen Händen; sie hat freundlicherweise zugesagt, es weiterzuleiten.

Ich brauche Ihnen wohl nicht lange zu erzählen, was alles nicht drin steht: die ziselierte Weichheit *Polgars*, meine Keßheit, Tanz, Terzette, Chöre, Mode – es war wirklich nicht möglich, das hier in den paar Tagen zusammenzuhauen. Wir haben uns alle Mühe gegeben, etwas abzuliefern, womit man sich nicht blamiert.

Wir erhoffen vieles von der nun hoffentlich einsetzenden Mitarbeit Professor *Reinhardts*. Sobald ich sein Votum und seine Wünsche in Händen habe, an denen mir sehr liegt, werde ich weiter mit Herrn Polgar arbeiten, insbesondere werde ich mich mit der Realisierung der Vorschläge Pallenberg-Massary befassen (Chansons usw.) – und dann habe ich vor, mich mit Polgar zu gemeinschaftlicher Arbeit noch einmal zusammenzusetzen. Er hat mir hier mächtig geholfen; hat, soweit ich das beurteilen kann, wirklich Feuer gefangen und will die Sache nach besten Kräften fördern. Ich möchte mir den Vorschlag erlauben, für den Fall, daß Professor Reinhardt für das Manuskript Interesse hat, Polgar durch einen festen Vertrag, ähnlich dem meinen, an das Unternehmen zu binden.

Lieber Herr Kommer: ich habe die Couplets, von denen Sie wissen, daß sie hier in Garmisch nicht viel Anklang gefunden haben, ins Manuskript gesetzt – nicht etwa aus Trotz, sondern im Einverständnis mit Frau Massary – nur um zu zeigen, daß ich gearbeitet habe. Es war beim besten Willen nicht möglich, die Hauptlücke – Rolle der Massary – hier so schnell auszufüllen. Das, was wir gemacht haben, halte ich für eine Fassung, die viele Möglichkeiten bietet – ich will sie gern ausarbeiten.

Ich habe an Herrn Professor Reinhardt geschrieben, daß ich alles bis zuletzt tun will, was nur gewünscht wird – nur eins kann ich nicht erlauben: daß die Dramaturgen oder sonst jemand in der Arbeit herummurkst. In die Sache bin ich komisch –

Wenn Professor Reinhardt mich noch einmal nach Salzburg beordert, komme ich – ich möchte Sie dann nur bitten, vielleicht darauf hinzuweisen, daß ich das nicht auf eigene Kosten tun kann.

Ich möchte die Gelegenheit benutzen, lieber Herr Kommer, Ihnen nochmals für alle die Freundlichkeit und uneigennützige Umsicht zu danken, mit der Sie mich bei dieser Sache unterstützt haben. Sollte ich Ihnen jemals in Paris von Nutzen sein können, verfügen Sie bitte über mich.

Mit den schönsten Grüßen

Ihr sehr ergebener
Tucholsky

P. S. Die Arbeit kann nicht eher wieder einsetzen, als bis ich die erste ausführliche Benachrichtigung von Reinhardt habe. Es scheint mir im Interesse der Sache nützlich zu sein, wenn diese Benachrichtigung so bald wie möglich erfolgt.

AN HILDE MAJEWSKAJA

Post: Weltbühne

Paris, 22–11–28

Sehr verehrte Frau Majewskaja,
schönen Dank auch – ich habe alles mit gebührender Andacht zu mir genommen. Nehmen wir das Geschäftliche
vornweg:

Mit dem Chanson-Schreiben ist das so eine Sache... Es ist
die allerübelste Arbeit der Welt, fürs O h r zu schreiben, und
es macht viel, viel mehr Mühe, als für das A u g e zu arbeiten.
Daher tue ich das nur noch sehr selten, und es erscheint mir
beinah ganz unmöglich, nach Maß zu arbeiten, ohne Sie zu
kennen. Was sollte das werden? Wenn ich aber einmal etwas
habe, wovon ich glaube, daß es für Sie geeignet ist, dann will
ich es Ihnen gern schicken. Nichts für ungut: aber ich er-
saufe in Arbeit, werde aufgefressen von Arbeit – und arbeite
leider für das Genre, das ich vertrete, viel zu schwer. Bis es
soweit ist, daß die Leute sagen: «Sie schütteln das nur so aus
dem Ärmel – nicht wahr?» ...bis es soweit ist, vergeht viel
Zeit.

Dies vorweggenommen, möchte ich Ihnen schönstens für
Ihre freundlichen Worte danken. Na, ich werde Ihnen keine
bärtigen Ratschläge für das Leben geben – das wissen Sie ja
gewiß alles selbst; Frauen sind das, was *Paul Wegener* einmal
«nabelschlau» genannt hat, ein gutes Wort.

Gelächelt habe ich gar nicht – sondern mich nur über Ihre
Bilderchen und das Gedichtete gefreut. Die Verse über
Briand sind sehr hübsch – ach, wenn sie hier auch so harmlos
wären! Der französische politische Witz kann bitter-bitter-
böse sein.

Lassen Sie es sich gut gehen – (Humor ist, wenn man trotzdem lacht) – und vergessen Sie nicht ganz

Ihren ergebenen
Tucholsky

Post: Weltbühne
Berlin-Charlottenburg
Kantstr. 152

Paris, den 13. Februar 1929

Sehr verehrtes Fräulein Majewskaja,
der «kleine Mann» ist hier angekommen, hängt bereits sehr überlegen an der Wand, und ich bedanke mich sehr für Ihre große Freundlichkeit.

Ich komme erst heute dazu, Ihnen für Ihre liebenswürdige Gabe zu danken: die Weltbühne hatte ebenso lange Grippe wie ich, und daher ist mir meine ganze Korrespondenz in Unordnung geraten.

Vielen, vielen Dank für Ihre lieben Worte, und alles Gute für Sie zum Neuen Jahr.

Mit den besten Grüßen

bin ich
Ihr sehr ergebener
Tucholsky

Post: Weltbühne

9–12–29

Liebe Frau Majewskaja,
da werden Sie mich allerdings in Berlin nicht angetroffen haben... denn ich bin einige Wochen unterwegs gewesen. «Das bedaure ich, Madame» – wie es bei Lessing heißt.

Ja, *was Sie da über Düsseldorf schreiben* – das ist ein weites Feld. Ich habe ja nichts gesehen; *die Herren Horn und Zacharias* haben mir davon erzählt, und das klang ja sehr lustig, man muß ja auch nicht vergessen, wie groß die Schwierigkeiten sind. Und wenn sie es wieder so leicht wie die Franzosen machen: geht dann dieses Bierpublikum mit? Das ist die Frage. Ein ulkiges Land.

Es tut mir nur leid, daß Sie nicht so zufrieden sind, wie ich das wünschte. Schreiben Sie mir manchmal – und auch davon, wie es in Berlin geworden ist. Das erfreut immer zu hören –

Ihren Sie herzlichst grüßenden

Tucholsky

Post: Weltbühne
Berlin-Charlottenburg
Kantstr. 152

3–7–31

Verehrte Frau Majewskaja,
das wollen wir nicht hoffen, daß ich *Walter Rathenau* sei... aber nein.

Daß ich erst heute antworte, ist nicht recht. Ich bin lange Zeit herumgereist, ich war auch in Paris, da habe ich Sie nicht vergessen, aber nichts gehört, ich war nur ganz kurze Zeit da – und in London kenne ich wieder zuwenig Leute. Ich weiß schon, was Sie wollen. Das ist nicht leicht, wenn man so isoliert lebt wie ich, Ihnen da zu helfen – aber ich will es versuchen. Höre ich etwas, und ich habe meine Fänge ausgestreckt, dann schreibe ich Ihnen.

Zeugnisse gelesen. Gedichte auch. Die Gedichte sind ja ganz hübsch – aber am besten war doch der Brief. So einen hübschen Brief haben Sie mir noch nie geschrieben, und ich tue ihn mir sorgfältig aufbewahren, und eines Tages werden Sie ihn hoffentlich in einem Buch wiedererkennen (aber keine Sorge: das wird niemand merken als Sie selber). Es ist außerordentlich wichtig und gut, was Sie da aufgeschrieben haben – sowohl das Politische wie noch mehr das Frauliche. Ich habe selten eine so ausgezeichnete Analyse gelesen, die dabei gar keine sein will. Übrigens: glauben Sie, die Sie nun wirklich eine Frau sind, daß man diese Nöte, die ja ganz innen liegen, auch auf marxistischem Wege beseitigen kann? Ich glaube das nicht, und dafür werden sie mich nun wohl von links an einen Baum hängen. (Sieht schnell in den Spiegel und findet Ohren und Nase durchaus normal.)

Inzwischen sehe ich an Ihrem Brief, daß Sie wohl wissen, wie das, was Sie und jede volle Frau beim Mann sucht, nichts mit der Partei zu tun hat – und daß diese halten zu Gnaden unausstehlich deutsche Art, mit Frauen umzugehen, viele Neurosen auf dem Gewissen hat. Ihr Brief ist wirklich eine ausgezeichnete Sache.

Bitte schreiben Sie mir wieder, wenn Sie Zeit und Lust haben.

Mit den besten Grüßen

Ihr ergebener
Tucholsky

Post: Weltbühne

[ohne Datum]

Liebe Zonja

nein lieber Herr Doktortucholsky,
ich gratuliere Dir verspätet aber schön zu Deinem Geburtstag
und hoffe, daß Du denselben verlebt hast. (Peter, lache nicht,
mein Sohn! Das habe ich aus einem Buch abgeschrieben – ich
halte das für fein.) Liebe Zonja, was hast Du denn alles bekommen? Ich weiß es: einen Schmuckkasten, das ist gut, nun
weiß ich wenigstens, wo ich bei Dir einbrechen kann. (Peter –
mach die Tür zu! Und sage nichts – dann krist Du die Hölfte
ab! Von dem Eingebrochenen.) Liebe Zonja, wenn Du nach
Schweden kommst, dann mußt Du das Hecksamen als
Schwimm-Magister machen und Du mußt dann ins Wasser
springen. (Peter – ich übe es jeden Tag in der Badewanne – der
Bauch schwimmt oben. Mach die Tür zu.) Liebe Zonja, grüß
bitte die Mutti schön und sei selbst häzlich gegrießt

von Deinem Freund
Theobald Magenzeller,
Regenwurm-Bändiger
Peter! Schweden ist rassige Klassenknorke!
Ich habe einen schlimmen Haltz. Lustik – –

AN HEINRICH REUTER

Berlin, den 19. September 1928

Sehr geehrter Herr!
Auf Ihren freundlichen Brief vom 4. d. Mts. muß ich Ihnen
zu meiner Beschämung sagen, daß ich, der ich kein Molkerei-
besitzer bin, vor der Abfassung *des kleinen Scherzes in der*
«Vossischen Zeitung» zwar im Konversationslexikon nachge-
sehen habe – – aber so ganz habe ich die Erklärung, die dort
steht, nicht verstanden. Offenbar geht die Gärung des Käses
unregelmäßig vor sich, sodaß er Blasen schlägt [?], die später
zurückspringen und so die Löcher hervorrufen.

Ich bin sehr traurig, Ihnen nicht mehr darüber sagen zu
können, aber mir geht es wie den Figuren der kleinen Geschichte: ich weiß es auch nicht.

Mit bestem Dank für Ihr freundliches Interesse
bin ich Ihr sehr ergebener

AN ANNA SIEMSEN

Post: Weltbühne

Paris, 22–5–29

Liebe Frau Anna Siemsen,
auf den wenigen Bildern der Zeitgeschichte, auf denen Sie zu
sehen sind, ruht des öfteren mein Blick. Mancher geht bei
Greta Garbo – ich so. Da wollen wir doch einmal den lieben
Gott bzw. einen seiner Funktionäre bitten, ob er uns nicht
einmal einander über den Weg laufen lassen will. «Nachdem
sich die erste Enttäuschung über das Aussehen des Dichters
gelegt hat», hat *Eulenberg* einmal eine Vorlesung angefangen... also, ick laß es drauf ankomm.
Mit einem schönen Schwedengruß
merkwürdig... beinah hätte ich geschrieben:
Ihr alter –
na, Ihr alter und ergebener
Kurt Tucholsky

AN SALOMO FRIEDLAENDER

Post: Weltbühne

5–1–30

Sehr geehrter Herr Friedlaender,
auf Ihren Brief vom 1. d. M. erlaube ich mir, Ihnen folgendes
zu erwidern:

Sie haben der Öffentlichkeit *ein Buch vorgelegt. Ich habe
dazu Stellung genommen und ein Werturteil über Ihre öffentliche Tätigkeit als Schriftsteller abgegeben.* Das halte ich für
erlaubt. Ich kann mich nicht besinnen, daß ich in allen
den Fällen, wo ich Objekt der Kritik gewesen bin, jemals um
eine Polemik in einer Zeitung nachgesucht hätte, die mich
angegriffen hat – noch auch, daß einem andern unserer Be-
rufsgenossen solche Erlaubnis erteilt worden ist, von Aus-
nahmefällen abgesehen. Es ist das wohl nicht üblich.

Sie schreiben: «Ausreden zur Ablehnung gibt es Billio-
nen.» Ausreden –?

Mir gibt der ungehörige Ton Ihres Briefes einen Vorge-
schmack, was von solcher Polemik in der Weltbühne zu
erwarten wäre. Sie bitten um eine Gefälligkeit und fügen – für
den Fall der Ablehnung – gleich eine Beschimpfung hinzu.
Ich möchte unter diesen Umständen davon absehen, Ihre Erwiderung unsern Lesern zu unterbreiten.

Ich bin mit den besten Empfehlungen
Ihr sehr ergebener
T.

AN FELIX BLOCH ERBEN

Sehr geehrte Herren,

ich habe heute Ihr Telegramm erhalten, in dem Sie mir mitteilen, daß die Zahlung der Garantie nur auf ein deutsches Bankkonto möglich ist.

Bitte haben Sie die Freundlichkeit, mir mitzuteilen, was es damit auf sich hat.

Ich habe seit acht Jahren meinen juristischen Wohnsitz im Ausland; mir ist also mit einer Erfüllung in Deutschland nicht gedient. *Ich bin in Deutschland weder irgendwo polizeilich gemeldet, noch habe ich in Deutschland irgendeinen wenn auch nur provisorischen Wohnsitz.*

Alle andern Firmen, mit denen ich in Deutschland in Verbindung stehe, haben also, diesem Tatbestand gemäß, mühelos die Erlaubnis erhalten, ihre Verbindlichkeiten gegen mich auch im Ausland zu erfüllen – es hat da niemals die leisesten Schwierigkeiten gegeben.

Sollte – was ich nicht weiß – Ihr Verlag von der Devisenstelle nur eine Pauschalerlaubnis erhalten haben, so bitte ich auf Grund unsres Vertrages auf alle Fälle, die Erfüllung im Ausland vorzunehmen.

Sowenig Sie es einem französischen Theaterdirektor zumuten werden, sich etwaige Zahlungen in Berlin abzuholen, sowenig kann ich mich damit einverstanden erklären, daß ich nun Kämpfe mit der Bureaukratie ausfechten soll, um mein Geld ins Ausland zu bekommen. Ich wohne nicht in Berlin, ich wohne nicht in Deutschland und habe bei Abschluß des Vertrages durch Herrn *Rechtsanwalt Dr. Goldbaum* ausdrücklich darauf aufmerksam gemacht, daß die Erfüllung nicht in Berlin geschehn soll.

In Erwartung Ihrer Antwort
Ihr sehr ergebener

Handschriftliche Anmerkung:
Na, det fängt ja jut an!

AN WENZEL GOLDBAUM

Sehr geehrter Herr Rechtsanwalt,
der Verlag Felix Bloch Erben hat mir heute telegraphiert:
«Zahlung nur auf deutsches Bankkonto möglich – erbitten
Angabe Ihres Kontos usw.»

Das scheint mir nun ganz und gar unserm Vertrag ins Gesicht zu schlagen. Wir haben ausdrücklich ausgemacht, daß
mit einer Erfüllung in Berlin nichts getan ist, und ich habe in
diesem Sinne auch noch einmal an Bloch geschrieben. Ich ver-
mute, daß der Verlag von der Devisenstelle nur eine Pauschale
frei bekommen hat – und darunter sollen wir, Herr Hasenclever und ich, nun nicht fallen (das nehme ich nur an). Sowohl
Hasenclever wie ich, wir haben unsern gesetzlichen Wohnsitz
nicht in Deutschland – ich lebe seit acht Jahren draußen und
habe in Deutschland, weder polizeilich gemeldet noch in and-
rer Art, irgend etwas, was man auch nur als provisorischen
Wohnsitz ansehn könnte.

Die sehr vorsichtige und milde Formulierung im Vertrag
gibt mich nun ganz in die Hand des Verlages: was heißt
das: der Verlag habe alle Schritte getan... das ist doch gar
nichts.

Sie werden verstehen, daß ich in meiner exponierten Stellung niemals daran denken kann, mir etwa Geld heimlich ins
Ausland kommen zu lassen, und ich möchte das auch gar
nicht. Ich weiß auch von Herrn Hasenclever, daß er solchen
Schiebungen durchaus aus dem Wege geht.

Ich wäre Ihnen dankbar, wenn Sie mit allen Mitteln darauf
dringen wollten, daß die vertragsmäßig ausbedungene Zah-

lung, mit der der Verlag jetzt über zwei Wochen im Rück-
stand ist, dahin geleistet wird, wo allein sie nur Sinn hat: ins
Ausland.

Mit den besten Empfehlungen

Ihr sehr ergebener
T.

AN EINE LESERIN

Dr. iur. Kurt Tucholsky

7-4-3²

Liebe Frau Leserin,
schönen Dank für Ihren freundlichen Brief, mit dem Sie mir
eine große Freude gemacht haben. Hoffentlich enttäuscht es
Sie und andere nicht zu sehr, wenn ich ergebenst mitteile:

daß die Prinzessin nie existiert hat; daß ich niemals in
Gripsholm gewohnt habe – und daß die ganze Geschichte von
oben bis unten erfunden ist.

Aber ich freue mich doch, daß es Leute gibt, die merken,
daß ein «leichtes» Buch nicht immer ein leichtsinniges Buch
sein muß. Ich habe lange daran gearbeitet, was man hoffentlich nicht merkt.

Mit schönem Dank für Ihr freundliches Interesse

Ihr sehr ergebener
Tucholsky

AN K. W. KÖRNER

Lieber *Herr und Gönner,*
heute kam Ihr Brief angetrudelt.

Was zunächst den Vorschlag für die WB angeht, so habe ich den an Ossietzky weitergegeben. Mir erscheint er beachtlich. Schicken Sie ihm auch bitte die Arbeit aus Mexiko – das kann sehr interessant sein. Wir freuen uns immer sehr, wenn uns dergleichen angeboten wird.

Nun zum Kernpunkt. Ich will zunächst – trotz eines schweren Vorbehaltes gegen Ihren Brief – etwas zur Sache sagen.

Was ich nicht immer sehe, ist das Detail. *Ich lebe ja nicht in Deutschland.* Es kann also vorkommen, daß Einzelheiten nicht stimmen: es kommt gewiß vor, daß bei meiner großen Produktion hier und da etwas Mechanisches durchläuft, wo etwas Gestaltetes stehen müßte. Das ist unbedingt richtig. Es ist auch richtig, daß ich – der ich nicht mehr zweiundzwanzig bin – gewisse neue Aktualitäten nicht so aufnehme, wie sie aufgenommen werden sollten, meine satirischen Bemerkungen über Brüning und Hitler werden auch immer seltener, es interessiert mich nicht mehr.

Über den Nationalsozialismus habe ich mich inzwischen einigermaßen orientiert, soweit man sich über Sülze orientieren kann.

Im übrigen sieht man Deutschland am besten von draußen. (Das finden sie in seiner Geschichte immer wieder bestätigt.) Und ich glaube nun nicht, daß ich mich in der Gesamtmelodie irre. Das geht vor allem aus der gegnerischen Reaktion hervor, die genau da einsetzt, wo ich es erwarte – also nicht etwa bei einem besonders groben Schlagwort, sondern die sehr fein auf kleine Nebensätzchen reagiert, genau da aufschreit, wo ich den Schrei erwarte: man schreit nicht, wenn man nicht getroffen ist.

Ein Land «ändert» sich nicht – das gibt es nicht. Nur die Formen ändern sich, in denen sich das Leben äußert.

Das deutsche zum Beispiel so, daß der Deutsche fast gar kein Gefühl für den Nebenmann hat. Dieser betrübende Mangel an Kultur, ein Begriff, den die Deutschen gern mit Wasserklosetts verwechseln, der völlige Mangel an Lebensform... das ist bleibend. Sie zum Beispiel halten den gestelzten Stil Thomas Manns für «Form» – er ist das erschwitzte Produkt tiefster Sterilität – nichts rauscht, nichts quillt –, einer nagt am Federhalter und tanzt auf einem nicht sehr hoch gespannten Seil.

Ich wirke ja wohl nicht als Blümchenrührmichnichtan; oft genug bitte ich kluge Männer und Frauen, sich über mich auszusprechen und alles zu sagen – das ist eine gesunde Kur, manchmal eine Roßkur. Dazu muß freilich der Arzt etwas taugen. Aber die «erfrischende Deutlichkeit», die Sie wahrscheinlich für männliche Offenheit halten, ist eine Barbarei – ich gebrauche das Wort «boche» nicht gern... Man kann auch dann und grade dann, wenn einer mit der Faust auf den Tisch schlägt, Zartheit verspüren. Sehen Sie sich eine französische Polemik an –: wie da alles gesagt ist und wie doch der andere noch die Erlaubnis hat, weiterzuleben. Denn das Leben ist eben nicht so, wie man es sich gemeinhin in Deutschland vorstellt: eure Probleme, die man rechtens in der Mitte mit zwei p schreiben sollte, hören in Herbesthal an der Grenne auf. Außenseiter; sechzig Millionen stark, von großen Einzelqualitäten – Außenseiter. Es erscheint mir auch bezeichnend, mit welch verbissener Wut dieser schlechte Typus des Deutschen auf alles blickt, was leicht ist – das ist ihm in tiefster Seele verdächtig, er fühlt sich dann an seine schlimmsten Seiten angerührt... und das ist bei Hitler und bei den Kommunisten ganz gleich.

Sie schreiben, es ginge bei vielen dieser Leute um Sein oder Nichtsein. Das Weltbild eines Ertrinkenden ist, sagen wir, leicht verzerrt und für eine allgemein gültige Norm wohl nicht ganz geeignet. Ich weiß aus eigener Erfahrung, wie schwer mit Hungernden zu reden ist – ich schweige sehr oft, und daraus sollte man niemandem einen Vorwurf machen. Aber zu glauben, daß es nun der ganzen Welt so ergehe wie denen in einem übervölkerten und unglücklichen Lande –: das eben ist ein deutscher Grundirrtum. Ihr macht euch da eine Privatphilosophie zurecht und seid romantisch, wo der Normalmensch marxistisch denkt, und unrettbar nationalistisch, wo das X des Lebens beginnt... Ich bin wohl durch meine Arbeit vor der falschen Annahme geschützt, daß ich den Ästheten oder den Theosophen markierte... anderswo gibt es auch Mut, Ungerechtigkeit, Arbeitslosigkeit... aber ich sage Ihnen, daß ein französischer Arbeiter, dem es bejammernswert ergehen mag, mehr vom Leben hat, weil er weiß, was das ist: leben. Ihr wißt es nicht, ihr habt es nie gewußt.

[Textlücke]

übersetzbares Wort! – «Weltanschauung» auftaucht –: das ist null und nichtig. Es hat auch keinen Einfluß auf die Welt. Ihr lebt auf einer Insel.

Ich kenne, lieber Herr, alle diese Witzchen der Literatenpolemik: «Ich bin schon und du bist noch!» – das ist Ihrer nicht würdig.

Mangel an Grazie halte ich jedoch für einen Kardinalfehler – man kann mich beim Boxen und in der Literatur halb krumm schlagen, ich nehme es sportlich. Was Sie da geschrieben haben, ist – so ganz nebenbei – einer der Gründe zum nächsten Krieg. (Genauso, wie Sie dies aufnehmen, hat Ihr

Vater die Warnungen des Jahres 1901 aufgenommen – mächtig überlegen.) Zum Krieg, in den Ihr ahnungslos hineinschliddern werdet – mit verträumten oder harten Augen – [ne] nach Klischee – «Wir haben es nicht gewollt». Bilden Sie sich nur nicht ein, daß eine neue Terminologie der Jahre 1920–1930 mehr bedeutet als eine Hutmode. Ein Bulle bleibt ein Bulle. Und ich wohne gern, was das Geistige angeht, unter Menschen.

Das soll mich nicht hindern, Ihnen einen schönen Gruß zu schicken! Und schreiben Sie mal

Ihrem

AN OBERLÄNDER VOLKSBLATT

Berlin, den 4. 9. 22

Berichtigung

Zu dem Artikel *«Charakterköpfe II» in der Nr. 185 des «Oberländer Volksblattes» vom 30. August 1922* ersuche ich um Aufnahme folgender Berichtigung – gemäß § 11 des Preßgesetzes an derselben Stelle und in derselben Schrift wie der Artikel selbst. Die Berichtigung ist wörtlich zu bringen:

«Ich habe niemals im Krieg in einer Soldatenzeitung patriotische Artikel oder gar Kaisergeburtstagsverse geschrieben.

Ich habe den Vormarsch in Rußland nicht auf einem Bagagewagen oder sonst einem Gefährt mitgemacht, sondern bin mit der Truppe zu Fuß marschiert.»

Dr. Kurt Tucholsky

AN «NOWIJ MIR», MOSKAU

Post: Weltbühne, Berlin   Paris, 24–1–29

Werter Genosse,
ich bitte Sie recht sehr um Verzeihung, daß ich Ihre freundliche *Anfrage vom 27. 12.* erst heute beantworte. Eine mona-
telange Grippe hat mich an jeder Arbeit gehindert – und
grade die Beantwortung Ihres Schreibens erforderte einige
Sorgfalt.

Ich erlaube mir, in der Anlage Ihnen die Beantwortung der
Fragen zu übersenden: ich habe sie kurz gefaßt, weil sich ja
sicherlich viele Genossen äußern werden. Wenn es redaktio-
nell möglich ist, wäre ich Ihnen sehr verbunden, wenn Sie bei
der Übersetzung bitte nichts fortlassen wollten – ich glaube
nicht, daß es nötig sein wird.

Ich wünsche Ihnen für Ihre Arbeit alles Gute und stehe
Ihnen natürlich immer (selbstverständlich ohne jedes Honorar) zur Verfügung.

Mit den besten Grüßen
Ihr ergebener
Tucholsky

Antwort Kurt Tucholsky, Paris, auf Rundfrage

1) Nicht ganz bestimmt.

Meine aktuelle Tagesarbeit ist seit sechzehn Jahren darauf
aus, die soziale Lüge zu entlarven, wo immer ich ihrer hab-
haft werden kann. Meine satirische Stärke liegt nicht so sehr
in einem positiven neuen Programm, sondern in dem Bestre-

ben, dem Feind des Proletariats weh zu tun: dem Richter, dem Militär und der Kirche, soweit sie politisch tätig ist.

2) Die Belletristik der Sowjetunion ist mir vor allem durch die ausgezeichneten Publikationen des *Malik-Verlages* bekannt, der wohl am meisten von allen in Deutschland für sie getan hat. Da haben mich *Larissa Reisner, Gladkow* und *Babel* am meisten gefesselt. Da ich nicht russisch lesen kann, so bin ich auf die Übersetzungen angewiesen, also sowohl auf das, was übersetzt, wie auf das, wie übersetzt ist.

3) Ein Unterschied der neuen russischen Literatur von der alten ist sicherlich vorhanden. Natürlich führen Linien von einer zur andern; beide Male sind es Russen, die die Dichter sind – das verleugnet sich nicht. Bei Gladkow und besonders bei L. Reisner aber höre ich ganz neue Töne, die mein Ohr noch niemals gehört hat.

Was den Unterschied der russischen Literatur zu der anderer Länder angeht, so halte ich ihn für regional, nicht immer für artverschieden. Die Revolution von 1917 hat bereits sehr stark auf andere Länder eingewirkt – auf Deutschland ungeheuer, auf Frankreich viel, viel weniger; was die angelsächsischen Länder angeht, so glaube ich, daß die Einwirkung uneingestanden, ungewollt, ja verabscheut, dennoch vorhanden ist –: nämlich auf die Jungen.

Infolgedessen fällt, wie mir scheint, die neue russische Literatur, soweit sie mir bekannt ist, nicht so sehr aus dem Rahmen der Weltliteratur. Wenn, was ich nicht beurteilen kann, die Novellen der *Frau Kollontay* in Form und Inhalt typisch für Rußland sind, so ist zu sagen, daß eine ähnliche Problemstellung und Formung – vom Lokalen immer abgesehen – auch anderswo denkbar und nicht so sehr überraschend ist. Dank Rußland.

Die russische Revolution hat auf die Welt und die Kunst der Welt eingewirkt. Nach dem Beispiel der Französischen

Revolution darf man sich aber solch eine Einwirkung nicht gar zu rasch vorstellen. Wie weit der geistige Einfluß der Französischen Revolution reicht, ist schwer zu sagen – hundert Jahre ist sicherlich nicht zuwenig gerechnet. Es ist also ganz unmöglich, daß das große Erdbeben aus dem Jahre 1917 heute schon alle seine Folgen gezeigt haben soll. Vielleicht machen wir da den Fehler, uns für das Ende aller Dinge zu nehmen, während doch in Wahrheit erst die nächste Generation, auf die Rußland erfreulicherweise alles aufbaut, zeigen wird, wie sich nun ein von den Kämpfern geschaffenes Weltbild ohne diesen selben Kampf darstellt. Lenin ist uns den Weg durch die Feinde vorangegangen; die Jungen, die den gereinigten Weg gehen werden, werden eine ganz andere Haltung aufweisen.

4) Ich halte es für unmöglich, daß die schöpferische Tätigkeit der Schriftsteller sich unabhängig von Erscheinungen sozialwirtschaftlicher Natur abwickelt. Ansätze, Versuche, Fluchtversuche – sind in jedem von uns, die wir bürgerlich erzogen worden sind, vorhanden; ich hielte es für eine Gesinnungslosigkeit, sie zu leugnen. Aber ich bin mir, seit ich sozial denken kann, ihrer Relativität bewußt – ich weiß, daß diese Art der Beziehungen zu Frauen nur durch Rente möglich ist und jener beschauliche Humor der Idylle nur durch Augenschließen vor dem Elend – es sind das kleine Inseln, Ruhepunkte, Ausflüchte, Rückfälle und Müdigkeitserscheinungen – manchmal mehr und wertvolleres. Nie, niemals aber würde ich mir erlauben, aus diesen sozusagen privaten Äußerungen meiner Arbeit eine Weltanschauung zu machen; etwa wohlwollend den Proletarier zu belehren, was «Kunst» sei; jeden zu verachten, der nicht in einem Bauernhäuschen sitzt und die Daumen so lange umeinander dreht, bis ihm ein lustiges Gedicht einfällt – kurz: ich halte das Soziale (neben dem Biologischen) für das Primäre und nicht etwa irgend-

einen vagen Begriff von Kunst, den die Professoren auf den Universitäten heute noch darbieten, als gäbe es neben ihren Bildern und Symphonien keine Gasfabriken.

Ich wünsche dem Neuen Rußland alles Gute für die Befreiung der Welt.

Tucholsky

AN
DAS ORGCOMITÉ KOLTZOV, MOSKAU

Zürich, hauptpostlagernd
9–8–34

Sehr geehrte Herren,
ich danke Ihnen für Ihre ehrenvolle Einladung vom 28. 7., auf die ich erst heute antworten kann. Mein schlechter Gesundheitszustand läßt leider eine so lange Reise nicht zu, und daher muß ich Sie bitten, mein Fernbleiben zu entschuldigen. Mit den besten Wünschen für den *Kongreß* und seine Arbeiten darf ich eine Bitte verknüpfen.

Mein Freund Carl von Ossietzky ist im Jahre 1933 in die Hände der deutschen Schinder gefallen und leidet dort nun beinah seit 18 Monaten seelische und körperliche Qualen. Ossietzky ist kein Kommunist, und ich bin nicht sentimental genug, in alle Winde hinaus nach Hilfe zu rufen. Bei I h n e n aber lege ich ein gutes Wort für eine Aktion ein: Sie wissen, daß eine Unterstützung dieses tapfern Mannes gut und wichtig ist, weil sie gegen eine Klasse und ihre Exponenten gerichtet ist, die der schlimmste Feind der Sowjetunion ist. Bitte gedenken Sie auf diesem Kongreß Carl von Ossietzkys –!

Mit guten Wünschen
Ihr

21-4-34

Liebe Beide,

der von Lieschen geschriebene Selbst-Nachsatz ihres letzten Briefes hat mein Herz in heftige Unruhe versetzt. Ist das ein Witz? Wenn es ein Witz ist, ist es ja eben ein Witz – aber wenn es kein Witz wäre, das wäre aber ein Witz –! Ich gratuliere in keiner Weise, sondern möchte mich gleich als Schwiegertochter angemeldet haben, damit ich endlich einmal zu euch «Lieben Eltern» sagen kann. Lieschen, was Du aber auch alles machst! Wie oft habe ich Dir nicht…! Konntest Du Dir das nicht für die Ehe aufsparen? Sage es nicht Roby, er ist noch zart, und wenn der Knabe eingesegnet wird, ist es immer noch Zeit, ihm das zu gestehen. Roby, weiß es Lieschen schon, daß Du einen kindlichen Sohn erhältst? Ich bin schrecklich aufgeregt und halte mich jetzt auch sehr auf Diät.

Lieber Oberleitnant, ich danke Ihnen recht sehr und herzlich, daß Sie le cas échéant an Vatern schreiben wollen. Es wäre wirklich sehr nett. Denn Sie können sich ja denken, wie das aussieht – *die Noailles* würde das wohl nennen: *«Le passeport innombrable.»* Es ist ganz wunderschön, wie sie sich anstellen, und da könnte denn also die Omnipotenz des Ministers Wunder wirken. Sonst lassen wir einfach Ihr Regiment nach Savoien einrücken!

Auf einem Bei-Zettel habe ich Euch aufgemalt, was Ihr euch alle 3 mit Nuna kaufen sollt, müßt, dürft, müßt! Mehr sage ich nicht.

Lieber Leutnant, bzw. Ober, ich danke auch recht schön für alle französischen Winke – so schlimm, wie es auf den Zetteln aussieht, ist es nicht, es geht mir nur nicht gut, und ich kann mich nicht so konzentrieren. Und es ist nicht leicht. Aber ich fange langsam an, mir diese Sprache zu erobern.

Liebes Lieschen, Dank für Deinen allerwertesten. Dazu: Paris ist sicher so, wie Du schreibst, und auch da ist alles aus. Ich meine so:

Man muß den Mut haben, die Welt so zu sehn, wie sie ist. Was wir uns da pervat zusammenschäumen, erleichtert ja gewiß das Herz, wers nötig hat, aber es ist nur Schaum, und irgendeine Wirkung hat das nicht mehr. Totes kann man nicht erwecken. Und da ist etwas tot. Paß auf:

Erlaube bitte, daß ich für einen sozialen Tatbestand der Abkürzung wegen ein großes Wort wähle, das wir ja sonst nicht anwenden. Nemmlich: Deine «Ehre» ist für Roby eine lebende Sache. Rührt Dich jemand in seiner Gegenwart an oder kommt er Dir belästigenderweise zu nah, dann kriegt er von Roby hinter die Ohren, und wenn es fünf sind, dann läßt sich der Roby dafür verhauen. Diese Ehre also lebt. Die freiheitlichen Ideen des Bürgertums aber sind tot, niemand läßt sich dafür ohrfeigen. Das Pressegesetz des Bundesrats, das in der Schweiz die nebbich Pressefreiheit einfach aufhebt, rührt keinen Menschen, weil keiner mehr diese Freiheit als lebensnotwendig empfindet. Hier ist etwas zu Ende gegangen. Daß auf den Champs-Elysées antisemitische Blätter verkauft werden, zeigt, daß niemand das als schändlich empfindet – achselzuckend, murrend und gleichgültig gehen die Leute daran vorbei, und die Juden sind ja auf Meilen nicht zu sehn. Nun, was sich nicht aggressiv verteidigt, das geht unter, und man soll es noch stoßen, denn es ist nicht mehr lebensfähig. Es ist für uns andere, die wir weder Faschisten noch Kommunisten sind, keinerlei Idee da, für die wir ein Opfer bringen könnten, keine, die uns befeuert, wir wissen nur, was wir nicht wollen. Und der, der etwas nicht will, ist immer schwächer als der, der etwas will. Den bequemen Ausweg, zu spielen «Ich kümmer mich um das alles nicht, wenn nur meine Familie...» ist kein Ausweg, sondern das Eingeständnis einer Niederlage.

Es ist durchaus bezeichnend, daß ich Dir und mir keinen Rat geben kann, denn ich sprudele ja nicht Spucke *und heiße nicht Herzog*. Ich suche das Neue, das ich spüre – aber ich glaube nicht, daß wir seine Verwirklichung erleben werden. Der Satz, der am meisten auf mich in der letzten Zeit Eindruck gemacht hat, hieß: *«Cette révolution qui viendra n'est pas la nôtre.»* Ganz gewiß nicht, denn die beiden Teile, die sich da beschießen, sind einander wert. Der Sozialismus, oder was wir so genannt haben, bricht zusammen, zunächst zugunsten der Schweizerischen Kreditanstalt, zugunsten von Brown Bouvery (heißen die so?) – und die Nutznießer der verkrachten Gewerkschaftspolitik werden sich nicht lange ihres Sieges freuen. Aber das ist für uns kein Trost.

Verschwende Deine Energie nicht unnötig – da kommt nichts mehr.

Deutschland wird wohl durchhalten. Es wird von seinen Gläubigern gehalten wie ein verkrachter Baron von seinen Lieferanten, die ihm immer weiter borgen, damit er vielleicht doch einmal eine reiche Heirat machen kann. Außerdem haben Kaufleute andere Gehirne, und schlechte Geschäfte erscheinen ihnen immer noch besser als gar keine. Das erinnert an einen preisgekrönten Witz von vor vielen Jahren, in dem erzählt wird, wie der Buchhalter morgens Herrn Pinkus die Pleiten aufzählt, die in der Zeitung stehen: «Mosessohn und Mendels in Breslau...» – «Mit wieviel sind wir beteiligt?» – «Mit gar nichts, Herr Pinkus.» – «Und Meierbeer und Aaron in Hamburg...» – «Mit wieviel wir?» – «Gar nichts, Herr Pinkus, mit denen haben wir gar nicht in Verbindung gestanden.» Und so noch viele Male. Als wieder der Buchhalter sagt:

[Der hier unterbrochene Brief ist nur in dieser Fassung erhalten.]

Zu kaufen!
(Eventuell Nachtglocke des Buchhändlers ziehen!)

O. *Soglow* *The Little King* (Duckworth, 3 Henrietta Street, London W. C. 2.)

Dies ist der allerköniglichste König von der ganzen Welt.

Vieles kennt Ihr ja schon –: wie er an den Blumen riecht und an eine hohe Sonnenblume wegen kurz nicht herankommt, und dann muß der lange Diener riechen, der sagt oben: «Maaarveliss!» oder wie das auf königlich heißt, und unten ist S. M. sehr befriedigt, und dann rollt er weiter.

Aber es gibt noch viel Schöneres.

Schlafen tut er nur, wenn der Nachtstopf unter dem Bett steht, und überhaupt ist er König, und läßt es die andern machen. Er hat einen, der betet für ihn das Nachtgebet, das braucht er nicht, dafor ist er König, und er hat einen, der badet für ihn, er wird nur abgetrocknet, aber sonst will er alles machen, besonders das, wobei er gar nichts zu suchen hat. Er will mitzigeuenern, und mittrappern und überhaupt alles mit. Und als Admiral tut er als Wellenreiter hinter dem Kriegsschiff hermachen. Und einmal meldet der Diener: «The mounts are waiting!», denn dafor ist er König. Und wenn er beim Golf den Ball verliert, dann wird eben einfach die näxte Garnison alarrmiert, und ein ganzes Rééément sucht das Bällchen.

Und einmal schlägt er einen Ritter zum Ritter, mit einem großen Ritterschlageschwert. Als er fertig geschlagen hat, will der neue Ritter weggehn. Da pfeift ihm aber der König auf zwei Fingern (drei Noten). Der Ritter comes back. Wos is? Der König sagt ihm was ins Ohr. Der Ritter sieht nach allen Seiten und greift in die Hosenstasche. Der König sieht in die Luft und macht sich nichts wissen. Der Ritter gibt dem König einen Dollargeld.

Und auch tragische Erleppnisse sind in diesem Buch. Da geht also der König auf Straße, und da kommt 1 Stück Volk, etwas Fensterputzer. Der König hebt das Ärmchen: «Grüß Gott, Volk!» Nichts. Das Volk geht vorbei. Der König sieht ihm nach, den Grüßearm immer noch in der Luft. Der Fensterputzer hebt die Nase und kümmert sich um keinen König. Da sitzt nun der König auf seinem Thron und hat die Hände ineinander und weint eine kleine Träne.

Und weil eine Panne ist und er sich langweilt, geht er vom Auto weg und melkt eine Kuh in seine Krone. Und grüßt sich selbst im Spiegel. (Das ist besonders schön, denn da grüßt das Spiegelbild auf der andern Seite, rechts, links, es ist wegen der Akustik.) Und die Vögel zerpicken seinen Garten, und da wird eine Vogelscheuche aufgestellt, aber in Hermelin und Krone, denn dafor ist er König.

Aber es sind auch andere Geschichten darin, und Roby darf das noch nicht wissen, denn er ist noch zart, und es ist ganz schrecklich. Da heben sie also den Nachtklub Hi-Hi-Ho aus, eine ganze Truppe Polizisten stürzt sich mit weißen Stöcken darein, und alle feinen Leute müssen in den car der Polizei. Der Klub sieht nachher aus... lauter zerknallte Flaschen und umgeworfene Stühle. Aber in dem «Check-Room» – – ach, Gott, wenn es nur Roby nicht erfährt, da stehen nachher viele Hüte und Zylinder. Und auch eine kleine Krone.

Und bei der Überschwemmung schwimmt er auf seinem Thron. Und wenn er angelt, angelt er immerzu einen Fisch, und wenn er weggeht, ruft er was ins Wasser, und da kommt der Diener, der ist als Taucher da runtergegangen und hat ihm die Fische angesteckt. Denn wir habens ja. Und wenn er einen Seifenverkaufsmann auf der Straße sieht, dann tut er was? Er kauft auch Seife? – Nein. Er lädt sich den Mann in sein Auto, und der muß ihm auf seiner Kiste vor dem Thron ganz allein seine Seifenrede halten, Gott sei Dank. Und wenn er plötzlich Würstchen auf der Straße fressen muß, dann klebt sich nachher der Wurstmann einen Zettel an:

By Appointment to His Majesty The King.

Und der Pelikan im Zoo frißt seine Krone, und das ist eine betrübliche Geschichte. Und einmal wird er auf einem Teewagen zum Tee serviert, wegen klein.

Und leider führt er aber auch ein Nebenleben, und man muß es dem Roby nicht sagen, damit er nicht an seinen Gefühlen für das angestammte Herrscherhaus irre wird, das wäre nicht gut. Also... Roby, geh mal raus.

Da geht also der König mit einer... mein Gott... also nicht mit der Königin... es ist mehr so eine Person mit Busen und Hinterpopo... geht also mit der in ein Hotel Le Grande. Vielleicht haben sie da was Königliches zu besprechen. Und da sagt der Mann an der Rissöptschn: «Is this young Lady your wife?» – Ja, da dreht sich aber der König um und sieht die Busenlyda betroffen an. Und die Busendame sieht den Rissöptschn betroffen an. Und der Rissöptschn sieht den König betroffen an. Das ist aber sehr schrecklich. Und da geht der König aus dem Hotel Le Grande ganz betroffen wieder raus. Das ist eine betroffene Geschichte.

Und wenn alles fertig ist, dann sieht man da den leeren Thron, und an dem ist ein Zettel: Out to lunch. Back at 2 pm. [Brief bricht hier ab.]

AN GERTRUD ELISABETH DUNANT-MÜLLER

Ort und Datum
[Anfang 1935]

Liebe Elisabeth,

Dein Hasi, der leider nicht Peter, sondern Euphrosyne heißt, und Dich daher leider zu enterben mich in der traurigsten Veranlassung sehe. Setz Dich also auf Deinen Pflichtteil und hör zu.

Deinen allerwertesten habe ich so lange hier unbeantwortet liegengelassen, weil nicht gut geht, *jetzt kommt aber bald die Person hierher* und wird ja entscheiden, ob ich einen Knochen im Darm oder einen Vogel im Kopf habe oder umgekehrt. Infolgedessen will ich Dir auf Deinen frechen und ohnverschämten Brief vom neulichen antworten, nicht ohne einen gehässigen Blick auf die Wiege Deines Kindes geworfen zu haben. Wenn Du vielleicht glaubst, ich weiß nicht, wem der ähnlich sieht…! Roby or not Roby, that is the question.

Nunmehr blicke ich hier & da in das von Dir Geschriebene und beantworte selbes, soweit es mir meine Volksschulbildung erlaubt.

Dem *Olden* kann man ja nur gratulieren. Nicht, als ob mir *seine Artikel vom Moskauer Schriftstellerkongreß* gefallen hätten – er hat da so mit der Stimme gewackelt, wie ein Mitarbeiter der Neuen Zürcher Zeitung, wenn er eine Babyausstellung beschreibt. Nun ist ja eines sicher: für die Russen ist das eine hoffnungsvolle Sache. Ob wir da leben könnten, weiß ich nicht – es ist Asien, es ist anders. Als Theorie gefällt es mir gar nicht – die Praxis kenne ich nicht. Natürlich hat es der Russe leicht; er kann sagen: «So mies – so hoffnungslos, so leer wie bei euch ist es bei uns nicht.» Das ist richtig. Aber liegt es nicht daran, daß sie 150 versäumte Jahre aufholen – wie damals unter Peter dem Großen? Anfangs wächst der Bart immer schneller – nachher langsamer. Die Freude, ein im Grunde so kräftiges Land nach oben schießen zu sehen –

Gummischuhfabriken, Tanks, Bahnen und Kanäle –, gewiß doch. Aber ist das für uns andere eine Lehre? Nicht vielmehr eine Leere? Ich weiß das nicht.

Daß *Scheidemann* im Jahre 1935 zur Einsicht kommt, wundert mich nicht. Auf die Gefahr hin, daß ich Dir diese Geschichte schon einmal erzählt habe, wie alte Leute zu tun pflegen: Ich habe ihn einmal im Auftrag meines damaligen Bankchefs empfangen. Er fing an, mir Konfidenzen zu machen – er war in allen Zuständen, denn die Inflation raubte der Stadt Kassel, in der er ja wohl Bürgermeister war, alles Geld, und seines mit – und ich sagte ihm: «Sie haben sicherlich meinen Namen nicht richtig verstanden, ich bin der und der – ich möchte das nicht ausnutzen.» O, im Gegenteil! Und dann legte er los. Und schimpfte auf Ebert! Und als ich dann ganz bescheiden sagte: «Sie haben jahrelang und jahrelang nachgegeben – immer wieder Konzessionen gemacht und noch einen Kompromiß und noch einen, und was haben Sie nun davon gehabt –?» Da sagte er: «Nichts.»

Wenn einer und er hat braune Augen – das kann er sich nicht abgewöhnen.

Natürlich kannst Du *den Brief Runges* behalten. Anbei weiteres.

Nein, *der B. J. war kein dummer Mensch*. Aber ich glaube, daß er seiner Veranlagung nach überall Verschwörungen witterte und alles viel zu kompliziert anfaßte – er sah das Einfache nicht mehr. Mir ist das schon vor 10 Jahren in Berlin aufgefallen. Er war so umwittert von Komplikationen, von «wichtigen» Informationen, daß er darüber ganz die Übersicht verlor. Das wurde Selbstzweck. Schließlich willst Du mir sagen, warum man heute noch solche kulesallen Geheimnisse auftut, daß auf dem Übungsplatz Stötteritz nicht 56 Kanonen stehen, sondern 76, wenn alle Welt weiß, fühlt, ahnt und wittert, daß Deutschland ein einziges Kriegslager ist?

Das Bedeutsame daran ist doch die Geistesverfassung der Boches – die einzelne Nachricht halte ich demgegenüber für unerheblich und sekundär. Aber davon wußte er nun gar nichts. So mag es sein, daß er es versäumt hat, sich über den Lumpen, der ihn verraten hat, zu erkundigen – dessen Ruf stand aber, wie jemand veröffentlicht hat, fest. Außerdem, in der Stadt, wo das passiert hat, hatte er sich nicht aufzuhalten – das ist mal auf alle Fälle wahnsinnig, und das sage ich nicht etwa hinterher. Über diesen Fall habe ich mit *Emilien* damals schon gesprochen. Der Mann tut mir leid. Es besteht ja die Möglichkeit, daß er herauskommt – dann hätte er ausgesorgt, weil er dann eine gute Stellung bekommt. Aber es kann ja auch sein, daß er vorher an den Masern stirbt.

Pentru eingeladene Emigranten: Also daß sie Dir Dein Essen miesmachen – das ist ja nun ein Ding, das selbst für diesen Volksstamm ungewöhnlich ist. Erstens, soweit ich das aus Erfahrung weiß, ist das eine dumme Unverschämtheit: nicht nur, wenn Du «ingejeladen» hast, sondern immer gab es bei Dir so zu essen, daß ich nur sagen kann: mir soll nie etwas Schlimmeres passieren, und ich esse bei mir zum Beispiel keineswegs immer so gut. Zweitens aber: welch Takt! Wenn mich nicht alles täuscht, werden sie nicht grade gesagt haben: Dies ist ein Saufraß – aber sehr wohl möglich halte ich es bei einem Boche, daß er ganz unbekümmert sagt: «Ham Sie mal bei uns in Berlin gegessen? Na faabelhaft! Bei Kempinski zum Beispiel...» Und das merken sie nicht, was sie da anrichten. Sie haben einen Sinn weniger als wir andern.

Pentru zu Dir ins Haus zu liefernde Weltanschauung:

Ich habe mal vor 6 Jahren, als ich den Knacks meines Lebens auf einer Tournée bekommen habe (wegen meinem Popplikom ins Angesicht schauens) gesagt: Ich kann die großen geöffneten Augen nicht mehr vertragen, die alle zu mir heraufsehen und fragen, fragen: Was sollen wir tun? – Ich war kein falscher Prophet – ich war gar keiner. Und dann habe ich ganz geschwiegen.

Du weißt doch, Lieschen, daß ich das, was hier steht, nicht als großer Mann schreibe, der es alles besser weiß. Ich weiß es ja selbst nicht, das ist meine Not. Aber daß Du – wenn auch zum Spaß – diese Weltanschauung geliefert haben willst, zeigt, wie unorganisch das alles ist. Ich habe mir neulich mal überlegt, ob ich Dir nicht für den (doch recht greisenhaft gewordenen) Hasi aufschreiben sollte, was er so später lesen soll. Dann habe ich das nicht getan. Man kann weder dies noch die Weltanschauung aufschreiben wie ein Kochrezept.

Was bei uns seit mindestens 100 Jahren, also seit der Dampfmaschine, kapott ist, das ist jener Ort, an dem andere Menschen ihre Religion zu sitzen haben. Jetzt muß ich hoffentlich nicht erst einen ganzen Haufen Geröll aus dem Wege räumen und sagen, was ich nicht meine: Nicht die protestantische saure Milch, und gar nicht, aber schon gar nicht, den katholischen Weihrauch, und nicht diesen grauenvollen Papst, der viel protestantischer ist als Calvin und Zwingli zusammen, der seinen Laden unrettbar an die Welt verkauft, der sich und die Kirche verweltlicht hat (worin ihm der Kommunismus über ist) – das alles meine ich nicht. Ich habe auch inzwischen mein Herz an keinerlei Mystik verschrieben.

Ich weiß nur, mit dem Verstand, der liest, und mit dem Gefühl, das darunter leidet, daß es einmal für religiöse Menschen ein geschlossenes Weltbild gegeben hat, und noch gibt, aber [heute wohl?] nur für sehr entwickelte, für sehr weise Menschen, die mit der katholischen Kirche trotzdem fertig werden – denn eine protestantische Kirche gibt es nicht. Das ist keine Kirche, das ist, wie einmal einer gesagt hat, ein Hotel. Und dieses Grundgefühl, nun entschuldigen Sie schon, in Gott zu ruhen, was eben nichts mit Betschwestern zu tun hat, diesen Karikaturen aus dem Kramladen des lieben

Gottes – dieses Gefühl ist uns abhanden gekommen. Ich sehe keinen Ersatz.

Gib mir einen Punkt, auf dem ich stehe, und ich hebe dir die Welt aus den Angeln – sagte jener. Und hatte recht. Hat man den, dann kommt das andere von selbst. In ganz kleinem Maßstab konntest Du das noch bei Deinem Vater beobachten – es gab in gewissen Dingen für ihn keine Wahl – er handelte so, wie er handelte, weil er so handeln mußte. Das stand fest. Wir haben es heute mit der Dynamik – ich weiß schon. Doch ist selbe eitel Scheibe.

Es ist meine feste Überzeugung, daß die Abschaffung der Wirtschafts-Anarchie, die die *Zürichtante* mit gesträubtem Leitartikel «Ordnung» nennt, eine wichtige Vorbedingung ist, ohne die nichts Rechtes ausgerichtet werden kann. Mit Dir liebe ich jene «weltabgewandten» Schwärmer nicht, deren ach so religiöses Weltbild zufällig, nein, wie es sich so macht, grade mit den Interessen der Schweizer Kredit-Anstalt zusammenfällt. Natürlich so nicht. Aber man muß an den Kern herunter – frag *Ragazn*. Dieser Kern ist faul.

Hasi–? Erzieh ihn konformistisch – dann kotzt er Dich an. Dann hört er den von den Zensoren vorgekauten Radiodreck; liest die für die Inserenten und gewissermaßen von den Inserenten hergestellten Wochenschriften und sagt, was man so sagt, und nichts mehr und nichts weniger. Und sieht jeden befremdet an, der aus der Reihe tanzt. Kurz: Amerika. (Halten zu Gnaden.) Oder Du erziehst ihn andersrum: dann müßte er ein Bombenkerl sein, wenn er nicht überall Schwierigkeiten hätte. Als Kind: «Ja, aber meine Mama hat gesagt, Kriege sind nicht gut, Herr Lehrer.» Rücksprache mit dem Direktor – äußerst scharfkorrekte Anwendung der §§ auf das renitente Kind – Generalverachtung der Klasse. Und später entsprechend. Einen Ausweg gäbe es, für Katholiken: ihn in einem Jesuitenstift erziehen zu lassen, wo er, wenns gut geht, sehr viel lernt – oder aber in einem englischen Internat – das heißt überall da, wo wenigstens noch Rudimente einer Geschlossenheit zu spüren sind. Die kann man nun bejahen oder verneinen – aber auf einem Schweizer Realgymnasium lernt er nur, daß ein guter Steuerzahler weiterhin gute Steuerzahler produzieren müsse, und eine 1.-August-Rede, deren Knödel ihm im Halse steckenbleiben.

«Humor ist, wenn man trotzdem lacht», heißt die beste Definition des Humors. Dann habe ich ihn verloren. Die Satire sicherlich. Ich könnte natürlich über die Olympischen Spiele die fällige, in des Wortes wahrstem Sinne blutigste Satire schreiben... ich will es aber nicht. Für wen–? Ein Satiriker soll entweder das dumpfe Gefühl der Massen wecken oder es ausdrücken. Ich sehe weder das eine noch das andere. Also für wen–?

Ich habe – im Gegensatz zum Kleinstädter – den Begriff des «Kleinzeitlers» erfunden. Man muß nicht immer denken, daß ausgerechnet wir, im Jahre 1935... das ist dummes Zeug. Dergleichen hats immer gegeben; immer und überall. Wie aber soll sich das ändern, wenn unten, da, wo die Grundsteine liegen, die Sache nicht in Ordnung ist? Ich sehe für mich, dessen Blick ja auch nicht überall hinlangt, keine Möglichkeiten: Rom ist protestantisch; Moskau ist päpstlich – und die Religion der Ingenieure ist mir ein Greuel. Also wie nu? Also wat nu?

Eben das weiß ich nicht. Ich stopfe mir hier eine halbe Bibliothek in den Magen – das ist ja ganz dienlich –, aber helfen tut es mir nicht. Sollte ich weise geworden sein, so werde ich mich beeilen, es Dir mitzuteilen.

Ach ja.

Über *Dieboldn* kriegst Du einen extra hingemacht – das ist so schön, das muß ich verarbeiten.

Übrigens: Gast hin, Gast her, Feinheit her und Feinheit

hin – da waren doch lauter Schweizer bei Tisch, ihr hättet es ihm ordentlich sehr besorgen können. Ihr wart doch in euerm Lande! Aber es ist mirrkwirrdig: die Gröbern haben immer die Oberhand über die Feunern. Man hätte diesem übeln und in jeder Beziehung drittklassigen Burschen übers Maul fahren sollen.

Ja, Lieschen, ich will es Dir ja gern glauben, daß Du überall keinen Menschen mehr verträgst (aber ein Eckel bist Du nüt) und loslegst, und alles das will ich gern glauben, nur eines nicht – daß das Politik ist. Das ist, mit Verlaub zu sagen, keine.

Aut – aut. Entweder: man macht praktisch mit, was uns gewiß sehr anekelt, denn es ist das Schwerste von allem. Da ist der größte Fehler der sog. Linken: sie befassen sich mit der Revolution in China, sie protestieren papieren gegen Gott weiß was (und so schwach!) – aber einen Stadtrat im eigenen Kanton wegzubekommen: das können sie nicht. En voilà une affaire für den, der Politik machen will.

Oder man baut ein neues Weltbild auf – und wenn Dich das interessiert, dann will ich Dir, wenn Du das wünschst, gern ein paar Bichers aufschreiben, in denen manches zu läsen steht. Wahrlich, ich sage Dir: fast alle sog. Linken gehen nach, wie alte Uhren. Es stimmt ja alles nicht mehr – nichts stimmt mehr. Hier und da muß man eben von vorn anfangen. Und zwar nicht defensiv, wie die meisten dieser Ochsen das tun, sondern offensiv. Der dämliche *Temps* schreibt (genau wie das ein jüdischer Kongreß in Genf verlangt hat): man solle doch gegen den racisme die Akademien mobil machen und nachweisen lassen, daß das alles falsch sei. Das kann nur ein Rindvieh geschrieben haben. Kann man gegen den Islam Akademien mobilisieren? Hier ist ein neuer Glaube – der ist nur mit einem andern festen Glauben zu schlagen. Da ich nicht moskaugläubig bin und viele andere, denen das heute nicht gefällt, auch nicht – so muß, so muß etwas Neues gefunden werden. Und es wird gefunden werden.

Damit Du ja nicht glaubst, daß ich es alles immer weiß, zitiere ich Dir tief beschämt einen meiner Grundirrtümer aus dem Jahre 1923. Ich hatte damals geglaubt, und bis 1929 habe ich das geglaubt: «Das können die Boches hier mit den Kaschuben machen – Hitler und die andern sind grade gut, genug für ihr Publikum. Aber sie sollen mal nach draußen kommen – da werden sie sehen!» Und *so schrieb ich über Chaplin, anläßlich des Kids:* «Du hast zwei linke Füße und das Herz auf dem rechten Fleck. Sei gegrüßt! Weißt du, daß wir Bessern hier versauern und nicht aus der ewigen Schule herauskommen können, aus dem Kasernenhof, aus dem Internat Deutschland? Wir sind festgebacken und warten. Weißt du, wie wir warten? Auf die Stunde, die in die Freiheit führt –? Draußen, da wären wir doppelt dankbar für deine ernsten Späße und dein lustiges Pathos – draußen würden wir noch einmal anfangen zu leben, aufzunehmen, zu verarbeiten, und überhaupt wieder vorhanden zu sein. Wir warten. Und keiner kommt.» Kam auch keiner – und als ich dann draußen war, habe ich zu spät, viel zu spät bimörkt, daß die genauso mies sind wie die Boches. Es ist nicht nur eine Frage der Nation – es ist auch eine Frage der Produktionsform; darin haben die Marxleute ganz recht – und es ist allerletzten Endes eine Frage der Geistesverfassung. Na, und da sind sich ja die Staaten einig. Froh vereint bei den Olympischen Spielen (welche Einzelheit ich stets nur als Allegorie nehme), sind sie sich einig: Ordnung muß sein. Welche Ordnung? Na diese. Gibt es denn für sie eine andere?

Im übrigen hat *Agathchen* unrecht: «sie» kommen nicht so, wie sie sich das, mit Verlaub zu sagen, denkt. Sie fürchtet sie herbei – aber so kommen sie nicht. Die faschistische Form in den Ländern ist verschieden, nach den Ländern. Ihr kriegt keinen Hitler. Könnt aber doch langsam in den Faschismus rutschen. Weil – und das ist der Angelpunkt – weil keine geistigen Gegenkräfte da sind. Faulheit und Iwillmeiruh – das sind keine Gegenkräfte. Sieh um dich – wer ginge auch nur für seine nebbich antifaschistischen Ideale, falls es die gibt, auf die Straße? Also.

So daß ich also, verehrte Frau, Ihnen die gewünschte Weltanschauung frei ab Haus, *cif Zürich, fob Stockholm* (das weißt Du wieder nicht, habt Ihr denn kein Handelsrecht gelernt?) zu liefern mich leider nicht in der Lage versetzt zu sehen bedauern muß.

Das soll uns nicht hindern, ab und zu in *den New Yorker* zu sehn. Neulich lagen darin – Roby, gehn Sie mal solange raus! – eine hübsche junge Dame mit einem Mann in einem großen Himmelsbett. Zweites Bild: der Mann legt einen Riesenvollbart auf die Bettdecke; die junge Dame ist entsetzt. Drittes Bild: der Mann zieht seinen, wie?, seinen Vollbart wieder ein. Die junge Dame wartet. Viertes Bild: er legt ihn wieder auf die Bettdecke. Darauf jene: «Well, make up your mind!» Und da hat sie ja auch ganz recht.

Du bist doch Juristin: also Franzens Schwiegermutter hat einen Stiefzwilling, für den habe ich gebürgt. Nun haben doch Sandmeyers ihren Flügel auf Aktien verkauft, und was der Alte ist, der hat Beihülfe geleistet. Der Regenschirm ist auch weg, und Tante Trude hat sich zu Protest gehen lassen. Ist das strafbar –?

       Hasi heißt nur Hasi. Roby heißt Oberleitnam.
       Du heißt Lieschen.
       Ich heiße Peter

P. S. «Lieber Roby!» Diese Anrede gilt rückwirkend für den ganzen Brief.

Ort und Datum
[Vermutlich Sommer 1935]

Liebes Lieschen,

habe aus bekanntem Mund gehört, daß der Herr, mit dem Du zusammen- sagen wir lebst, in den Trockenkrieg gemacht ist. Da möchte ich, als Freund des Hauses, nur warnen, daß es ihm nicht so geht wie dem anliegenden Obersten. (Ich finde übrigens das Gesicht des schlechten Mädchens, die wirklich aussieht wie after dinner, ganz herrlich.)

Ich schulde Dir einen langen und vernünftigen Brief auf Deinen ebensolchen. Habe aber z. Zt. s. g. w. einen Darmhusten und muß daher selben auf die lange schieben. (Für «Bank» habe ich keine Zeit, denn ich fahre morgen in die Stadt und bin mit Reisevorbereitungen befaßt.)

Will aber für heute, soweit Dein Sohn und Dein Herr Mann sowie Deine jungfräuliche Bauart es gestatten, Dir eine Liebeserklärung machen.

Ich komme immer mehr dahinter, daß es so etwas wie einen spezifischen «Lieschenhumor» gibt, ich entdecke ihn überall. Es ist einer, der wahnsinnig anmutet, es aber gar nicht ist, sondern im Gegenteil, ganz methodisch. Er stützt sich auf ein logisches System, das meist falsch ist, auch ist es nie genannt, sondern bleibt im Dunkeln – wirkt also um so mysteriöser.

Als Perle und gleichzeitig als unbewußte Verspottung der russischen über-rationalistischen Denkart eine Stelle, die bei Gorki steht, der wohl viel durrgemacht hat, bevor er sich als großer Manitou von Leuten anbeten läßt, zu denen er im allertiefsten Grunde nicht gehört:

Da ist ein russischer Matrose der Ostseeflotte, der bildet sich aus gedruckten Büchern und denkt sich auch sein Teil. Zum Beispiel so:

«Wissen Sie, es heißt, ein gelehrter Amerikaner soll eine ganz auffallend einfache Maschine konstruiert haben: nur

Schornstein, Rad und Hebel. Wenn man den Hebel bewegt, dann ist gleich alles zu sehen: Analysis, Trigonometrie, Kritik und überhaupt der Sinn aller Geschichten des Lebens. Die Maschine zeigt das an, und dann pfeift sie.»

Dies wünscht Dir, Deinem Sohn und dem andern Menschen sowie Deinen zahllosen Liebhabern

Dein ehemaliger Vater
Emmanuel Klotz
Aushilfshebamme

Ort und Datum

Geliebtes Weib,

schreibe Dir ja ab und an reichlichen Klamauk, denn wenn ich an Dich denke, dann ist es, wie wenn mir einer in die Blödsinnsblase sticht, was sehr kitzelt, es ist sehr merkwürdig, und leggen Sie mir das nicht übel aus. Nun aber:

Ich frage doch regelmäßig an, wie es Dir geht, und da höre ich denn, daß Du Dir so viel Sorge um einen Krieg machst. Mein lieber Mann, Du bist ja eine Zahlköpfige Familie, und es fällt mir gar nicht ein, über ein solches Thema faule Witze aufzuschreiben. Aber als golozzaler Papst, General-über-Vidam und Mann mit Auctorität und Bart sage ich Dir –:

Det is nich.

Du weißt doch, Lieschen, daß ich nicht zu den Leuten gehöre, die wie *unser eingesperrter Freund* mal gesagt hat, eine Villa besitzen «mit herrlichem Weltuntergang», auf der andern Seite auch nicht zu jenen, die, wie wiederum *Kuh* das nennt, sich so ausdrücken: «Es wird nichts so heiß gegessen, wie ich die Hosen voll habe.» Ich habe mich immer bemüht, von beiden Extremen gleich weit wegzurücken, und ich glaube, daß mir das gelungen ist. Und damit Du siehst, daß

185

meine stinkernst gemeinte Beruhigung für Dich und diesen
Bengel in seinem kleinen Gestell auf Ernst beruht, will ich Dir
sagen, daß ich keineswegs an die Unfehlbarkeit meiner Prophezeiungen glaube. Ich habe mich verhauen:

1913 habe ich an eine *«Kinomüdigkeit»* des Publikums geglaubt und die Bedeutung dieser löblichen Institution nicht
erkannt. 1918/1919 habe ich überhaupt nichts verstanden –
aus dieser Zeit datieren meine dümmsten Arbeiten, die ich
teils selbst auf dem Gewissen habe, zum Teil ließ ich sie publi-
zieren, *verleitet durch den etwas dümmlichen Mann, den Du
neulich kennengelernt hast*, und der nicht weiß, wo Gott
wohnt. 1933 habe ich an die Ernsthaftigkeit der Judenverfol-
gungen nicht geglaubt, wenigstens nicht bis zum Reichstagsbrand. Du siehst: ich halte mich für keinen Tiresias. Aber:

In fast allen andern Fällen hat mein Gefühl recht behalten –
nicht mein Wissen, damit ist es nicht gar so doll. Ich fühle, ich
kann fast niemals begründen, warum ich das voraussage –
aber fast immer ist es ingetroffen, bis auf den Buchstaben.
Und wahrlich, ich sage Euch:

Für einen großen europäischen Kladderadatsch ist es viel
zu früh, wenn er überhaupt kommt. Es gibt Prophezeiungen
aus dem Jahre 1905, wo der Weltkrieg, der dann gekommen
hat, ganz lächerlich gewissagt worden ist, von ernsten Mari-
nefachleuten (zum Beispiel in dem *Buch «Seestern»*). So einfach läuft das nicht. Wenn die Boches etwas trudeln, so versuchen sie das erst im Osten, und das geht Robyn nichts an.
Wenn, was mindestens 10 Jahre dauert, sich die Deutschen
nach Westen drehn, dann ist noch lange nicht gesagt, daß sie
dazu die Schweiz überrennen, das stand zur Diskussion, solange eine glatte deutsch-italienische Annäherung zu be-
fürchten war. Daß der Mann in seinem Leben mal zu einem
Grenzschutz ausrücken muß, halte ich für denkbar, und dabei kann er vom Pferd fallen. Daß es zu mehr kommt, möchte

ich für sehr, sehr unwahrscheinlich halten. Und vor allem chaost es sich nicht. Hör auf einen alten Mann – das tuts nicht. Es gibt lauter kleine und mittelgroße Schweinereien.

Du darfst mich ruhig ausgrinsen, daß ich Dich so ex cathedra beruhige, ich verstehe Deine Sorgen sehr gut; andrerseits kannst Du Dir ja einen Samstag aus meinem Brief machen, denn ich habe ja keine Macht. Aber ich glaube, hier und da richtig gesehn zu haben, und deswegen traue ich mich, Dir zu sagen: Nein. Das kommt nicht, und das kommt nicht so über Nacht, und vor allem nicht für Euch. Später ja – das kann sein. Aber zu Robys Oberleitnamzeiten... das wohl nicht.

Nun lach mich man aus – ich habe es aber gut gemeint. *Bestelle bitte der Häkelnden, daß der Vorname K. ist (das genügt) und die Adresse Dormach an der Donau. Post Saxen. Österreich.*

Ich bin Dein ewiger
Hjalmar Cohn
en gros

AN FELIX HOLLAENDER

Sehr verehrter Herr Hollaender,
vielen Dank für Ihr Schreiben vom 4. d. Mts.

Ich habe Sie, glaube ich, ziemlich richtig gesehen und mich ungeschickt ausgedrückt. Ich dachte mit der Bezeichnung «Mann der Mitte» mehr an die Reichstagsgliederung der Parteien. Ich bin kein Kommunist und habe mit dem Ausdruck ganz gewiß nichts Mitleidsvoll-Herabsetzendes gemeint. Das wäre also in Ordnung.

Ich wiederhole meinen Dank, der um so stärker ist, als ich nun in Berlin merke, welch I.G.Farbenrauschen durch den deutschen Dichterwald geht. Jeder einzelne der Herren ist ein Judas ohne Silberlinge, und da sind mir Ihre Haltung und Ihr Brief gleichermaßen ein Labsal.

Mit den besten Grüßen
Ihr wie stets ergebener

AN HERBERT MOLL

Post: Weltbühne

1—9—31

Sehr geehrter Herr Moll,

ich danke Ihnen schön für Ihren freundlichen Brief. «Faites», sagte Zola zu den Literaten, die ihn aufsuchten, *«faites du reportage.»* Das, was Sie da machen, ist ja nun nicht grade Reportage – aber etwas Ähnliches ist es schon. Ich bin der Meinung, daß es, wenn es nicht gar zu lange dauert, Ihnen nur nützen kann. Ich bin einmal in den schlimmsten Zeiten der Inflation Sekretär eines Bankiers gewesen, und mir hat das durchaus gutgetan. Ihre Arbeit ist eine saubere Sache; hätten Sie etwas in einem Propaganda-Bureau zur Verbreitung nationaler Belange zu tun, so wäre das weniger heiter. Dieses aber ist nützlich, anständig, und ich kann darin weder etwas Lächerliches noch etwas Schädliches sehn. Möge – –! kann ich nur sagen. Hoffentlich holen Sie aus der Position alles heraus, was drin ist – es wäre wirklich gut.

Dank für Ihren Gruß an die Prinzessin. Die gibts leider nicht. Ich habe sie in langen Arbeitsmonaten aus dem Nichts geholt, es war eine schrecklich langwierige Arbeit. Die Adriani gibts auch nicht – nicht das leiseste Modell. In Gripsholm habe ich auch nie gewohnt – kurz, es ist ein netter Schwindel. (Die Verwalterin des Schlosses, das natürlich existiert, hat mir schreiben lassen, da bestellten sich Leute immerzu meine Zimmer, und was denn das sei. Das kommt davon, wenn man lügt.)

Es kann sein, daß ich in diesem Jahr zu kurzem Aufenthalt nach Berlin komme, aber ich weiß es noch nicht. Das spricht

sich ja sicher herum, rufen Sie dann nur bitte bei der Weltbühne an.
Ich wünsche Ihnen alles Gute

> und bin mit den besten Grüßen
> Ihr sehr ergebener
> Tucholsky

AN
NATIONALZEITUNG BASEL

14–12–35

Sehr geehrte Herren,
erlauben Sie mir bitte eine Anfrage.

Wie Sie neulich berichtet haben, hat sich der tapfere Knut Hamsun gegen den wehrlosen, gequälten und gefangenen Carl von Ossietzky ausgesprochen. Darf ich für meinen Kameraden bei Ihnen eintreten –?

Zu den Ereignissen in Deutschland habe ich seit 1932 keine Stellung genommen. Eine Auseinandersetzung über die Fehler, die die deutsche Linke begangen hat, eine Diskussion über unsere Fehler ließe sich mit einem Friedensfreund jederzeit führen. Das da aber, dieser Ausbruch einer instinktlosen Ignoranz, die ich seit längerer Zeit mit Abscheu und Trauer verfolgen kann (ich spreche schwedisch, kann also auch norwegisch lesen) – das ist etwas, für das Hamsun, der für uns alle einmal sehr hoch gestanden hat, auf den Kopf verdient.

Ich möchte einen solchen Angriff n i c h t in einer Emigrationszeitschrift veröffentlichen; andererseits begriffe ich gut, wenn Sie mein Angebot aus Gründen, die nur Sie angehn, ablehnten. Was mich treibt, diese Anfrage an Sie zu richten, ist das Gefühl: hier wird einer angegriffen, der es nicht verdient und der sich nicht wehren kann.

Sollten Sie sich für einen solchen Aufsatz interessieren, so werde ich mir weitere Aufsätze Hamsuns beschaffen – die mir bekannten überbieten sich an Torheit, Einsichtslosigkeit und übler Gesinnung. Ein Honorar möchte ich nicht haben. Den Umfang des Aufsatzes schätze ich auf etwa 6 Maschinenseiten, was gegen 6 Feuilletonspalten Ihres Blattes entspricht. Ich hätte nur eine Bitte:

Mein bester Schlag ist der, den man im Boxen den «direkten» nennt. Ich schreibe scharf. Sollte Ihnen meine Entgegnung in manchem Punkt als zu scharf erscheinen, so bitte ich um Änderungsvorschläge – ich möchte dann selbst ändern, damit der Aufsatz ohne redaktionelle Kürzungen und Abschwächungen erscheint. Ich muß wohl nicht hinzufügen, daß ich nicht beabsichtige, Hamsun mit Beschimpfungen zu überhäufen, also etwa die Tonart aufzunehmen, in der er die Schweizer als das «kleine Scheißvolk in den Bergen» bezeichnet – damit wäre nichts getan. Hier ist etwas Grundsätzliches zu tadeln.

Ich erlaube mir, die Gelegenheit zu benutzen, Ihnen für die freundliche Gesinnung, die Sie Carl von Ossietzky entgegenbringen, herzlichst zu danken. Wir haben sieben Jahre die «Weltbühne» herausgegeben – ich kenne den Mann und weiß: der hat wirklich für den Frieden gearbeitet.

Mit den besten Empfehlungen

bin ich

Ihr sehr ergebener

Ich bin auf Reisen und gebe Ihnen meine feste Postadresse an.

AN HENRY WICKHAM STEED

Hindås Schweden
6–2–34

Sehr geehrter Herr,
bitte erlauben Sie mir, *Ihnen für Ihr Eintreten für meinen Freund Carl von Ossietzky zu danken.* Wir haben in den letzten Jahren die «Weltbühne» zusammen herausgegeben, und daher nehme ich mir die Freiheit, Ihre Ausführungen in einem wichtigen Punkte zu ergänzen.

Ich habe dieser Wochenschrift zwanzig Jahre meines Lebens gegeben, wie ich glaube, ist meine Arbeit dort nicht ganz nutzlos gewesen. Auf mein Anraten hat der verstorbene Herausgeber des Blattes, *S. Jacobsohn*, Herrn von Ossietzky berufen – nach Jacobsohns Tode habe ich einige Zeit lang das Blatt ediert und es dann an Ossietzky abgegeben. Ich kenne ihn und die Verhältnisse also genau.

Es ist alles so, wie Sie es gesagt haben.

Wir, seine Freunde, und besonders ich, haben die ganze Zeit hindurch geschwiegen, um sein Schicksal nicht zu verschlimmern – sicherlich hätte er jedes Eingreifen von uns büßen müssen.

Und hier ist nun die Hauptsache, die mich so schmerzt: der Mann sitzt für uns alle, die wir dort mitgearbeitet haben! Sie rächen sich an ihm, für uns.

Ich habe die übeln Schimpfereien und die Schmutzspritzer, die gegen mich gerichtet sind, kaum verfolgt – ich weiß aber, daß die Wut der Nazis maßlos ist, mich nicht gekriegt zu haben. (Ich habe Deutschland schon vor 10 Jahren verlassen.) Immer und immer wieder kocht das auf, immer und immer wieder tönt das Geheul zu mir herüber – und ich weiß: das muß er büßen.

Ich möchte damit die Rolle unseres bedeutendsten politischen Publizisten, der er ist, nicht verkleinern. Er hat – gerade noch in allerletzter Zeit vor der Hitlerei – *ein paar bitterböse und wundervoll scharfe Artikel gegen diese Pest geschrieben*. Er hat, wie Sie in Ihrem Artikel gesagt haben, das Land trotzdem nicht verlassen. Sie strafen ihn also auch für seinen eigenen Mut, natürlich. Aber die ohnmächtige Wut, sich nicht auch an allen Mitarbeitern des Blattes (*Hellmuth von Gerlach*, an mir u. a.) rächen zu können, verschärft das Schicksal unseres Freundes.

Auf Anraten meiner politischen Freunde und meinem eigenen Instinkt folgend, habe ich öffentlich nichts für C. v. O. gesagt – wahrscheinlich hätten ihm seine Wärter den Artikel zu fressen gegeben. Ich habe also geschwiegen, so schwer mir das gefallen ist. Einsprüche von Pazifisten oder von Radikalen werden keinen Erfolg haben.

Bei der Unterstützung aber, *die die Politik Hitlers durch Mac Donald findet*, wiegt die englische Stimme in Deutschland schwer. Wird von London aus gedruckt, so kann es sein, daß sie ihn herauslassen. Ich bitte Sie von Herzen darum, sehr geehrter Herr, in diesem Sinne zu wirken; mir ist das verwehrt. Und wenn es möglich wäre, ihn aus dem Lande zu bekommen, so wäre das gut; denn ich fürchte, daß irgendwelche enttäuschten und von Hitler betrogenen S.A.-Leute sonst eine Privatjustiz an dem «Befreiten» ausüben.

Mit Dank für alles, was Sie an meinem Kameraden getan haben,

bin ich mit dem Ausdruck meiner Hochachtung
Ihr sehr ergebener

AN
NEW STATESMAN AND NATION

1-3-34

Sehr geehrte Herren,

Sie treten in so vorbildlich mutiger Weise gegen das Hitler-Deutschland auf, daß mir der *Fall Dimitroff* die Veranlassung gibt, Sie de profundis um Ihre Hilfe zu bitten –:

Ich bitte Sie für *meinen Freund Carl von Ossietzky*.

Carl von Ossietzky hat die Berliner Wochenschrift «Die Weltbühne» herausgegeben (an der ich seit zwanzig Jahren unter vielen Pseudonymen mitgearbeitet habe). Wie aus mannigfachen Zitaten ersichtlich, wissen Sie, was Ossietzky geleistet hat, und ich danke Ihnen für jede Unterstützung, die Sie unserer Sache dargebracht haben. Sie wissen, daß Ossietzky für die Aufdeckung deutscher Rüstungen anderthalb Jahre Gefängnis bekommen hat (1932) – von dieser Strafe hat er sieben Monate verbüßt. Er hätte damals fliehen können; er hat es ausdrücklich abgelehnt. Schleicher hat den Mann dann begnadigt; kaum war er heraus, so hat er, im Januar 1933, Hitler angegriffen, und auf das schärfste angegriffen. Unsern Rat, aus Deutschland herauszugehen, hat er nicht befolgt; Ossietzky ist am Morgen nach der nationalsozialistischen Brandstiftung im Reichstag verhaftet worden. Nun sitzt er bald ein ganzes Jahr – im Zuchthaus zu Sonnenburg.

Helfen Sie ihm, wenn Sie ihm helfen können!

Ich habe bisher in der Öffentlichkeit geschwiegen, denn ich weiß, daß mein Kamerad als Geisel gehalten wird. Trete ich öffentlich für ihn ein, so muß er das büßen. Ich kann also nicht sprechen. Sprechen Sie –!

Der Schritt, den ich hier unternehme, ist sicherlich nicht im

Sinne Ossietzkys. Erführe er davon, so sagte er gewiß: «Treten Sie für alle die Zehntausende ein, die Hitler quält!» Und ich trete doch für meinen Freund ein, weil ich weiß:

Die deutsche Regierung läßt an diesem einzelnen Mann, dem sie keinerlei strafbare Handlung vorwerfen kann, ihre Wut aus, weil sie nicht alle seine Mitarbeiter in ihre Gewalt bekommen hat. In Broschüren, im Rundfunk, in Zeitungen, bei den Bücherverbrennungen heult eine tobende Wut gegen den gesamten Mitarbeiterkreis der WB, insbesondere gegen mich – und er muß das büßen. Er leidet für uns alle, die wir mit ihm gegen die deutsche Pest gekämpft haben.

Es hat sich immer wieder gezeigt, daß die französischen Stimmen in Deutschland verhallen, daß die englischen aber nie ganz wirkungslos bleiben. Sie haben das erst jetzt an Dimitroff gesehen. *Herr Steed hat in der «Times» für Carl von Ossietzky Partei genommen* – bitte tun Sie es auch. Ich kenne die englischen Verhältnisse wenig und maße mir nicht an, Ihnen vorzuschlagen, wie Sie das am besten anfangen. Ich erlaube mir nur, darauf hinzuweisen, daß Hitler ein Weib ist – er gibt sich gern so, wie ihn die andern haben oder sehn wollen. Legte man ihm also jetzt nahe, zu seinem nächsten Geburtstag im April den «großherzigen» Mann darzustellen, so stellt er das dar. Sagte die englische Meinung: «Wie kleinlich, wie grausam, wenn diese Amnestie nicht erfolgt!» – so erfolgt sie. Es ist *weder dem deutschen Reichskanzler noch seinem Reklamechef angenehm*, wenn die englische Presse solche Angriffspunkte findet – und es ist ihnen jetzt, wo Verhandlungen mit England schweben, unangenehmer als je. Bitte tun Sie etwas für meinen Kameraden; für, wenn ich so sagen darf, für Ihren, für unser aller Kameraden!

Der Ruf nach Amnestie und damit nach einer Freilassung Ossietzkys, auf den gesondert hinzuweisen wäre, ist keine Einmischung Englands in innere deutsche Verhältnisse.

Wenn es noch so etwas wie ein, verzeihen Sie, Weltgewissen geben sollte –: hier ist der Augenblick, wo es seine Stimme erheben sollte.

Ich appelliere an Ihre gute Gesinnung –: helfen Sie ihm –!

Ich bin Ihr sehr ergebener

Post erreicht mich (ohne meinen Namen) unter: *Fröken Gertrude Meyer, Hindås Schweden*

AN DET NORSKE STUDENTERSAMFUND

Hindås Schweden
20—12—35

Sehr geehrte Herren,

Sie hatten die Freundlichkeit, mich im Februar 32 zu einem Vortrag einzuladen, eine Einladung, der ich damals nicht folgen konnte.

Nun erfahre ich – infolge meines schlechten Gesundheitszustandes zu spät –, in wie kameradschaftlicher und tapferer Weise Sie sich für meinen Freund Carl von Ossietzky eingesetzt haben. Lassen Sie sich zunächst dafür danken. Ich habe mit ihm sieben Jahre die «Weltbühne» herausgegeben; ich kenne ihn seit 16 Jahren, und weil er nicht danken kann, möchte ich es tun.

Das Osloer «Arbeiderbladet» hat mir auf meine Anfrage mitgeteilt, daß es für einen Aufsatz nun zu spät ist, was sicherlich richtig ist – das Blatt hat ja der Sache und *dem schmählichen Angriff Hamsuns sehr viel Raum gewidmet.*

Halten Sie es für richtig, wenn ich an einer von Ihnen zu bestimmenden Stelle noch einmal mit einem Aufsatz hervortrete? Ich habe einiges fotografisches Material; ich besitze alle Jahrgänge der konfiszierten «Weltbühne», aus der manches zu zitieren wäre, *zum Beispiel der Glückwunsch, den Ossietzky zum 70. Geburtstag an Hamsun gerichtet hat,* und ich habe nach Durchsicht der *norwegischen Abwehr* gegen den Übergriff des Salonbauern Hamsun den Eindruck, daß hier noch manches zu sagen bleibt – und zwar Grundsätzliches.

Hamsun hat gelogen – sei es, daß er die Sachlage gar nicht kennt, sei es, daß er bewußt die Unwahrheit gesagt hat. Hamsun ist mit Zitaten aus seinen Werken zu schlagen, was man ja auch bei Ihnen angedeutet hat, und vor allem: er ist im Kernpunkt seines Wesens zu treffen. Eben das möchte ich tun, wenn Sie dafür einen Platz wüßten. Ich denke zunächst n i c h t an einen Vortrag – mündlich ist das viel schwerer, während ein Artikel so scharf sein kann, wie es hier nötig ist. Hier ist etwas Prinzipielles zu entwickeln: Nicht nur gegen diesen unsäglichen Patron, der von Deutschland nichts weiß, aber darüber schwatzt, sondern gegen alles, was um ihn herum hockt; gegen den Schein-Pazifismus, der für einen Roten-Kreuz-Ritter den Nobelpreis verlangt und einen echten Friedenskämpfer verkommen läßt. Kurz:

Groß-Reinemachen.

Ich weiß nicht, ob Ihr Verband eine Zeitschrift hat und ob ich darin als Mitarbeiter auftreten darf, oder ob Sie mir zu einer Zeitung oder Zeitschrift raten. Auf alle Fälle stehe ich gern zur Verfügung. Ein Honorar möchte ich nicht haben.

Ich danke Ihnen nochmals herzlichst dafür, daß Sie für einen Wehrlosen, einen Mißhandelten und einen aufrechten Mann eingetreten sind.

(Sie können mir norwegisch antworten – das verstehe ich.)

Mit den besten Grüßen bin ich

Ihr sehr ergebener

AN EMIL OPRECHT

9-2-34

Sehr geehrter Herr Doktor,
vielen Dank für Ihren Brief vom 31., den ich erst heute beantworten kann. Ich will das ausführlich tun.

Antwort auf die drei Fragen:

1.) Verhandlungen mit Lange halte ich nicht für ungünstig.

2.) Die alten Verhandlungen mit L. sollen nicht fortgesetzt
werden.

3.) Ich möchte schon mit noch andern Häusern verhandeln,
kenne aber keine.

Ihr Kostenanschlag für eine Reise ist durchaus vernünftig.
Ihre Ansprüche sind für das, was Sie leisten, nicht zu hoch.
Aber lohnt es für mich?

Ich möchte das verneinen. Der psychologische Augenblick
für eine Übernahme der gesamten Waren, an der mir so viel
gelegen ist, ist längst vorüber. *Ernst* hat sich anständig wie
immer benommen – aber der Augenblick ist vorbei, man muß
sich da keiner Täuschung hingeben. Die Sensation ist eben
fort. Man k a n n verhandeln, aber nur, wenn es mit wenig
Kosten verknüpft ist. Daher möchte ich Sie bitten, für mich
allein nicht dorthin zu fahren, das lohnt nicht.

Mir liegt sehr viel daran, *daß Ernst mir, wenn die Vorräte so
gut wie erschöpft sind, die Rechte überträgt.* Was verlangt er
dafür? Dann kann ich das späterhin ausnutzen. Eine weitere
Auslieferung sollte man mit allen Mitteln verhindern.

Ich bin krank, müde und zur Zeit nicht arbeitsfähig. Da
sieht man manches schwärzer, als es vielleicht ist. Trotzdem
habe ich bisher meinen Markt immer richtig beurteilt, und
diese Lage sehe ich nicht als rosig an. Die Luft, die um *diese*

ganzen neuen Häuser weht, gefällt mir gar nicht. Sie erkennen ihre Zeit nicht, sie schlendern in dem alten, schlechten Trottel [?] weiter, für mich ist das nichts. Von meinem Widerwillen, den ich gegen diesen Kaufmannstyp habe, schon gar nicht zu reden. Ich halte diese Sachen alle nicht für aussichtsreich. Wir wollen uns in einem Jahr wieder sprechen: die Herren werden ihre *«deutschen Abteilungen»* bald leid werden.

Keinesfalls kann ich sehen, daß ich Sie in wichtigen Punkten ohne Antwort gelassen habe. Besondere Wünsche habe ich nicht. Wenn ich einen neuen Vertrag mache, so wird das, was meine Rechte angeht, im wesentlichen derselbe sein wie der alte – wobei man die Höhe der Tantiemen aushandeln könnte. Aber daran wird wohl nur zu denken sein, wenn ich wirklich etwas Neues und Gutes vorlegen kann.

Liquidationen:

No 1. völlig in Ordnung.

No 2. Ebenso.

No 3. Da bin ich ziemlich entsetzt.

Dafür, daß wir gar nichts erreicht haben ... das ist bitter.

Ich bitte Sie auf alle Fälle, in keiner Sache jemals etwas für mich zu verauslagen, wovon Sie mich nicht vorher in Kenntnis setzen. Ich will alles an Sie – nichts aber an irgendeine dritte Stelle bezahlen, Sie werden das begreifen.

Dem in Ihrem Brief vom 26. 1. bezeichneten Mann gehen also 64.31 zu.

Bitte halten Sie mich auf dem laufenden, wenn sich irgend etwas Neues ereignet. Ich werde dergleichen tun.

Mit bestem Dank für Ihre Bemühungen

wie stets Ihre ergebene

Paris, 8–9–34

Sehr geehrter Herr Oprecht,
ich höre durch einen Mittelsmann – Herrn *Dr. Besser aus Berlin* –, daß Sie mit Rowohlt in Verhandlungen wegen der Übernahme meiner Bücher stehn. Dazu möchte ich Ihnen folgendes mitteilen: Ein politisches oder literarisches Interesse habe ich an dem Verkauf der Sammelbände nicht. Diese Arbeiten sind unter andern Voraussetzungen geschrieben; wieweit die heute noch eine Wirkung ausüben, steht dahin. Mein Wunsch, Deutschland und seine Entwicklung zu beeinflussen, ist gleich Null. Bleibt also das Geschäftliche.

Ob Sie die Vorräte kaufweise oder in Kommission übernehmen, mögen Sie mit Rowohlt ausmachen – mir ist das gleich. Ihr Angebot von 66⅔% für Sie ist eine Basis zur Unterhandlung – mit der Herabsetzung der Verkaufspreise bin ich durchaus einverstanden. Der Rabatt für mich ist gering, doch wird sich darüber eine Einigung erzielen lassen.

Es sind vor allem zwei Punkte, die mich interessieren.

Ich möchte bei jeder Neuausgabe in bezug auf Ausstattung und Auswahl hinzugezogen werden, falls Sie überhaupt an so etwas denken. Ich möchte zu keinerlei Verramschung irgendwelcher Art meine Zustimmung geben (die nach meinen Verträgen notwendig ist). Mir liegt nichts daran, daß das Pyrenäenbuch auf dem Markt fehlt – die Welt wird sich auch ohne das Buch behelfen. Aber ich will nicht, daß meine Bücher jetzt zu ganz billigen Preisen verkauft werden, das sieht jämmerlich aus, entspricht nicht meiner Lage und gefällt mir zuwenig. Das also scheidet ganz aus.

Bitte geben Sie, wenn nötig, eine Antwort *über Fräulein Dr. Müller* – ich möchte nicht, daß in Frankreich Briefe verlorengehn.

Mit den besten Grüßen bin ich

Ihr sehr ergebener

29–11–34

Sehr geehrter Herr Doktor,
vielen Dank für Ihren Brief vom 15. d. M.

Was eigentlich mit *Roda* nicht «klappen» soll, ist mir unverständlich. Es kann sich ja nur um die Übernahme der Vorräte handeln, denn *Ernst* kann sich nicht für einen Urheberrechtsvertrag bezahlen lassen, der seit zwei Jahren ruht und für die Zukunft unverwertbar ist.

Entweder der Vertrag besteht nicht – dann sind alle diese Firlefanzereien, um aus jemandem, den man gar nicht mehr verlegt, noch Geld herauszuschlagen.

Oder der Vertrag besteht: dann hätte das längst übertragen werden können. *L. in Wien* gefällt mir gar nicht – was sind das für Leute? Österreicher? Ist dieser da eine Ausnahme?

An den Sammelwerken liegt mir nichts – ich möchte nicht, daß [das] sie noch einmal verkauft werden. Das ist vorbei. Es käme also nur *das Reisebuch und das letzte Buch* in Frage. Da wäre ich [für] mit einer Übernahme dann und nur unter der Bedingung einverstanden, daß mir [die] das Honorar für die vorhandenen Vorräte voraus, also beim Abschluß des Übernahmevertrages, ausgezahlt wird, damit ich mit weiteren Verrechnungen, die ich ja doch nie bekomme, nichts mehr zu tun habe. Daß dabei der Verkaufspreis heruntergesetzt werden muß, ist klar; damit wäre ich einverstanden. Eine andere Übernahme möchte ich nicht – mir liegt an einer Verramschung gar nichts.

Wer oder was ist so freundschaftlich um mich besorgt, daß er herumerzählen muß, was ich mir denken kann? (Schriftstellern fällt auf diesem Gebiet nicht viel ein.) Ich habe seit langen Jahren einen chronischen Stirnhöhlenkatarrh, drei Operationen haben nichts geholfen, und Sie werden ja wissen, wie einem zumute ist, wenn man Schnupfen hat. So ist mir seit drei Jahren. Und das macht einen nicht grade fröhlich.

Bitte schreiben Sie mir, wie die Dinge weiter laufen – aber betonen Sie stets, daß mein Interesse, in deutscher Sprache herauszukommen, gleich Null ist.

Mit den besten Grüßen wie stets
Ihre

26–12–34

Sehr geehrter Herr Doktor,
Dank für Ihren Brief vom 12. d. M.

Die Übernahmebedingungen sind nicht annehmbar.

Mit der Herabsetzung des Verkaufspreises bin ich einverstanden. Das Honorar für mich beträgt etwa 6% – dergleichen kann ich nicht diskutieren. Die Zahlungsweise sieht für den *Ernst* die glatte Zahlung vor, so daß er aus allem Risiko heraus ist, für mich dagegen ist eine Art Zwangsbeteiligung an einem Unternehmen vorgeschlagen, das ich nicht kenne und gegen das ich keinerlei Möglichkeiten habe, vorzugehen, wenn es seine Verpflichtungen nicht erfüllt.

Meine Bedingungen sind: 10% des Bruttopreises und Auszahlung der gesamten auf mich entfallenden Summe bei Vertragsabschluß. Etwas andres nehme ich nicht an.

Mit den besten Grüßen Ihre

AN GUSTAV REGLER

Post: Weltbühne
Berlin-Charlottenburg
Kantstr. 152

11−10−30

Sehr geehrter Herr Regler,
Ihr Buch geht heute an Sie wieder ab. Ich habe es gelesen.
Item:

Das ist eine wertvolle und gute Arbeit (mit Einschränkungen). Die Bitterkeit ist zu herrlicher Säure geronnen − das himmlisch Gute, das sich enttäuscht abwendet, zu irdischer Bosheit von Format geworden... die Tendenz, soweit man davon sprechen kann, gut, ein bißchen zu allgemein. Bei einem so speziellen Thema hätte man das gern etwas genauer gehört.

Ich hoffe sehr, daß sich der *Malik-Verlag* oder ein ihm ebenbürtiger für das Buch interessiert. Das Buch verdient gelesen zu werden.

Fehler:

Zwei kleine und ein großer.

Die kleinen: Nehmen Sie sich einen Gesinnungsgenossen, der mehr Verstand als Gefühl hat, und streichen Sie unbarmherzig. Es ist zu lang. Es sind Passagen, da läuft die Sache leer, es klappert − man liest, man liest − aber es ist nichts. Streichen Sie auch da (oder lassen Sie streichen), wo Ihnen das Herz blutet. *Wat jestrichn is, kann nich durchfalln.* Es ist zu lang.

Streichen Sie das Wort «song». *Das hat der hochbegabte Hochstapler Brecht in die Literatur eingeführt* − es ist schon bei ihm Schwindel. Sie haben das nicht nötig. Das sind auch gar keine Songs. Soll die Prosa in Vers übergehen? Sehr gut −

das ist alt wie die Welt – machen Sie es, aber lassen Sie die Modewörter fort.

Der dritte Fehler. Die Gegner sind verdickt, kasperlehaft, Sie haben es sich, wie so viele, viele, zu leicht gemacht. Hier wird man nun leicht mißverstanden. Also muß ich das erklären. Es gibt zweierlei Psychologien, dem Gegner eins auszuwischen. Die eine ist die sanfte, die feine. «Sehn Sie mal – der Gefängnispastor hat doch auch eine Seele… na ja, er macht Fehler… aber er meint es doch so gut… Sie müssen das historisch-soziologisch sehen…» Diese Psychologie, die den Gegner in Wahrheit entschuldigt, meine ich nicht.

Die andere finden Sie bei den Franzosen – *zum Beispiel bei Stendhal.* Es ist die Kunde von der feindlichen Seele, eine Wissenschaft, die die Eigenschaften, um die es geht, ganz kühl aufzählt, wie die Beine eines Wurms – der Forscher teilt das mit, weiter zunächst gar nichts. Das fehlt hier beinah ganz. Die kleine Szene zwischen dem Direktor und seiner Frau ist ein Anfang dessen, was ich meine. Da kommen Sie schon an die Sache heran. Sonst sind die Herren: Schießbudenfiguren; und daß sie das <u>auch</u> sind, weiß ich sehr gut. Ich hätte sie aber gern t i e f e r getroffen gehabt. Nun weiß ich nicht, wer Sie sind, wie Sie sind, was Sie sind – der schlimmste Feind, den diese da haben, ist natürlich ein out-cast, einer, der in ihren Reihen gewesen ist, der sie ganz genau kennt. Der Gefangene kennt sie – und kennt sie doch nicht. Dies scheint mir ein Manko des Buches zu sein – ich sage das aber f ü r Sie.

Wenn Sie das Buch gelebt und gelitten haben, ist es ein gutes Buch. Wenn Sie es erfunden haben, ist es außerdem noch ein artistisches Kunststück ersten Ranges.

Ich wünsche Ihnen alles Gute!

Mit den besten Grüßen Ihr ergebener
Tucholsky

Post: Weltbühne
Berlin-Charlottenburg
Kantstr. 152

19–10–30

Sehr geehrter Herr Regler,
auf Ihre Briefe vom 14. und 15. d. M.

Sie können aus meinem Brief zitieren, was Sie wollen und
wem gegenüber Sie das wollen.

Streichungen: ach, hat der Freund recht! Er hat ja sooo
recht... Ernsthaft:

Es ist schade, daß ich nicht da bin; denn ich weiß nun natürlich nicht mehr alle Einzelheiten. Ausblicke und Einschiebsel schaden nichts, wenn sie die Handlung grade an der
Stelle, wo sie stehen, nicht aufhalten. Kleine lyrische Einschiebsel sind immer gut; kleinere essayartige nach der
heutigen Romantechnik nicht mehr zu vermeiden – man kann
auch ruhig Eigennamen nennen (*Döblinpp.*). Nicht zu oft,
nicht zu viel – nicht am Anfang, nicht zum Schluß dergleichen
Einschiebsel. Die Einschiebsel sollen möglichst ein Ding behandeln, nicht aber vom Hundertsten ins Tausendste gehen.
(Das darf man, etwa visionsartig, einmal machen.)

Nein, ich meinte auch Streichungen in der Handlung selber. Vergessen Sie nicht: der Rahmen ist sehr eintönig; hüten
Sie sich, daß es die Darstellung nicht auch wird.

Noch ein Wort über den «wirklich existierenden» Pastor,
lieber Herr Regler – über diesen Ihren Satz könnte man ein
Buch schreiben. Er ist ganz und gar, von oben bis unten, un-
richtig.

Es ist niemals ein Einwand des Künstlers gegen den Kritiker, daß es aber «diesen Feuerwehrmann Krawutschke mit
seiner Warze am Ohr und dem verrutschten Helm so gegeben
hat». Das ist belanglos. Denn:

Was im Leben besteht, braucht in der Kunst noch lange

keine Wahrhaftigkeit zu haben. Das liegt am Gestalter. Sonst wäre ja der Amateur, der einfach «naturalistisch abzuzeichnen» meint (was es gar nicht gibt, nicht einmal die Fotolinse ist objektiv) – dann wäre ja der der ideale Künstler. Gestalten ist: sehen – auswählen – fortlassen – hervorheben – unterstreichen – alles das und noch viel mehr. Einseitig auswählen schadet nichts. Aber nur «wörtlich kopieren» – das eben langt nicht zu. Mir ist das sehr interessant gewesen, daß Sie mir das geschrieben haben – ich will darüber schreiben. (Natürlich ohne Ihren Namen).

Sagen Sie Ihrem Freund, daß ich mein ganzes Leben lang bewußt dieser Lockung aus dem Wege gegangen bin, nicht für Mittelvolk, sondern für eine (fingierte und sich gebauchpinselt fühlende) «Elite» zu schreiben. Zum Mittelvolk gehört immer einer mehr, als jeder denkt – das ist von *Kritias*.

Mit vielen schönen Grüßen

wie stets Ihr ergebener
Tucholsky

Wenn das Buch irgendwo erscheint, dann schreiben Sie mir bitte ein Zeilchen.

Post: Weltbühne

11–5–31

Sehr geehrter Herr Regler,
ich gratuliere von Herzen und freue mich sehr, *daß Ihr Buch nun erscheinen wird*! Bitte schicken Sie es mir.

Was Sie über die marxistischen Literaten schreiben, ist mir aus der Seele gesprochen. Ich sehe das mit dem allergrößten Mißtrauen: da ist meines Erachtens ein neues Philisterium im Werden, und mir behagt das gar nicht.

Ihre Erklärung: «Ich will nicht, ich will nicht wissen, daß es manchmal besser ist, daß es auch andre Beamte gibt, daß reformiert wird... und meine Leser sollen das auch nicht wissen», ist eine Temperamentsäußerung, die sehr schön ist. Ein Epiker aber muß und soll wissen. Nicht etwa (dreimal rot unterstrichen), um gerecht zu sein im Sinne der besser gekleideten Demokratie. Sondern weil die tiefe und echte Tragik von uns Menschen darin besteht, daß viele wirklich das Gute wollen, daß es aber so entsetzlich schwer und daß – entgegen allen Marxisten – die Sache eben nicht damit getan ist, daß man mit eisernem Besen ausfegt. Ich fordere das genauso wie Sie – ich glaube aber nicht daran, daß das allein genügt. Hassen Sie – aber sorgen Sie dafür, daß sich dieser Haß eines Tages verwandelt.

Ich werde mich freuen, über das Buch schreiben zu können – und dazu ließe sich dann vielleicht noch manches sagen.

Mit vielen schönen Grüßen

Ihr ergebener
Tucholsky

AN MAUD VON OSSIETZKY

Post: Weltbühne

Le Lavandou (Var)
Villa Emeraude
17[?]–5–32

Liebe, verehrte Frau von Ossietzky,
ich habe absichtlich gewartet, bis alles vorbei ist – oder vielmehr: bis alles angefangen hat. In den ersten Tagen meldet sich so viel...

Zunächst einen Händedruck. Ferner: bitte schreiben Sie mir immer, wenn etwas besonders schief geht – was ich tun kann, soll getan werden. Wenn Oss über die ersten Wochen herübergekommen ist, die ja erfahrungsgemäß die schwersten zu sein pflegen, dann wird das, glaube ich, nicht so schlecht gehn, wie man denkt. Wir müssen durchsetzen, daß die Strafe wenigstens in Festung umgewandelt wird. Und zwar vor dem Winter. Wenn er schreiben darf, wäre das allerbeste, er machte ein Buch – wozu er ja bekanntlich draußen nie kommt. Ich habe ihm das bisher nicht geschrieben, das klingt so anmaßend – und es muß auch der erste Schock vorüber sein. Aber dann sollte er es tun – abgesehn von der günstigen Konjunktur, die für ihn herrscht, ist das eine gute Sache. Er sollte es unbedingt tun. (Nicht eine Sammlung seiner Artikel, sondern ein selbständiges Buch.)

Bitte schreiben Sie mir – ich stehe Ihnen in dieser Sache immer gern zur Verfügung.

Sie stehn doch mit *Finkelnburg* in Verbindung? Er kann manches tun – er kennt vor allem den Mechanismus dieser Sache gut. Das kann wichtig sein.

Alles Gute für Sie! Allerherzlichst

wie stets Ihr ergebener
Tucholsky

AN NORMAN L. ANGELL

[11–6–35]

Sehr geehrter Herr Angell,
ich höre, daß Sie morgen – Mittwoch – in Oslo sprechen. Als *ehemaliger Friedenspreisträger* sind Sie im Nobel-Comité vorschlagberechtigt; erlauben Sie mir daher bitte, Ihnen eine Mitteilung zu machen.

Wie Sie aus der beiliegenden Nummer *der ehemaligen Berliner Wochenschrift «Die Weltbühne» sehen, habe ich mit Carl von Ossietzky gemeinschaftlich dieses Blatt herausgegeben.*

Ich habe diesen Mann 14 Jahre gekannt, und ich darf sagen:

In dem mehrere Jahrzehnte umfassenden Kampf, den ich in Deutschland als Pazifist geführt habe (was mich die Aberkennung der deutschen Staatsangehörigkeit gekostet hat), habe ich keinen tapferen, keinen nobleren, keinen klareren Pazifisten gekannt als Carl von Ossietzky. Der Mann hat, wie Sie, den Krieg für einen wirtschaftlichen Nonsense gehalten, ethisch für eine Sünde, und er hat diesem Gedanken immer wieder in der wirkungsvollsten Form Ausdruck verliehen. Er hat durch seine Besonnenheit, durch seine Tapferkeit, durch sein Wissen uns alle begeistert; wir haben auf ihn gesehen, und er hat uns eine Fahne vorangetragen, mit der er in einen Kampf mit geistigen Waffen zog – gegen andere, die andere Waffen in Händen hatten.

Das beiliegende Material, das vielleicht schon in Ihrem Besitz ist, stammt von meinem Gesinnungsfreunde Herrn *Hellmuth von Gerlach.*

Carl von Ossietzky befindet sich seit dem Reichstagsbrand 1933 in der Gewalt der deutschen National-Sozialisten.

Das entsetzliche Leiden, das er dort durchmacht, und das

er mit der vornehmen Charakterstärke trägt, die sein eigen ist, scheint mir allein noch keine Legitimation für einen Nobel-Preisträger – ich weiß, daß Ossietzky stets an seine Kameraden denkt, die dasselbe erleiden wie er. Aber er hat mehr aufzuweisen als ein Martyrium.

Er hat eine Leistung aufzuweisen.

Ich lege für ihn Zeugnis ab: Carl von Ossietzky ist der Vorkämpfer des militanten Pazifismus in Deutschland gewesen – ein Beispiel für uns alle, ein Vorbild, ein Führer gegen die «große Täuschung» –: gegen den Krieg.

Mit dem Ausdruck meiner respektvollen Hochachtung
bin ich
Ihr sehr ergebener
T.

3–10–35

Sehr geehrter Herr Angell,

Sie hatten die Freundlichkeit, mir auf meinen Brief vom 11–6–35 am 19. Juni in Sachen Ossietzky zu antworten. Erlauben Sie mir bitte, Ihnen – außerhalb des Finanziellen – etwas zu sagen.

Die Nachrichten, die ich über meinen alten Gesinnungsfreund erhalte, sind schlecht. *Er ist krank, liegt noch immer im Konzentrationslager und leidet sehr.* Von seinen deutschen Freunden werde ich mit allem Nachdruck gebeten, nichts für ihn in der Öffentlichkeit zu unternehmen – «er hätte das zu büßen». Ob sich das wirklich so verhält, weiß ich nicht – es kann eines der dort üblichen Erpressungsmanöver sein.

Ich wende mich nun an Sie, weil Sie von einem englischen Schritt für Ossietzky geschrieben hatten. Sehn Sie, was mich und uns alle, die wir ihm nicht helfen können, so bedrückt, ist: er trägt auf seinen zwei Schultern tapfer und still die Folgen u n s r e r Mitarbeit, u n s r e r alten Aufsätze; er ist wirklich das, was man in der deutschen Gesetzgebung einen «Verantwortlichen Redakteur» nennt.

Die Stimme Englands gilt in Deutschland viel. Kann man dem Mann helfen –?

Mir liegt viel daran, von Ihnen richtig verstanden zu werden. Ich habe in meinen Pariser Jahren Emigranten vieler Länder kennengelernt, und ich weiß, wie so etwas von außen aussieht. Es gibt für Sie und es gibt in England größere Sorgen, und ich gehöre nicht zu den Leuten, die die Ereignisse in Deutschland für den Mittelpunkt der Welt ansehen, auch da nicht, wo meine alten Freunde im Spiel sind. Ich verstehe, wenn das Interesse Fremder nicht so groß ist wie das meine – die Welt geht weiter, es gibt so viel größere Sorgen, so viel schwerere Schicksale… obgleich das nicht so leicht auszudenken ist. Können Sie dem Mann helfen –?

Ossietzky ist keines Delikts, nicht einmal eines politischen Delikts angeklagt – er hat seit dem Januar 1933 nicht vor Gericht gestanden – er ist selbst von denen da nicht verurteilt worden.

Daß der Druck der öffentlichen Meinung etwas ausrichten kann, sehen Sie am Falle *Berthold Jacob*, gleichfalls ein Mitarbeiter meines alten Blattes. Die Schweiz hat nicht nachgegeben, und er ist freigekommen. Gewiß, in seinem Fall handelte es sich um die Verletzung der schweizerischen Souveränität. Und die Engländer können sagen: «Wir mischen uns nicht in innerdeutsche Verhältnisse.»

Aber während Sie dieses lesen, liegt ein Mann auf der Pritsche und denkt. Er denkt: «F ü r w e n habe ich um Frieden gekämpft? Um der Sache willen, gewiß. Aber bin ich ganz allein –?»

Ich will Sie nicht mit meinen Bitten behelligen. Ich bitte

nicht für mich, sondern für einen aufrechten und tapfern Mann, den man so lange gefangenhalten will, bis ein amtliches und sauber gestempeltes Zeugnis melden kann:
«Lungenentzündung.»
Ich meine: man sollte nicht so lange warten.
Ich bin in respektvoller Hochachtung

Ihr ergebener

AN ARBEIDERBLADET OSLO

Hindås Schweden
17–12–35

Sehr geehrte Herren,
ich darf wohl sagen: sehr geehrte Gesinnungsfreunde!

Der tapfere Knut Hamsun hat sich gegen meinen gefangenen und gequälten Kameraden Carl von Ossietzky, mit dem ich sieben Jahre lang die «Weltbühne» herausgegeben habe, ausgesprochen. Ein ritterlicher Mann, der *Herr Petersen*.

Darf ich bei Ihnen für Ossietzky eintreten –? Ich nehme mir die Freiheit, Sie darum zu bitten – denn ich habe gesehen, mit welcher Kraft und sauberer Gesinnung, für die ich Ihnen im Namen des stummen Ossietzky danke, Sie für ihn eingetreten sind.

Ein Honorar möchte ich nicht haben. Meine Arbeit wird leicht zu übersetzen sein; denn ich schreibe einfach. (Sie können mir übrigens schwedisch oder norwegisch antworten, das verstehe ich.)

Der Aufsatz «Abschied von Hamsun» würde ungefähr 7 Maschinenseiten lang werden; ich will darin ausgiebig Hamsun zitieren und diesen alten Burschen, der offenbar in den Händen der übelsten deutschen Agenten ist, auf den Kopf schlagen. Die Frage des Nobelpreises will ich möglichst nicht berühren – das ist eine norwegische Angelegenheit.

Das einzige, worum ich bitte, ist: daß mein Aufsatz wörtlich, in aller Schärfe wörtlich, übersetzt wird.

Ich lege Ihnen eine Nummer *unserer alten (heute verbrannten und konfiszierten) Zeitschrift* bei. Meine Freundschaft mit Ossietzky datiert aus dem Jahre 1919; ich habe ihn dann an die «Weltbühne» geholt, wo er auf mein Betreiben nach dem Tode des Begründers des Blattes, *Siegfried Jacobsohn*, im Jahre 1927 Herausgeber wurde. Um ihm nicht zu schaden, habe ich lange geschwiegen – man sagte mir aus Deutschland, daß er für jeden Artikel mit Prügelstrafe büßen müßte. Nun aber ist das Maß voll – auch ist Hamsun ein Gegner, mit dem anzutreten sich lohnt.

Darf ich–?

> Mit allen guten Wünschen für Ihre Arbeit
> Ihr ergebener

AN LADY MARGOT ASQUITH

Sehr verehrte Lady Asquith,
bitte erlauben Sie mir, deutsch an Sie zu schreiben.

Ich wende mich an Sie – und gerade an Sie – für meinen Freund C a r l v o n O s s i e t z k y. Er ist seit einem Jahr in der Gewalt der Nationalsozialisten, und ich richte die Bitte an Sie, wenn Sie es für richtig halten, für ihn einzutreten.

Die äußere Veranlassung zu meiner Bitte gibt mir die *erfolgreiche Kampagne, die England für Dimitroff geführt hat.*

Carl von Ossietzky hat (mit mir) lange Jahre hindurch die Berliner Wochenschrift «Die Weltbühne» herausgegeben, in der wir für den Weltfrieden und gegen den Militarismus gekämpft haben. Ossietzky hat als fast einziger Deutscher gewisse deutsche Rüstungen zu enthüllen gewagt; das hat ihm eine Gefängnisstrafe von anderthalb Jahren (1932) eingetragen. Von dieser Strafe hat er 7 Monate (1932) verbüßt, der *Reichskanzler Schleicher* hat ihn begnadigt.

Schon bei dieser Gelegenheit *hat Ossietzky sich ausdrücklich geweigert, zu fliehen* – diese Möglichkeit bestand, er hat sie nicht ausgenutzt. Im Dezember 1932 aus dem Gefängnis entlassen, hat er seine politische Tätigkeit sogleich wieder aufgenommen. Er hat noch in den letzten Wochen v o r der Machtergreifung Hitlers die Nationalsozialisten auf das schärfste angegriffen. Die Ratschläge seiner Freunde, zu pausieren oder sich aus Deutschland zu entfernen, hat er nicht befolgt. Er ist für seine Mannhaftigkeit bestraft worden: am Morgen nach der nationalsozialistischen Brandstiftung im Reichstag ist er verhaftet worden. Er befindet sich zur Zeit im Zuchthaus Sonnenburg.

Die Behandlung, die dieser tapfere und saubere Mann hat erdulden müssen und noch erduldet, ist unwürdig. Es ist Ihnen sicherlich bekannt, wie die deutsche Regierung mit jenen verfährt, die sie in ihrer Gewalt hat: wenn sie sie nicht tötet oder zum Selbstmord treibt, tötet sie die menschliche Würde in ihnen. Das geschieht mit Carl von Ossietzky.

Ich bitte für ihn, obgleich ich weiß, daß das nicht in seinem Sinne ist. Er, der im Gefängnis alle Vergünstigungen zurückgewiesen hat, will Recht und keine Gnade. Er würde, erführe er von meinem Schritt, sicherlich sagen: «Bitten Sie für alle, die dort leiden – nicht nur für mich!» Und doch bitte ich um Ihre Hilfe für ihn, weil er mein Freund ist, und ich bitte für ihn, weil er für uns alle leidet.

Wir alle, die wir an der «Weltbühne» mitgearbeitet haben, sind dafür geächtet. Die Wut, nicht alle Mitarbeiter verhaftet zu haben, ist bei den Hitlerleuten ungeheuer, und wenn ich nach den Rundfunkreden, den Broschüren, den Feiern bei den Bücherverbrennungen und den Zeitungsartikeln urteilen darf, wo stets wir alle (und insbesondere ich) angegriffen werden, so weiß ich: Ossietzky büßt für uns. Aus diesem Grunde habe ich bisher in der Öffentlichkeit schweigen müssen. Ich habe Furcht, daß jeder Artikel von mir an ihm gerächt wird. Er hätte meine Arbeit wiederum entgelten müssen.

Er ist die Geisel. Ich bin stumm. Daher wende ich mich an Sie, verehrte Lady Asquith, und bitte für ihn. Ohne mir erlauben zu wollen, Ihnen auch nur Vorschläge für die Art Ihres Eintretens zu machen, darf ich erinnern, daß Hitler eine weibische Natur ist. Er hat mit den mittelmäßigen Frauen das gemein, daß er gern so scheinen möchte, wie ihn die Masse zu sehen wünscht. Appelliert man also an seine Großmut, etwa zu seinem nächsten Geburtstag eine Amnestie für Männer wie Ossietzky zu erlassen, so kann ich mir – nach dem Falle Dimitroff – denken, daß das auf diesen sehr impressioniblen

Mann nicht ohne Eindruck bleibt, wenn diese Stimme aus England kommt. Was ich da schreibe, ist sehr opportunistisch – ich könnte und will diese Art Propaganda nicht tun – Engländer können es, ohne sich etwas zu vergeben. Ob sie es wollen, mögen sie selbst entscheiden.

Ich bitte Sie und Ihre Landsleute auf das herzlichste: treten Sie für diesen Mann, für seine Befreiung ein. (Er ist übrigens oder war mit einer Engländerin verheiratet.) Verhelfen Sie diesem tapfern Kämpfer zur Freiheit. Er hat an Europa geglaubt. Soll er für nichts gekämpft haben –?

Ich danke Ihnen im voraus für Ihre Großherzigkeit.

Ich bin Ihr sehr ergebener

(Um jede postalische Berührung mit Deutschland zu vermeiden, erlaube ich mir als Adresse: *Fröken Gertrude Meyer, Hindås Schweden*, anzugeben.)

AN DEN SCHWEIZERISCHEN BUNDESRAT

Gothenburg; 29–3–35

Bitte erlauben Sie mir, Ihnen zu dem *Fall Berthold Jacob* etwas mitzuteilen.

Ob und inwieweit hier die schweizerischen Souveränitätsrechte verletzt sind, das zu entscheiden ist lediglich Sache der eidgenössischen Behörden. Wenn jedoch der schweizerische Bundesrat sich dieser Sache und damit des Mannes annimmt, so gestatten Sie jemandem, der ihn fünfzehn Jahre gekannt hat, zu sagen: Sie nehmen sich eines braven Mannes an.

Als Kommissar der politischen Polizei habe ich während des Krieges das kennengelernt, was das politische Vokabular mit etwas verschämtem Ausdruck «Vertrauensleute» oder «Agenten» nennt. Diese Leute verhökern gewöhnlich Nachrichten wie alte Hosen, oder sie tun das, was die französische Sprache «porter sur deux épaules» nennt: sie verraten einen Teil an den andern.

Von diesem Menschenschlag ist Berthold Jacob himmelweit getrennt. Er ist kein Spion.

Als Redakteur der «Weltbühne» in Berlin, die ich mit meinem Freunde Carl von Ossietzky herausgegeben habe, hatte ich Gelegenheit, mit Jacob zusammenzuarbeiten. Wie es in politischen Bewegungen zu gehen pflegt: es kennt da einer den andern recht genau; man weiß, was man voneinander zu halten hat, und solche Reputationen täuschen selten. Berthold Jacob mag Fehler gehabt haben und hat Widersacher gehabt – über eines hat es nur eine Stimme gegeben: über seine saubere Zuverlässigkeit und über seine Bravour.

Dieser körperlich unansehnliche kleine Mann hat eine Art Tapferkeit, die ihn da angreifen ließ, wo andere aufhörten – und, wenn er das furchtbare Unglück haben sollte, vor ein deutsches Gericht zu kommen, so wissen seine Gesinnungsfreunde alle: der hält den Kopf hoch, solange er noch stehen kann.

Mit dieser Tapferkeit verbindet Berthold Jacob eine völlige Uninteressiertheit – sein politischer Kampf und Geldgewinn, diese beiden Begriffe liegen bei ihm nicht nebeneinander. Er hat diesen Kampf uneigennützig für eine Sache geführt, an die er geglaubt hat – pekuniäre Interessen haben, wie ich aus jahrelanger Zusammenarbeit bezeugen kann, keine Rolle dabei gespielt.

Ich habe mich seit drei Jahren von der Politik und der Publizistik zurückgezogen und bin an dieser Sache in keiner Form interessiert. Ich halte für Freundespflicht, dem schweizerischen Bundesrat nach bestem Wissen und Gewissen zu sagen:

Berthold Jacob ist ein tapfrer und sauberer Mann.

Um einer etwaigen deutschen Postzensur zu entgehen, lasse ich dieses Schreiben in der Schweiz expedieren.

Ich habe es für richtig gehalten, meinen Brief nicht der Presse zu übergeben, da mir an politischem Kampf nichts liegt, sondern ihn direkt an die Stelle zu richten, die das Schicksal eines unglücklichen und unerschrockenen Mannes in Händen hält.

Dr. Tucholsky

AN LEONHARD RAGAZ

Post: Weltbühne
Berlin-Charlottenburg   Zürich
Kantstraße 152   Florhofgasse 1
                                         6–6–33
Sehr geehrter Herr Doktor,
bitte erlauben Sie einem aufmerksamen Leser der von Ihrer
Gruppe herausgegebenen Broschüre über die Genfer Ereignisse, Ihnen für den Mut und die moralische Sauberkeit die
Hand zu drücken. Ihre Gesinnungsgenossen bilden, soweit
ich das als Ausländer beurteilen kann, eine Insel in einem
Meer von – Brutalität? Nein. Imperialismus? Gar nicht. Es ist
die blanke Trägheit des Herzens. Ich bin fest davon überzeugt, daß die meisten Schweizer, wenn sie den falschen und
unnötigen Einsatz des Militärs mit seinen schrecklichen Folgen g e s e h n hätten, gesagt hätten: «Also nein. Das natürlich
nicht.» Aber sowenig sich der Herr Martin genau vorstellen
kann, wie das tut, wenn einem eine Kugel ins Gesicht knallt,
weil er viel zuviel mit seinen kleinbürgerlichen Spektakelein
zu tun hat, so wenig stellen es sich die Leser der bürgerlichen
Zeitungen vor, und ihre bejammernswerten Redakteure, die
vieles schreiben müssen und das wenigste schreiben dürfen,
schon gar nicht.

Mir hat am besten jene Stelle gefallen, in der gesagt ist: eine
Waffe ist eben k e i n e heilige Sache, die an sich geschützt zu
werden verdient. Bravo! Doppelt bravo: weil Sie einen Teil
der Jugend gegen sich haben, die nicht weiß, wohin mit den
überschüssigen Kräften – dreifach bravo, weil sie alle jene Fa-
milienväter gegen sich haben, die es zwar nicht wagen, auch
nur den Versuch zu machen, sich gegen ihre Frau durchzuset-

zen, die nun aber wenigstens die Schweizer Armee verteidigen helfen, denn wenn sie selber schon keine Autorität haben, dann sollen wenigstens die andern eine haben; vierfach bravo, weil sehr, sehr viel Mut dazu gehört, heute und hier gegen eine Strömung aufzustehn, die aus kleinen Kaufleuten besteht, deren Geschäfte nicht gehn. Und ein Krämer, der nicht prosperiert, ist ein gefährliches Tier. Alle Gefühle, die man früher vor Gott trug, werden heute vor die Fahnen getragen – und mir erscheint nichts widerwärtiger als jener heiße Luftzug, der die Gemüter hinab zu den Vaterländern zieht anstatt empor zu den Sternen.

Ich habe das kleine Heft gleich an meinen Gesinnungsfreund *Hellmuth von Gerlach* geschickt, einen tapfern und keineswegs sentimentalen Pazifisten. Er hält sich in Paris auf – denn was ein anständiger Deutscher ist, der sitzt draußen.

Ich wünsche Ihnen und Ihren Leuten, sehr geehrter Herr Doktor, alles Gute und wenigstens so viel Erfolg, daß ein kleiner Staudamm gegen den brausenden Strom der Dummheit geschaffen wird, die ich – im Gegensatz zur vielverlästerten «Humanitätsduselei» – Grausamkeitsduselei nennen möchte.

In Deutschland ist der protestantische Geistliche eher kriegsfreundlich – daher ist meine Bewunderung für Ihre Haltung um so größer. Alles Gute Ihnen und Ihrer Sache!

Mit den besten Empfehlungen bin ich

Ihr sehr ergebener
Tucholsky

Florhofgasse 1

31–7–33

Sehr geehrter Herr Doktor Ragaz,
auf die Gefahr hin, aufdringlich zu erscheinen: ich wäre
Ihnen zu großem Dank verpflichtet, wenn Sie mir einige
englische Adressen, unsern Gesinnungsfreund Ossietzky
betreffend, geben könnten. Ich weiß, wie delikat solche Sachen sind – ich kann aber, wenn Sie [es] das wünschen, vermeiden, mich auf Sie zu beziehen, damit nicht etwa Ihre
Beziehungen zu den Engländern gestört werden. Die Tatsache, *daß Ossietzky, wie die Dinge in Deutschland liegen*, in
der Haft sicherer ist als draußen, hält mich nicht ab, ununterbrochen an seine Befreiung zu denken. Vielleicht kann
man durch den Druck englischer Kreise, vor denen die Nazis großen Respekt haben, irgend etwas erreichen. Ich
danke Ihnen im voraus sehr für Ihre Bemühungen und bitte
Sie, mir zu verzeihen, wenn ich Sie mit dieser Sache behellige: mir liegt das Schicksal meines Freundes Ossietzky sehr
am Herzen.

Mit den besten Grüßen bin ich

Ihr sehr ergebener

Dr. iur. Kurt Tucholsky

10–1–34

Sehr geehrter Herr Professor Ragaz,
ich danke Ihnen verbindlichst für Ihre freundliche Einladung,
die mir nachgesandt worden ist. Wäre ich noch in Zürich gewesen, so hätte ich mit Vergnügen angenommen! Hoffentlich
ist der Abend gut verlaufen.

Ihr Wort: «Hitler hat eine Leere besetzt» ist mir nicht aus
dem Kopf gegangen. Ich empfehle Ihrer Aufmerksamkeit ein

Buch von *R. Behrendt, «Politischer Aktivismus»* (1932, Leipzig, bei Hirschfeld erschienen).

Im übrigen erscheint es mir typisch, daß es ein Schweizer gewesen ist, der in der protestantischen Kirche Deutschlands den Mut aufgebracht hat, nein zu sagen. *Der Doktor Ratti* ist sowieso bei solchen Gelegenheiten nicht zu Hause. *Er bekämpft Rußland,* und das ist für einen Kirchenfürsten sicherlich eine schöne Beschäftigung.

Mit allen guten Wünschen für Ihre Arbeit und der Bitte, wenn Sie Gelegenheit haben, sich in England für Carl von Ossietzky einzusetzen, diese zu benutzen

Ihr herzlich ergebener
Tucholsky

CODA

Das hier abgedruckte Dokument befindet sich im Arnold-Zweig-Archiv in Berlin (DDR), wo es im Briefnachlaß Arnold Zweigs aufgefunden wurde, und zwar war es dem letzten Brief Tucholskys an Zweig vom 15. Dezember 1935 beigefügt. Insofern darf man den Brief wie das Dokument wohl als Zeugnis eines doppelten Abschieds lesen – auch den an Frankreich. Über die knappen Lebensdaten von Joseph Fr. Matthes hinaus konnten Angaben über eine mögliche Drucklegung nicht ermittelt werden.

JOSEPH FR. MATTHES
KURT TUCHOLSKY:
TESTAMENT AN FRANKREICH

Freunde von Kurt Tucholsky haben dem lieben Menschen und großen Schriftsteller, der da oben in Schweden zu Weihnachten 1935 den Freitod suchte und fand, manch liebes und interessantes Wort nachgerufen. Dem intuitiven, weitblikkenden Politiker gilt diese Schrift.

Der Pariser Botschafter *von Hösch*, *Stresemann*, *Poincaré*, *Briand*, *Barthou*, *Herriot*, *Paul Boncour* u. a. m. – sie kannten und werteten Kurt Tucholsky jeder nach seinem Geschmack. Man ist erstaunt? Man höre:

Aus Paris vom 2. 12. 27

«... Ich muß Ihnen doch noch einen Brief hinterher schreiben. Eben habe ich nämlich aufmerksam die Abschrift Ihres Schreibens an ... gelesen. (Eine französische Stelle.) Da muß ich Ihnen doch gratulieren –! Ich halte Ihren Standpunkt für ganz und gar richtig und habe ununterbrochen bei der Lektüre applaudiert. So muß man Pazifismus machen! Ich habe immer – gleich Ihnen – abgelehnt, mich in innere französische Verhältnisse zu mischen, und ich denke gar nicht daran, hier gegen Nationalisten zu toben. Das besorge ich zu Hause. Aber e r k e n n e n muß man die Lage, und das haben Sie in ganz vorzüglicher Weise zum Ausdruck gebracht; vor allem von einer inneren Freiheit und Unabhängigkeit, die mich zu hoher Bewunderung hingerissen hat. Bravo!

In Sachen F ... habe ich nicht den Einblick wie Sie. Ich weiß aber, daß man ihm in Berlin sehr verübelt, daß er nicht zurückkommt (worüber man übrigens diskutieren kann; es ist eine sehr schwere Frage) – und mir erscheint die Einseitigkeit der ... nicht einmal nützlich und vor allem taktisch gefährlich. Ich bin auch der Meinung, daß anständige und saubere Franzosen einen Ausländer viel mehr achten, wenn der ganz offen und anständig seine Meinung sagt – auch dann und gerade dann, wenn sie vielleicht den Franzosen im Augenblick unbequem sein mag. Maßgebend ist doch die Gesinnung. Wir lieben eben das Land und seine Kultur und seine Leute. Aber auf dem Bauche davor liegen und alles, aber auch alles bejahen, was hierzulande geschieht, das fällt mir gar nicht ein. Man muß entweder bezahlt oder ein Dummkopf sein, um das zu tun. Ich will die französische Denkart aber sehr schlecht kennen, wenn ich annähme, daß den Klugen unter den Leuten so ein unentwegtes Lobgehudel angenehm sein kann. Die denken sich ihr Teil...»

Das war 1927 ! Auf Grund dieser Gesinnung wurde der deutsche Satiriker Tucholsky sehr ernst genommen bei maßgebenden französischen Persönlichkeiten. In Paris saß damals der Herr von Hösch als Deutschlands Botschafter. Der glaubte nur mit einem Frankreich Briands Verständigungspolitik machen zu können, obwohl gerade damals wieder Poincaré (als Frankenretter) größten Einfluß hatte. Poincaré hatte sich geändert, er wollte den Frieden mit Deutschland, mißtraute ihm nur, weil er sah, daß die deutsche Republik noch gar so sehr nationalistischen Einflüssen unterlag. Immer wieder beklagte er das. Hösch verkannte den neuen Poincaré, in Berlin erkannte man seinen Irrtum, Stresemann und *Schubert* sprachen davon, daß ihr Botschafter in Paris im «luftleeren Raum» arbeite.

Tucholsky am 4. 6. 28 darüber aus Dresden:

«Über unseren Freund (gemeint ist Hösch) habe ich mit dem Privatsekretär von Stresemann gesprochen, Herrn...

Ich war erstaunt bis in die tiefsten Tiefen: der weiß das alles. Und ließ ihn (Hösch) glatt fallen.

Das Wort vom ‹luftleeren Raum›, in dem jener (Hösch) in Paris lebe, stamme, wie er sagt, der Auffassung nach nicht von Schubert, sondern von Stresemann, der durchaus nicht einverstanden ist mit dem, was da in Paris getrieben wird. Er sagte ferner, die Krankheit des Pariser Botschafters (H.) im vorigen Jahr habe ihn den Kontakt verlieren lassen; ich habe das bestritten, und ich habe gesagt, daß es nicht nur die Krankheit gewesen sein kann. Ich habe gesagt, daß der Bursche seine Stellung maßlos überschätzt, daß auf französischer Seite das Vertrauen nicht so groß sei wie früher, und daß er den neuen Poincaré nicht verstehe. Alles das wurde zugegeben und in keinem Punkte bestritten.

Meines Erachtens liegt die Sache so:

Die Franzosen scheinen zu glauben, jener (Hösch) sei der Mann des Vertrauens in Berlin, und die Berliner halten ihn den Franzosen wegen für unersetzlich. Das muß aufgeklärt werden. Wäre ich länger in Berlin gewesen, so hätte ich auch eine Zusammenkunft mit dem Staatssekretär Schubert haben können, der nun einen Bericht von mir – anonym – zugestellt kriegt. (Nur T. blieb anonym, der Vermittler nicht.)... Ich habe leider auch mit dem *Grafen Kessler* davon sprechen müssen, der jetzt gerade nach Paris gefahren ist; der gab das auch zu, sagte, Hösch sei immer so gewesen, bestritt aber, daß man ihn ersetzen könnte.

Mein Eindruck ist:

Stresemanns guter Wille ist außer Zweifel. (Poincaré bezweifelte das, weil Hösch nicht aus sich herausging, unter Hinweis auf die starke nationalistische Macht in der Weimarer Republik. Der Verf.) Es geht ihm (Stresemann) immer noch nicht gut, aber etwas besser; er scheint nicht daran zu denken, etwa zu demissionieren, und hat hier uneingeschränktes Vertrauen. Sein Prestige in Frankreich ist bekannt und wird in der Rechnung als Posten gebucht. Er will die Verständigung; daß sie nicht nur mit Briand zu machen ist, wissen die Leute, Kessler behauptet, auch Hösch wisse das, ich sagte nein. (Er wollte nicht! Der Verf.) Kardinal, ich habe das Meinige getan...»

Das war im Juni 1928. Stresemann kam – wozu auch ich das Meinige tat – im August nach Paris. Leider noch zu schwach nach seiner schweren Nierenerkrankung. Er sprach Poincaré (anläßlich des Kellogg-Paktes) im Finanzministerium. Poincaré wollte die Räumung der dritten Rheinlandzone mit der endgültigen Regelung des Reparationsproblems verbinden, war aber durch die amerikanischen Präsidentschaftswahlen daran gehindert, man könne erst anfangs 1929 «tabula rasa» machen. Die Amerikaner sollten ihrerseits die Schulden streichen. Hösch versäumte seine Pflicht in entscheidendster Zeit, setzte nur auf Briand; Stresemann war, wie gesagt, ein todkranker, müder Mann, Poincaré bedauerte diesen Zustand unsagbar und wurde auf Grund Berliner Berichte neuerdings mißtrauisch, die heimliche Aufrüstung fürchtend. Ich hatte das «Meinige» getan, und Tucholsky schrieb am 2.8.28 aus Kvasa Solbad, Kivik (Skine), in Schweden an mich:

«...Ich lese Ihr so zu begrüßendes Einschreiben in Sachen Kessler. (Der Paris vernebeln wollte. Der Verf.) Natürlich ist Poincaré völlig im Recht, und jener durchaus und durchum im Unrecht. Kessler ist einer jener um so gefährlichen Nationalisten, als er sich ganz wie *Rathenau* – nach innen liberal gibt: sein Erfolg beruht darauf, daß sich die Berliner Juden geschmeichelt fühlen, daß ein richtiger Graf mit ihnen umgeht, und auf seiner zweifellos vorhandenen Lebenskultur und seinem Kunstverständnis. Er muß bekämpft werden.

Ich stelle Ihnen mein Blatt (‹Die Weltbühne›) jederzeit zur

Verfügung, wenn Sie oder einer Ihrer französischen Freunde, mit Namen, pseudonym oder anonym, etwas zu diesem Vorfall sagen wollen. Ich hielt es in diesem Augenblick für gut. Mir scheint es um so nötiger, als ich die Bewertung der Stresemann-Reise mitsamt der Politik *Berthelot*–Hösch (Von Kessler u. a. m. getäuscht. Der Verf.) für eine schwere Schädigung Frankreichs und seiner wahren Interessen (Genf, Sicherheit usw. Der Verf.) halte (freilich ist es nicht meine Sache, das öffentlich zu sagen). Durch alle diese Gesten wird der Anschein erweckt, als sei alles in bester Ordnung, während in Wahrheit aber auch nichts, nicht das leiseste im Inneren geändert ist. Ganz abgesehen von der versuchten Geschichtsfälschung – das Rheinland betreffend – wird dem französischen Volke etwas vorgemacht. Deutschland ist und bleibt eine Gefahr, die mit jedem Tag wächst. Man kann das Land nicht erdrosseln, man soll das auch gar nicht – man kann die Deutschen nicht vernichten, und man soll das auch gar nicht. Aber man muß die Wahrheit sagen! So, genau so, haben die Klugschnacker auch in den Jahren 1905–1914 gearbeitet, und was ist dabei herausgekommen?

Nochmals: ich stehe Ihnen oder Ihren Gewährsmännern immer zur Verfügung – ich wage auch jederzeit, einen mit Ihrem Namen gezeichneten Artikel zu bringen, der Sie so rechtfertigt, wie Sie das für richtig halten...»

Ich wollte und brauchte nicht die Rechtfertigung durch die tapfere «Weltbühne», mir war es immer nur um die Sache zu tun: Durch Frankreichs vernünftige Politik, auf Grund fundiertester Informationen, ein friedliches Deutschland und befriedetes Europa zu sehen. Ich arbeite in diesem Sinne still, nach außen gut getarnt um der reinen Sache willen, in Paris, Wien und anderswo systematisch weiter.

Poincaré, Herriot, Briand, Barthou, *Tardieu* usw. waren

im Bilde. Die französische Parteipolitik, so scheint mir, hat schicksalsschwer eine gute Entwicklung gehemmt. –

Schon am 13. 8. 28 Tucholsky aus Schweden, wie vorher: «...Ich betone nochmals, daß Ihnen die Weltbühne j e d e r - z e i t zur Verfügung steht. – Ich bin immer auf Ihrer Seite, wenn es um diese Burschen geht. (Die Vernebler dessen, was wirklich war! Aber ich wollte keinerlei ‹Publicité› für mich, so schmeichelhaft und ehrend mir gerade die ‹Weltbühne› gewesen wäre. D. Verf.) *Stahl* (der Pariser Korrespondent der ‹Vossischen Zeitung›) hat sich inzwischen mit ihm (Hösch) versöhnt, *Bernhard* hat interveniert, und Sie wissen ja, wie solche Sachen bei uns auszulaufen pflegen. Wir wollen doch aber auf den Jungen ein wachsames Auge halten – ich traue ihm nicht, man kann mir sagen, was man will... Heinrich Heine hat in den vierziger Jahren in einem seiner Artikel in der damaligen ‹München-Augsburger-Abendzeitung› gesagt (1846, glaube ich): ‹Wenn Frankreich eine Republik ist und Deutschland auch, dann werden die deutschen Demokraten die französischen Demokraten übers Ohr hauen.› Er war eben ein Jahrhundertkerl. Poincaré ist, was wir immer gesagt haben, ein grundanständiger Mann. Ich habe nicht den Eindruck, daß man Poincaré einfach über das Ohr hauen kann – er ist zu klug dazu. Aber er ist im Tiefsten so anständig, daß er sich diese Perfidie überhaupt nicht vorstellen kann. Er kennt wohl einen geistigen Betrug, eine elegante Betrügerei – aber dieses treudeutsche Blauauge, das nun nach Paris fährt, [sich] alles glaubt, was im Moment gesagt wird – und dann hinterher die Industriellen, die Militärs und die (gewissen) Katholiken machen läßt... d a s wird er niemals verstehen. (T. meinte die katholischen Schwerindustriellen wie Thyssen usw.) Sein instinktives Mißtrauen ist seine einzige Waffe. Sie wird ihm, wenn er nicht sehr aufmerksam ist, eines Tages ent-

wunden werden, und die Franzosen werden dann noch
Hurra schreien, ohne zu merken, daß ihnen einer ihrer
Besten weggeht. Es ist ein Jammer... Nochmals, wenns
ernst ist, her zu mir...»

Kurt Tucholsky als «Ignaz Wrobel» schrieb ein Jahr später
einen großen Artikel für mich in Sachen, die aber fast gar nicht
in diese Dinge hereinspielen. Er kannte alles und war, wie
immer, sehr gründlich. Ein Jahr lang trug er diese Idee in sich,
1928/1929. Inzwischen verschaffte ich ihm – gegen den wüti-
gen Willen des eifersüchtigen Botschafters v. Hösch – die persönliche Bekanntschaft mit Poincaré, der sich danach sehr
beeindruckt über meinen «so aufrichtigen, klaren und wert-
vollen Freund» aussprach. Als ich ihn ermunterte, auch den
Minister X., einen Radikalsozialisten, zu sehen, schrieb
Tucholsky an mich die für ihn so außerordentlich charakteri-
stischen Zeilen:

«Paris, 4. 10. 28
...Das Interview... lasse ich nur dann ohne Bedauern
fahren, wenn Sie es machen. Mein anfänglicher Widerstand rührt von einem geradezu pathologischen Klein-
wahn her, der sich allemal einstellt, wenn ich etwas außerhalb meiner eigenen Domäne mache. Dann puste ich mir in
die Hosen vor Angst. Inzwischen habe ich den gestrigen
‹Temps› gelesen und weiß schon ein bißchen mehr. Ob X.
oder nicht, es wäre mir in diesem Winter ganz besonders
angenehm, einmal ohne... und ohne die Rue de Lille (Die
Botschaft ist formell immer mit dabei, war es endlich auch
beim Interview Poincaré gegen ihr Streben, das zu verhindern) ein paar große Interviews für die W. B. zu machen...
Daß solche Interviews immer in unserem Sinne gemacht
würden, braucht wohl keiner Betonung.»

Tucholsky kränkelte aber von neuem, ging weg von den
Pariser Ärzten. Immer wieder fragte er mich und sich in be-

zug auf seine ganze Arbeit: «Cui Bono? Cui bono meine Bücher, Gedichte, Aufsätze, cui bono, lieber Meister?» Da war
ihm nicht zu helfen. Er fühlt in diesen tragischen Augenblik-
ken, daß er für seine Mitwelt umsonst schaffe und ringe, und
als er glaubte, er hätte recht bekommen... schlief er sich hin-
über. Das war vielleicht sein einziges Unrecht im Leben.
Aber noch rang er weiter um sich und Deutschland.

12.6.29:

«...Ja, Poincaré wird natürlich, da es von Ihnen kommt,
wissen, wie es gemeint ist... aber da können wir lange lesen
lassen. Er wird immer um ‹Präcision› bitten, aber die ist ihm
schwer zu geben... Über *Emil Ludwig* «d'accord». Er
bringt jetzt einen großen Schläger heraus, ‹Juli 14› – wunderbar gemacht. These: Die armen verführten Völker und die
bösen Diplomaten. Das zweite ist richtig – die Verantwor-
tungslosigkeit und Verkommenheit dieser Kerle *(Iswolkski)*
ist natürlich fürchterlich. Aber die armen Völker... das
deutsche hat den Krieg gewollt, es wäre eine verdammte
Lüge, das zu verschweigen. Ich werde das befummeln und
über das Buch, das ich übrigens für nützlich und in seiner
Art für sehr tapfer halte, schreiben. (Gewollt? Unsere ganze
Erziehung war danach, auch ich glaubte an den ‹Erbfeind›,
an unsere Pflicht, ihn zu vernichten, ich meldete mich, Frau
und drei Kinder lassend, freiwillig und bestätigte mich als
wahrer Tyrtaios bis 1916, wo ich unsere Kriegsziele erfuhr.
Der Verf.) Sehr merkwürdig, wie Sie als Nichtberliner
meine Analogie mit Zille heraushören... Ich bewundere
den Mann unendlich, es gibt Alterswerke von ihm, von
einer klassischen Einfachheit... (Folgen seiner eigenen literarischen und persönlichen Pläne.) Im übrigen beschäftigt
mich mein Kater Josua, der mir meinen Schreibtisch voll-
piet, ein herzerfrischendes einfaches Urteil – hat gar nicht so
unrecht, der Mann...»

Und nun noch Tucholskys wahres Seherauge, ein letzter Brief aus den vielen an mich zwischen 1927–1933:

«Berlin, Kantstraße 152   18.3.30

...ich schreibe Ihnen heute in einer sehr ernsten Sache – die Sie und die es angeht, vielleicht besser kennen als ich. Es wäre gut so – dann will ich die französischen Freunde nur bestärken. Anderenfalls warnen.

Es liegt ein schwerer Druck auf Deutschland.

Ich habe kein ‹Material›, Sie wissen, daß ich mich damit nie abgegeben habe; Sie wissen, daß ich Ihnen und nun gar den brillant informierten Franzosen keine neuen Nachrichten geben kann. Hinter diesem Brief steckt nichts als ein Gefühl – mit dem kann man ja in der Realpolitik nichts anfangen. – Und alles.

Alle Briefe, die aus Deutschland kommen, sind gleichlautend: <u>was</u> es ist, weiß niemand. Da ist etwas. Was ich befürchte, ist leider <u>nicht</u> der große Putsch, der große faschistische Coup mit Trommeln und Kriegserklärung an Frankreich – der Spuk wäre in einem halben Tag beendet: Nein, da ist etwas anderes.

Da kann – ich sage nicht: da wird – da kann unter dem Stoß und dem Vormarsch der von der Regierung gänzlich ungehinderten Hitlergarden eine neue Ära eintreten. Die sähe so aus: gewisse innerpolitische Umwälzungen, vor allem in der Personalpolitik: Herausschmiß aller noch so gemäßigten SPD-Leute aus der Verwaltung; nach dem Tode Hindenburgs Verfassungsänderungen... soweit kann das Frankreich gleichgültig sein. Ich sehe aber etwas kommen, wovor ich im Interesse Frankreichs, das ich liebe, eine Heidenangst habe: daß sich Frankreich wieder, wieder weil es sich nicht vorstellen kann, daß jemand so unanständig ist wie diese Deutschen, betümpeln läßt. Ich höre den Botschafter: ‹Bitte... aber bitte... nur rein innerpolitische

Umstellungen, kleine Konstellationsänderungen... bitte sehr... selbstverständlich bleibt zwischen uns alles beim alten... Wir kümmern uns ja auch nicht um Ihre Innenpolitik... die Souveränität› ...So siehst du aus. Es gibt keine reine Innenpolitik in Europa, die sich nicht eines Tages durch einen Druck auf die Außenpolitik bemerkbar machte. Keine.

Und hier ist alles gegen Frankreich klar vorgezeichnet.

Wir sind 60 Millionen, sie 38. Wir haben vielleicht nicht soviel Waffen zur augenblicklichen Verfügung wie sie, aber wir haben eine brillante, eine geradezu infam gut durchgebildete Organisation, uns ‹umzustellen›, also eines Tages statt Kartonagen und Bembergseidenstrümpfen Gelbkreuzgranaten zu machen. Wir haben das Cadre einer Armee, darin jeder Mann ein Unteroffizier ist (echte Gemeine gibt es da nicht) – und jeder dieser Unteroffiziere kann mühelos 10–20 Leute der ‹Bünde› ausbilden, weil die bereits vorgebildet sind. Das alles hat sich unter den Augen der Regierung vollzogen, jahrelang. (‹Jeder Ihrer Regierungen›! sagte Herr Briand einem deutschen sozialdemokratischen Minister. Der Verf.)

Und das allergefährlichste für Frankreich ist die Gesinnung, die in alledem steckt. (*Herr François-Poncet* wollte das lange, allzu lange nicht einsehen!) Diese maßlose feige, scheinbar sich europäisch gebärdende ‹Diplomatie› nach außen, passen Sie auf, wie sie die ‹Schmachtribute› zunächst weiterzahlen – sie werden sich zuerst hüten, einen zerrissenen Vertrag nach Frankreich hinüberzuwerfen. Und im Inneren...! Und das kann Frankreich nicht gleich sein – es ist die klarste Vorbereitung zur Revanche. Die kommt. Sie wollen das, und sie werden das haben. Sie werden so schamlos sein, selbst für diesen Fall mit Italien zusammenzugehen und Südtirol und den ganzen Anschluß zeitweise vergessen. Sie wollen Frankreich an den Kragen.

Ich fürchte für Frankreich, dem ich meine besten Jahre verdanke. Sie wissen, daß ich nichts ‹will›, ich will nicht einmal jemand denunzieren. Ich will nur meiner ungeheuren Furcht Ausdruck geben, der Furcht, daß sich Frankreich trotz der nationalistischen Politik Tardieus wiederum düpieren läßt. Das Deutschland, das heute da ist, ist schon mit Vorsicht zu genießen. Was dann aber kommt, ist tausendmal schlimmer, tausendmal verderblicher für Frankreich, als es der Kaiser jemals gewesen ist. Der war nämlich Scharlatan, ein innerlich feiger Mensch, ein Unsicherer. Diese da sind kalt, eiskalt, ganz bewußt – echte Verbrechernaturen. Und so schlau... es gibt eine Schlauheit der deutschen Generalstabsoffiziere, die die Franzosen nicht richtig kennen. Typus: *Seeckt*... vor einem französischen Hirn unterliegen sie natürlich... aber sie täuschen eine Weile durch Glätte, durch Entgegenkommen, durch Höflichkeit... Glaubt das nicht, glaubt das bloß nicht! Es sind Verbrecher! Sie wollen den Krieg. Mehr, sie wollen die Auslöschung Frankreichs und die Unterjochung Mitteleuropas.

Es wäre schrecklich, wenn Frankreich auf die Losung ‹Deutschland, ein Hort gegen den Bolschewismus› hereinfiele. Das ist Deutschland. Man kann sich natürlich auch mit einem Paket Schießbaumwolle gegen den Regen schützen. Ich weiß auch, daß Frankreich einen fürchterlichen Freund hat: England. Frankreich ist geliefert, wenn es nicht gelingt, gegen das neue, etwa kommende Deutschland, das viel, viel geräuschloser in die Weltgeschichte eintreten wird, als man glaubt, Bundesgenossen zu finden. (T. sprach schon damals besonders von Rußland. Der Verf.) Diese muß es suchen. Die Zeit von 1914, wo scheinbar automatisch eine Welt für Frankreich aufstand, ist dahin. Frankreich hüte sich!

Ich ermächtige Sie, lieber... von diesem Brief [an] jeden Ihnen richtig erscheinenden Gebrauch zu machen... (wie das immer geschah).

Tucholsky 1930! Genau drei Jahre später, im März 1933, war alles da, alles, was die Diplomatie leugnete, die «alles nicht für so schlimm» erklärte, wie «dieser Außenseiter Tucholsky» in seinen Berichten immer schrieb. Um Tucholskys Berichte wurde diplomatisch heiß gekämpft. Fast alle Staatsmänner Frankreichs und ihre befreundeten Außenminister befaßten sich damit. Aber die Kräfte, welche die Geheimdossiers über die Wiederaufrüstung Deutschlands <u>nicht</u> veröffentlichen ließen, die Frankreichs rechtzeitige Genfer Aktionen (Sanktionenforderungen) verhinderten, behielten «diplomatisch» die Oberhand.

Deshalb rüstet jetzt alles. Deshalb... 1930, 1933, und 1936? Welche Lehren!

Kurt Tucholsky, Dein bisher stillster Freund spricht nun «Cui bono?». Du hast nicht umsonst gestritten. Deine alte «Weltbühne» hat das heutige Welttheater vorhergeschildert vor und hinter den Kulissen.

Tucholsky, Du lebst. Du kämpfst. Du siegst.

Dein getreuer
...Paris.

ANHANG

ERLÄUTERUNGEN

Die Anmerkungen gehen absichtlich über das bloße Aufschlüsseln von Namen hinaus; sie sind der Versuch, kulturpolitische Zeitbezüge im Zusammenhang mit dem Werk von Kurt Tucholsky darzustellen.

Nach voranstehender Erläuterung zum Adressaten des Briefes findet der Leser Kommentare zu Namen oder Zeitbezügen, deren Kenntnis nicht ohne weiteres vorausgesetzt werden kann. Eine gewisse Ungewichtigkeit entspricht der Methode: nicht Lenin oder Thomas Mann werden erklärt – aber ausführlich Carl von Ossietzky oder Karl Kraus oder Bertolt Brecht; da Tucholskys Beziehung zu diesen Personen (oder auch zur «Weltbühne») kompliziert und widersprüchlich war. Solche Komplikationen oder Widersprüche – dem damaligen Briefempfänger auch in Andeutungen selbstverständlich; dem heutigen Leser eventuell unverständlich – galt es zu erläutern.

Bei Verweisen auf Tucholsky-Ausgaben wurden folgende Siglen verwendet:

GW [Bd.], [S.]	Kurt Tucholsky: Gesammelte Werke. Bd. 1 – 10. Hrsg. von Mary Gerold-Tucholsky [u.] Fritz J. Raddatz. Reinbek bei Hamburg 1975.
Deutsches Tempo	Kurt Tucholsky: Deutsches Tempo. Gesammelte Werke Ergänzungsband 1911 bis 1932. Hrsg. von Mary Gerold-Tucholsky u. Fritz J. Raddatz. Reinbek bei Hamburg 1985.

Ausgewählte Briefe	Kurt Tucholsky: Ausgewählte Briefe 1913–1935. Hrsg. von Mary Gerold-Tucholsky u. Fritz J. Raddatz. Reinbek bei Hamburg 1962.
Politische Briefe	Kurt Tucholsky: Politische Briefe. Zusammengestellt von Fritz J. Raddatz. Reinbek bei Hamburg 1969.
Briefe aus dem Schweigen	Kurt Tucholsky: Briefe aus dem Schweigen 1932–1935. Briefe an Nuuna. Hrsg. von Mary Gerold-Tucholsky und Gustav Huonker. Reinbek bei Hamburg 1984.
Q-Tagebücher	Kurt Tucholsky: Die Q-Tagebücher 1934–1935. Hrsg. von Mary Gerold-Tucholsky und Gustav Huonker. Reinbek bei Hamburg 1985.
Unser ungelebtes Leben	Kurt Tucholsky: Unser ungelebtes Leben. Briefe an Mary. Hrsg. von Fritz J. Raddatz. Reinbek bei Hamburg 1982.
Farbige weithin sichtbare Signalzeichen	«Farbige weithin sichtbare Signalzeichen.» Der Briefwechsel zwischen Carl von Ossietzky und Kurt Tucholsky

aus dem Jahr 1932. Mit einem
Nachwort hrsg. von Dietger
Pforte [Akademie der Künste].
Berlin [Ost] 1985.

Briefe Auswahl   Kurt Tucholsky: Briefe. Auswahl 1913 bis 1935. Hrsg. von
Roland Links. Mit einem
Nachwort u. Register des Her-
ausgebers. Berlin [Ost] ²1985.

BRIEFE AN RUDOLF LEONHARD
Seite 19–48

Rudolf Leonhard (1889–1953), Lyriker, Dramatiker, Erzäh-
ler, Freund Tucholskys (von diesem «Dicker» genannt). 1914
Kriegsfreiwilliger, wandelte sich jedoch binnen weniger Mo-
nate zum Pazifisten. Leonhard selbst hat ein Gespräch mit
Walter Hasenclever (siehe S. 246), Ernst Rowohlt und Martin
Buber in der Silvesternacht 1914/15 im Weimarer Hotel «Ele-
phant» als für ihn zukunftsentscheidend bezeichnet. Die mei-
ste Zeit des Krieges hat er, nach einem Verfahren vor dem
Kriegsgericht, in Lazaretten und Irrenanstalten verbracht.
Auf ein schmales Heft Kriegsgedichte («Über den Schlach-
ten», 1914) folgte 1919 der Band «Chaos», der alle Zyklen zum
Kriegserlebnis, pro und contra, sammelt und Leonhard als
Hasser des Krieges vorstellt. Als solchen und als Spartakus-
sympathisanten stellte ihn Kurt Pinthus' berühmte Antholo-
gie «Menschheitsdämmerung» (1919) vor. In den 20er Jahren
lebte Leonhard als ungemein produktiver Autor (Gedichte,
Dramen, Hörspiele) und Verlagslektor der «Schmiede» (als
Herausgeber der Reihe «Außenseiter der Gesellschaft») in

Berlin. Enttäuscht von der politischen Entwicklung und vom literarischen Betrieb in Berlin («Gruppe 1925», siehe S. 249 f), ging er 1927 auf Einladung Hasenclevers nach Paris. 1932 erschien sein Buch: «Das Wort. Versuch eines sinnlichen Wörterbuchs der deutschen Sprache», in dem Leonhard die Wörter aus ihrer phonetischen Gestalt «klanglogisch» deutete. James Joyce zeigte sich begeistert von diesem Experiment und forderte ihn erfolgreich auf, an der deutschen Übertragung seines «work in progress» mitzuarbeiten. – Nach 1933 war Leonhard Aktivist des antifaschistischen Exils und fungierte u. a. als Vorsitzender des «Schutzverbandes Deutscher Schriftsteller» (SDS) im Ausland, als Sekretär des «Vorläufigen Ausschusses zur Vorbereitung einer deutschen Volksfront» und als Mitherausgeber der «Deutschen Freiheitsbibliothek». 1938 erschienen seine gegen die Naziherrschaft agitierenden «Gedichte» als Tarnschrift. Im französischen Exil hat Leonhard unter vier verschiedenen Pseudonymen politisch gearbeitet und publiziert: Als Robert Lanzer (=Landser) veröffentlichte er 1944 ein an die deutschen Soldaten gerichtetes Bändchen «Deutschland muß leben...!». Raoul Lombat war sein «nom de guerre» in der Résistance. Roger Lehardon und Robert Lewandowski waren weitere Decknamen. Zwischen Oktober 1939 und 1945 war Leonhard, ständig von der Auslieferung an die Deutschen bedroht, in Lagern interniert (Le Vernet, Les Milles) oder in der Illegalität. Nach gelungener Flucht aus dem Auslieferungslager Les Castres am 22.9.1943 lebte er versteckt in Marseille und beteiligte sich am Kampf der Résistance. Von 1944 bis 1950 lebte er zeitweise schwerkrank in Paris. 1950 kehrte er, der 1947 am 1. Deutschen Schriftstellerkongreß in Berlin teilgenommen hatte, nach Deutschland, in die DDR zurück. – Die Briefe Tucholskys an Rudolf Leonhard liegen mit Maximilian Scheers Buch «So war es in Paris. Berichte über den

Alltag deutscher Schriftsteller im Exil» (Frankfurt/M. 1973)
in Auszügen vor.

3.10.1925
Massendenunziation auf die Justizbehörden
Leonhard hatte, als gegen Johannes R. Becher und seines Romans «Levisite oder Der einzig gerechte Krieg» wegen ein
Hochverratsverfahren eingeleitet worden war, seinen Freunden vorgeschlagen, über massenhafte Selbstanzeigen bei dem
mit der Sache befaßten Oberstaatsanwalt eine kritische Öffentlichkeit herzustellen und das Verfahren so ad absurdum
zu führen. Tatsächlich sorgten die Proteste in- und ausländischer Autoren wie Bertolt Brecht, Walter von Molo, Ernst
Toller, Kurt Pinthus, Carl Zuckmayer, Thomas Mann, Maxim Gorki, Romain Rolland und anderen im Laufe des Jahres
1926 dafür, daß das Verfahren für «unbestimmte» Zeit vertagt
wurde.
zwischen Becher und…
Johannes R. Becher (1891–1958), einer der Wortführer und
wichtigsten Autoren auf dem linken Flügel des Expressionismus. 1923 schließt er sich der KPD an, schreibt revolutionär-
agitierende Gedichte («Der Leichnam auf dem Thron», 1924)
und Antikriegsprosa, wie den düster-visionären sofort nach
dem Erscheinen verbotenen Roman über einen zukünftigen
imperialistischen Giftgaskrieg, «Levisite oder Der einzig gerechte Krieg» (1926). Als Mitbegründer (1928) erster Vorsitzender des «Bundes proletarisch-revolutionärer Schriftsteller» (BPRS) sowie Herausgeber von dessen Zeitschrift
«Linkskurve» plädierte Becher in Reden und programmatischen Artikeln für die Leninschen Prinzipien einer partei-
lichen Literatur («Werdet Klassenkämpfer: Gebraucht eure
Kunst als Waffe») und unterzog linksbürgerliche Autoren
wie Heinrich Mann einer scharfen Kritik. 1933 Emigration,

ab 1935 Aufenthalt in der Sowjetunion; dort u. a. Chefredakteur der «Internationalen Literatur» und Mitglied des ZK der KPD. Nach seiner Rückkehr 1945 gehörte Becher in der SBZ/DDR zu den einflußreichsten Kulturpolitikern: Er war Mitbegründer des «Aufbau», des «Sonntag» und von «Sinn und Form», 1953–1956 Präsident der Akademie der Künste und ab 1954 erster Minister für Kultur.

Rezitator Gärtner

Der Schauspieler und Rezitator Gärtner wurde am 21.6.1925 vom Reichsgerichtshof wegen Vorbereitung zum Hochverrat zu fünfzehn Monaten Gefängnis sowie 100 Mark Geldstrafe verurteilt. Gärtner hatte im November 1924 in Stuttgart auf einer Gedenkfeier zum 7. Jahrestag der Russischen Revolution und zum 16jährigen Bestehen der KP in Württemberg kommunistische Gedichte vorgetragen. Der Fall Gärtner fand in der Öffentlichkeit der Weimarer Republik große Beachtung.

Max Hermann

Max Hermann-Neiße (1886–1941), Schriftsteller und Publizist, näherte sich nach epigonalen Anfängen im Zeichen des Jugendstils dem Expressionismus u. a. mit den lyrischen Sammlungen «Sie und die Stadt» (1914), «Empörung, Andacht, Ewigkeit» (1917), konnte sich indes trotz der Förderung durch Alfred Kerr, Carl Hauptmann, Moritz Heimann und Oskar Loerke nicht durchsetzen. Hermann-Neiße emigrierte über die Schweiz, die Niederlande und Frankreich nach Großbritannien.

Hasenclever

Walter Hasenclever (1890–1940, Selbstmord im französischen Internierungslager), Expressionist, gelegentlicher Mitarbeiter der «Weltbühne», war von 1925 bis 1930 Korrespondent des Berliner «8-Uhr-Abendblatts». Einer der meistgespielten expressionistischen Dramatiker, mit dem

Tucholsky über Jahre hinweg eine enge Autorenfreundschaft unterhielt. Trotz der spöttischen Bezeichnung «Hasenschiller», mit der dieser des Freundes revolutionäres Pathos karikierte, blieb er mit ihm während der Zeit in Frankreich, in der sie sich häufig sahen, und während des schwedischen Exils verbunden. Die Briefe an Walter Hasenclever müssen als das radikalste Zeugnis von Tucholskys Absage an Hitlerdeutschland gewertet werden (Politische Briefe, S. 5 ff; Ausgewählte Briefe, S. 240 ff).

18. 10. 1925
sie auch in der hiesigen «Nouvelle Literaire» so vernünftig anerkannt zu sehen
Rudolf Leonhard schrieb und publizierte auch in französischer Sprache; die erwähnte Rezension erschien in «Les Nouvelles littèraires», einer bei Larousse seit 1922 erscheinenden Zeitschrift für Literatur.

12. 11. 1925
des Rundschreibens vom 8.
Rudolf Leonhards erstes Rundschreiben trägt das Datum 24. 9. 1925; Leonhard wandte sich mit seiner Initiative an «Freunde und Kameraden, denen ich den Mut dazu, andere als die gewöhnlichen Taktiken und Praktiken zu gebrauchen, zutraue».
Eduard Fuchs
Eduard Fuchs (1870–1937), Kulturhistoriker und Verfasser einer «Geschichte der erotischen Kunst» (3 Bde., 1908) und «Illustrierte Sittengeschichte vom Mittelalter bis zur Gegenwart» (3 Bde. u. 3 Ergbde. 1909–12); Walter Benjamin widmete ihm mit «Eduard Fuchs, der Sammler und der Historiker» im Jahre 1937 in der «Zeitschrift für Sozialforschung» einen großen Aufsatz. Benjamin sieht ihn als einen der ersten,

der «den besonderen Charakter der Massenkunst und damit Impulse, die er vom historischen Materialismus erhalten hatte», entwickelte (Walter Benjamin: Eduard Fuchs, der Sammler und der Historiker. In: Walter Benjamin: Gesammelte Schriften II 2. Frankfurt/M. 1980, S. 503).

der Statuten «Niveau und kein allzu indurielles Verhalten»
Die Gruppe 1925 (siehe S. 249f) hatte – obwohl es nie eine festgeschriebene Satzung geben sollte – einige Auswahlkriterien formuliert und einige allgemeine Aspekte ihrer Ziele genannt: man wollte Schriftsteller zum Beitritt bitten, die «Niveau haben, linksgerichtet sind, aktiv sind und solidarisch fühlen und nicht aus der Literatur eine Industrie machen» (Leonhard). Möglicherweise spielt Tucholsky mit seiner Wortschöpfung «induriell» auf Letztgenanntes an.

20.11.1925
Versteigerung zu Gunsten der Hilfskasse ausgetrockneter Rehfischfabriken
Anspielung auf Hans José Rehfisch (siehe S. 353).

11.2.1926
der Gruppe
Ende November 1925 war in Berlin die «Gruppe 1925» (siehe S. 249f) zu einem ersten, konstituierenden Treffen zusammengekommen, an dem auch Tucholsky teilgenommen hatte. Der vorliegende Brief dürfte die Antwort Tucholskys auf Leonhards zweites Rundschreiben an die Mitglieder vom 27.1.1926 darstellen.

6.5.1926
Ihres Buches
Gemeint ist Rudolf Leonhards «Segel am Horizont. Schauspiel in 4 Akten» (Berlin 1925).

die Aufführung
Wahrscheinlich Verweis auf die Uraufführung des Schauspiels «Segel am Horizont» am 14.3.1925 an der «Berliner Volksbühne» (Inszenierung Erwin Piscator) mit Gerda Müller, Gerhard Ritter und Aribert Wäscher in den Hauptrollen.

wegen eines Reisebuchs geschrieben
1925 hatte Kurt Tucholsky gemeinsam mit Mary Tucholsky eine Reise durch die Pyrenäen gemacht. Das Buch «Ein Pyrenäenbuch» erschien 1927 im Verlag «Die Schmiede», Berlin. Siehe auch Brief vom 7.11.1925 an Heinrich Mann (S. 49f).

12.1.1927
die Interessen der Mitarbeiter auf 40 Seiten untereinander auszugleichen
Nach Siegfried Jacobsohns Tod am 3.12.1926 hatte Kurt Tucholsky vorübergehend die Herausgeberschaft der «Weltbühne» übernommen (ab 11.5.1927 war dann Carl von Ossietzky Herausgeber, und das Impressum lautete «unter Mitarbeit von Kurt Tucholsky geleitet von Carl von Ossietzky»). Während der (von Kurt Tucholsky ungeliebten) Tätigkeit als Herausgeber versuchte er, sowohl die «Interessen» der Mitarbeiter unter dem Gesichtspunkt auszugleichen, wer wie oft in aufeinanderfolgenden Heften publiziert wurde, als auch unter dem Gesichtspunkt einer «inhaltlichen Mischung»: wieviel Theaterkritik, Wirtschaftsglossen, politische Artikel – oder eben, wie im Falle Rudolf Leonhards, Aphorismen.

1.2.1927
die «Gruppe 1925»
1925 schlossen sich vierundzwanzig Schriftsteller zur «Gruppe 1925» zusammen. «Zu den Gründungsmitgliedern gehören unter anderen: Johannes R. Becher, Ernst Blaß, Alfred Döblin, Albert Ehrenstein, Walter Hasenclever, Her-

mann Kasack, Klabund, Joseph Roth, Ernst Toller, Hermann Ungar, Alfred Wolfenstein und Rudolf Leonhard, der zu ihrem Sekretär gewählt und von Alfred Döblin in einem Brief an Johannes R. Becher (22. Mai 1951) als Gründer bezeichnet wird. Später wächst die *Gruppe 1925* auf ‹etwa fünfzig› Mitglieder an, wie Hermann Kasack berichtet; Bertolt Brecht, Ernst Bloch, Georg Kaiser, Oskar Loerke, Walter Mehring kommen hinzu. Die ‹kleine linksradikale Gruppe› (Alfred Döblin) trifft sich in einem Café in der Motzstraße, bei Fritz Sternberg am Bülow-Platz, ‹der uns sehr sicher und autoritativ seine Theorien über die Lehren von Karl Marx entwickelte› (Alfred Döblin), und bei Brecht am U-Bahnhof Knie. 1926 tritt die *Gruppe 1925* mit einem Manifest an die Öffentlichkeit, das am 15. Februar in der *Welt am Abend*, am 26. Februar in der «Literarischen Welt» und am 2. März in der «Roten Fahne» erscheint: ‹Die ‹Gruppe› sammelt um sich Schriftsteller von Belang, die mit der geistesrevolutionären Bewegung unserer Zeit verbunden sind, dies in ihrer Haltung zu Staat und Gesellschaft bekunden und dokumentieren in Arbeiten auf künstlerischem, essayistischem, kritischem, allgemeinwissenschaftlichem Gebiet.› Nach innen soll erreicht werden, die Schriftsteller aus ihrer Isolierung zu befreien und durch den Zusammenschluß zu fördern und zu stärken; nach außen wird ‹das endliche Hervortreten einer Repräsentanz dieser modernen geistesradikalen Bewegung› angestrebt.» (Bernd Jentzsch: Rudolf Leonhard, «Gedichteträumer». Ein biographischer Essay, Dokumente und Bibliographie. München u. Wien 1984, S. 23 f)
Tucholsky spielt auf den Zerfall der «Gruppe 1925» an, der ab Ende 1926 absehbar wurde; Leonhard hatte seinen Austritt nach Differenzen zwischen einem «linksradikalen» Flügel (zu dem u. a. Johannes R. Becher, Holitscher, Kisch, Kesten, Grosz und Piscator zu rechnen sind) und der Gruppe der

«linksbürgerlichen» Schriftsteller mitgeteilt. Damit fehlte das Organisationszentrum und der kommunikative Mittelpunkt; die Gruppe löste sich langsam auf (siehe auch S. 248).

mit den Aphorismen...
Am 1.2.1927 erschien als erster einer Reihe von Aphorismen Rudolf Leonhards «Zwei» in der «Weltbühne». Tucholsky setzte den Abdruck Leonhardscher Aphorismen fort; am 15.2. erschien «Der Intellektualist», am 22.2. «Aphorismus» und am 8.11. unter dem Titel «Reflexionen» eine Serie von sieben kurzen Texten.

1.10.1928
Klamahr
D. i. Clamart, der Pariser Wohnort von Rudolf Leonhard.
Hasenclever
Zu Walter Hasenclever siehe S. 246.
Toller
Ernst Toller (1893–1939), expressionistischer Dramatiker; wurde wegen seiner führenden Rolle in der Münchner Räterepublik 1919 zu fünf Jahren Festungshaft verurteilt; er emigrierte 1933 und beging 1939 in einem New Yorker Hotel Selbstmord. (Siehe auch «Tollers Publikum» GW 2, 202.)

12.11.1928
Habe soehmt Ihr Stück gelesen... das gefallen
Tucholsky zeigt die Lektüre von Rudolf Leonhards Komödie «Anonyme Briefe. Eine Komödie ohne Helden» an; er besprach das noch unveröffentlichte Manuskript emphatisch in Form eines Briefes in der «Weltbühne» vom 23.3.1929 (GW 7, 56).
Marcèle Toffe
Französische Verballhornung des jiddischen «Masseltoff»: «viel Glück».

19.11.1928
Roda Roda
Zu Alexander Roda Roda siehe S. 320f.

11.12.1928
zum Ullsteinerweichen
Der Ullstein-Verlag – gegründet 1877 von Leopold Ullstein –
war mit seinen Zeitungen «Neues Berliner Tageblatt», «Berliner Zeitung», «Berliner Abendpost», «Berliner Morgenpost», «Berliner Allgemeine Zeitung», «Vossische Zeitung»
und einem eigenen Auslandskorrespondentennetz neben den
Verlagen Scherl und Mosse einer der führenden Zeitungsver-
lage der Weimarer Republik. Tucholsky mißtraute vom Beginn seiner journalistischen Karriere an der liberalen Haltung
des Verlages (die er für pseudoliberal und nicht kämpferisch
genug hielt).
Dennoch machte er mit dem Renommierblatt des Hauses, der
1914 vom Ullstein-Verlag übernommenen «Vossischen Zeitung», als er 1924 nach Paris ging, einen Exklusivvertrag und
arbeitete neben seiner Korrespondententätigkeit für die
«Weltbühne» als Pariser Feuilletonkorrespondent für die
Voss, wie er sie immer nannte.
Gegen Ende der Weimarer Republik und in den Jahren nach
1933 verstärkte sich Tucholskys Ablehnung der Pressepolitik
des Hauses Ullstein, dem er vor allem eine zu weiche, kom-
promißlerische Haltung gegenüber dem Nationalsozialismus
vorwarf. Besonders verübelte er den jüdischen Inhabern, daß
sie, aus Angst vor Repressalien (und um ihren Besitz), jüdische Mitarbeiter möglichst nur noch unter Pseudonym publi-
zieren ließen.
Der Ullstein-Verlag wurde 1934 zwangsverkauft, 1952 mit
amerikanischer Lizenz wiedereröffnet. 1956 erwarb der Axel
Springer Verlag eine Sperrminorität der Aktien (26%), 1960

die Aktienmehrheit der Ullstein AG. 1968 wurde das Fach-
buch- und Fachzeitschriftenprogramm von Ullstein an die
Bertelsmann-Gruppe verkauft.
Liebesgeschichte mit der Lilly
Nicht ermittelt.
Chanuka-Fest
Chanukka (hebr.), «Tempelweihe», jüdischer Feiertag Ende
Dezember. «Die Chanukka», achttägiges Fest zur Erinne-
rung an die Wiedereinweihung des Tempels in Jerusalem (164
v. Chr.) durch Judas Makkabäus nach der Hellenisierung un-
ter Antiochus Epiphanes, verbunden mit einem angeblichen
Ölwunder. Daher rührt der Brauch, einen achtarmigen
Leuchter anzuzünden – jeden Tag ein Licht mehr.

18. 10. 1929
und ich fahre in vier Wochen wieder weg
Kurt Tucholsky lebte seit 1924 – mit Unterbrechung der kurzen Herausgeberschaft der «Weltbühne» (siehe S. 323 f) –
nicht mehr in Deutschland und nach der Trennung von seiner
zweiten Frau Mary Tucholsky seit 1929 auch nicht mehr in
Paris (im März 1929 gibt er mit der Wohnung «1 Place de
Wagram» Paris als ständigen Wohnort auf). Zwar war er oft –
u. a. zu Vortragsreisen «in den Provinzen» – in Deutschland,
aber sein fester Wohnsitz war Schweden, von wo aus er zahlreiche und ausgedehnte Reisen (Schweiz, Dänemark, England, Frankreich) machte.
Bis zur Stunde sind die rasch wechselnden Aufenthaltsorte
Tucholskys – resp. die Absenderangaben der Briefe, zumal
sie oft widersprüchlich sind – noch nicht exakt ermittelt. Michael Hepp wird für seine demnächst erscheinende Kurt-
Tucholsky-Biographie eine Zeittafel erarbeiten.
das neue Buch
«Deutschland, Deutschland über alles. Ein Bilderbuch von

Kurt Tucholsky und vielen Fotografen, montiert von John Heartfield» erschien am 6. 8. 1929 im Neuen Deutschen Verlag in Berlin (siehe auch S. 342 ff).

vorher an der Mosel einen leichten gekippt
Siehe hierzu «Denkmal am Deutschen Eck», GW 8, 20.

unanständige «Cedilles»
Cedilles sind die Häkchen unter bestimmten Buchstaben im Französischen: zum Beispiel «Français».

Leonhard keinen Rundfunkpreis bekommen
Rudolf Leonhard erhielt 1929 für sein Hörspiel «Orpheus» den Rundfunkpreis in Höhe von 3000 Mark – für den ständig von Existenzsorgen Geplagten eine vorübergehende Erleichterung seiner desolaten Finanzverhältnisse.

Marquita
Marita Hasenclever, Schwester von Walter Hasenclever (siehe S. 246).

27. 12. 1929
Ihre werte Komedie
Nicht mit Sicherheit zu ermitteln. Wahrscheinlich zeigt Tucholsky, so muß vor dem Hintergrund des Briefes vom 30. 2. 1930 angenommen werden, den Erhalt von Rudolf Leonhards Komödie in vier Akten «Die Zwillinge» an (unveröffentlichtes Manuskript im Nachlaß).

Fall Wels
Mit Grete Wels – auch «Walfisch» genannt – war Kurt Tucholsky in jungen Jahren befreundet.

Wer ist Holzpuppe
Rudolf Leonhard hatte seiner Sekretärin den Spitznamen «Holzpuppe» gegeben.

Sardanarola
Offensichtlich ironische Verbindung zweier Namen: «Sardanapal», griechischer Name für den Assyrerkönig Assurba-

nipal (668–626 v. Chr.), der den Griechen das Urbild des Schwelgers war; «Savonarola», Girolamo, italienischer Mönch (1452–1498); seine Bußpredigten wandten sich gegen die Prunksucht der katholischen Kirche und den Luxus der Reichen. Auf Geheiß Papst Alexanders VI. wurde er verhaftet und hingerichtet.

das Deutschlandbuch
Siehe hierzu S. 253 und S. 342 ff.

Drunten im Tale gen Italien
Tucholsky war nach Michael Hepp zum Jahreswechsel 1929/1930 bei Lisa Matthias in Lugano (zum Problem der rasch wechselnden Aufenthaltsorte Tucholskys siehe S. 253).

der kleine Napoléon-Biograph
Anspielung auf Walter Hasenclever (siehe S. 246) und seine Komödie «Napoléon greift ein. Ein Abenteuer in sieben Bildern» (Paris, Berlin 1928/29), Uraufführung am 8. 2. 1930 im «Neuen Theater» in Frankfurt am Main; mit der Komödie «Ehen werden im Himmel geschlossen» (1928 in Berlin in den «Kammerspielen des Deutschen Theaters» uraufgeführt) und dem Lustspiel «Ein besserer Herr» (Uraufführung 1927 im «Schauspielhaus» Frankfurt/Main) zählte Hasenclevers «Napoléon» zu den Erfolgsstücken des Autors, die Ende der 20er Jahre zu den meistgespielten zeitgenössischen Theaterstücken gehörten.

den jungen Dichter des «Vatermords»
«Vatermord», Schauspiel von Arnolt Bronnen (Berlin 1920). Oder auch Anspielung auf Walter Hasenclever (siehe S. 246) «Mord. Ein Stück in zwei Teilen» (1926) und «Der Sohn. Ein Drama in 5 Akten» (1914).

9. 2. 1930
ein Stück
Nicht mit Sicherheit zu ermitteln. Laut der Bibliographie von
Paul Raabe «Die Autoren und Bücher des literarischen Expressionismus» (Stuttgart 1985) existiert keine zu Lebzeiten
Leonhards veröffentlichte dramatische Arbeit mit einer Widmung für Tucholsky. Wahrscheinlich handelt es sich um Rudolf Leonhards Komödie in vier Akten «Die Zwillinge» (unveröffentlichtes Manuskript im Nachlaß).
der wackere Klever
und
der gute Hosenkleffer
D. i. Walter Hasenclever, siehe S. 246.
[ohne Datum]
Que fait la poupée de bois
«Was macht die Holzpuppe». Siehe S. 254.

19. 7. 1930
daher hierorts Kur
Tucholsky schrieb im August 1930 aus einem Sanatorium in
Bellizona an Mary Tucholsky: «Hat sich den Salatorium
schon wieder abgebadet – ja, es ging ganz schief, aber nun
geht es wieder grade.»
Hugo Simon?
Hugo Simon (1880–1950), Bankier und sozialdemokratischer Politiker, zeitweilig Finanzminister. 1923 war Tucholsky als Privatsekretär von Hugo Simon im Bankhaus «Bett,
Simon u. Co» (Berlin) angestellt.
Kann man beim SDS was machen?
Es ging um eine mögliche Unterstützung für Rudolf Leon-
hard seitens des SDS (Schutzverbandes Deutscher Schriftsteller).

11.7.1931
Buch ist abgegangen
Entweder der Sammelband «Lerne lachen ohne zu weinen»
(Berlin 1931) oder «Schloß Gripsholm» (Berlin 1931).
Den Olf-Vorschlag
Nach Bernd Jentzsch steuerte Rudolf Leonhard «für beinahe
jede Nummer [der Weltbühne] Glossen unter dem Pseud-
onym Olf bei» (Bernd Jentzsch: Rudolf Leonhard, «Ge-
dichteträumer». Ein biographischer Essay, Dokumente und
Bibliographie. München u. Wien 1984, S. 19). Zum «Olf-
Vorschlag»: Näheres nicht ermittelt.
Hurra für die Anonymen Briefe!
Siehe S. 251.
Unsereiner sitzt hier auf dem Lande
Tucholsky schrieb u. a. an «Christoph Columbus» (siehe
S. 266); er wohnte in dieser Zeit in Wychling over Westwell,
Ashford, Kent. Mitte September 1931 traf auch Walter Ha-
senclever in England ein. Zeitweise hatte Tucholsky Besuch
von Jean de Montaignac (siehe S. 260).
Friedel Sieburg in London
Friedrich Sieburg (1893–1964), Schriftsteller und Journalist;
ab 1923 Korrespondent der «Frankfurter Zeitung» (siehe
S. 261 f) in Kopenhagen, Paris, London, Afrika und im Fernen Osten. Tucholsky verkehrte in seiner Pariser Zeit freundschaftlich mit Sieburg, obwohl er zur selben Zeit – und in
späteren Jahren zunehmend – dessen politische Haltung verurteilte. Entsprechende Bemerkungen in Tucholskys Briefen
mußten bei der Herausgabe auf Intervention Sieburgs eliminiert werden; das Urheberrecht schreibt eine Genehmigungs-
pflicht bei (abfälliger) Erwähnung lebender Personen vor.
Sieburg nannte sich (im Vorwort zur englischen Ausgabe seines Buches «Es werde Deutschland») 1933 selber einen
«Evangelisten des Dritten Reiches», pries im selben Text

Adolf Hitler und nannte sich folgerichtig in einem Vortrag vor der «Groupe Collaboration» 1941 in Paris einen Nazi; zu der Zeit war er bereits – direkt unterstellt dem Nazi-Botschafter Abetz – bei den deutschen Besatzungstruppen in Paris im nationalsozialistischen Propagandaapparat tätig. 1948–1955 Mitherausgeber der Zeitschrift «Die Gegenwart». Ab 1956 Leiter des Literaturblatts der «Frankfurter Allgemeinen Zeitung». Siehe auch S. 325.

31.7.1931
Ich wünsche vor allem viele Aufführungen der «Briefe»
Siehe S. 251.
über das Büchelein
Verweis auf «Schloß Gripsholm» (Berlin 1931).
die Schweinerei auf Seite 91 ...
Verweis auf eine Textpartie von «Schloß Gripsholm»: «Mir stiegen aus dem braunen Whiskey drei, vier rote Gedanken durchs Blut ... unanständige, rohe, gemeine. Das kam, huschte vorbei, dann war es wieder fort. Mit dem Verstand zeichnete ich nach, was das Gefühl vorgemalt hatte. Du altes Schwein, sagte ich zu mir. Da hast du nun diese wundervolle Frau ... du bist ein altes Schwein. Kein Haus ohne Keller, sagte das Schwein. Mach dir doch nichts vor! Du sollst das nicht, sagte ich zu dem Schwein. Du hast mir schon so viel Kummer und Elend gemacht, so viel böse Stunden... von der Angst, daß ich mir etwas geholt hätte, ganz zu schweigen. Laß doch diese unterirdischen Abenteuer! So schön ist das gar nicht – das bildest du dir nur ein! Höhö, grunzte das Schwein, das ist also nicht schön. Stell dir mal vor... Still! sagte ich, still! Ich will nicht. Oui, oui, sagte das Schwein und wühlte schadenfroh; stell dir vor, du hättest jetzt... Ich schlug es tot. Für dieses Mal schlug ich es tot – sagen wir: ich schloß den Koben ab. Ich hörte es noch zornig rummeln... dann sangen

wieder die Gläser, ganz, ganz leise, wie wenn eine Mücke summte. ‹Daddy›, sagte die Prinzessin, ‹kann man hier eigentlich das blaue Kostüm tragen, das ich mitgenommen habe?› Ich war wieder bei ihr; wir saßen wieder auf demselben Trabanten und rollten gemeinsam durch das Weltall. ‹Ja...›, sagte ich. ‹Das kannst du.› (Kurt Tucholsky: Schloß Gripsholm. Berlin 1931, S. 90 f – GW 9, 41.)

Protargolspritzen
Protargol, Silbereiweißverbindung, in der Medizin als Ersatz des Silbernitrates (Höllenstein). Therapeutikum gegen Tripper und dessen mögliche Folgeerscheinungen.

Der Genosse Kläffer
D. i. Walter Hasenclever, siehe S. 246.

Der Genosse Sieburg
Zu Friedrich Sieburg siehe S. 257.

11.11.1931
Der Kleffer
D. i. Walter Hasenclever, siehe S. 246.

irrtümlicherweise nach Lappland gefahren
Der Lappland-Scherz ist eines der von Tucholsky sehr geliebten Verwirrspiele, seinen jeweiligen Aufenthaltsort betreffend; in Wahrheit arbeitete er mit Walter Hasenclever in Dänemark (was der vorliegende Brieftext zeigt).

der Brutus
Ein Druck dieses Titels ließ sich nicht nachweisen. Wahrscheinlich handelt es sich bei der genannten dramatischen Arbeit um einen noch unveröffentlichten, im Leonhard-Nachlaß in Berlin (Akademie der Künste der DDR) verwahrten Text.

nur ehmt dieser lästige Besuch
Scherzhafte Verdrehung des Umstands, daß Tucholsky sich über Hasenclevers Besuch – und auf die Zusammenarbeit mit ihm – sehr freute.

ERLÄUTERUNGEN

Il est cocu le chef de gare
Frz.: «der Stationsvorsteher ist ein Hahnrei».

19.11.1931
Die Frau von Montaignac
D. i. Jean de Montaignac (1890–1973), französische Freundin Tucholskys und Förderin; aufgrund ihres Adelsprädikats genannt «die Gräfin».

Hasenclever arbeitet
Anspielung auf die gemeinsame Arbeit an der Komödie «Christoph Kolumbus oder Die Entdeckung Amerikas» (siehe S. 266).

28.11.1931
Ich habe mit Ossn telephonisch gesprochen...
D. i. Carl von Ossietzky, siehe S. 298 f.

Theodor Wolff
Theodor Wolff (1868–1943), Mitbegründer der Deutschen Demokratischen Partei, Chefredakteur des «Berliner Tageblatts» von 1906 bis 1933; Mitbegründer des Vereins «Freie Bühne»; gehörte zu den fortschrittlichen bürgerlichen Politikern der Weimarer Republik; Exil in der Schweiz und in Frankreich, Deportation ins Konzentrationslager Sachsenhausen, wo er ermordet wurde.

Georg Bernhard
Georg Bernhard (1875–1944), linksbürgerlicher Schriftsteller und Publizist, ständiger Mitarbeiter an Maximilian Hardens «Zukunft», Chefredakteur der «Vossischen Zeitung» (1930 wegen Verstrickung in eine Familienangelegenheit der Ullsteins entlassen), gründete 1904 die Wochenschrift «Plutus». Bernhard, Mitbegründer der pazifistischen Radikaldemokratischen Partei im Jahre 1930, trat für die Entstaatlichung der Wirtschaft ein.

die Frankfurter Zeitung
Jahrzehntelang eine auch im Ausland angesehene deutsche Tageszeitung mit großem Feuilleton, Handels- und Börsenteil. Die «Frankfurter Zeitung», 1856 als «Frankfurter Handelszeitung» von L. Sonnemann gegründet, ab 1866 «Frankfurter Zeitung», entwickelte sich zum Hauptorgan der Demokratie in Südwestdeutschland und kämpfte gegen die Vormachtstellung Preußens. Nach 1870 trug ihr die Stellungnahme gegen das Sozialistengesetz und das neue Pressegesetz die Gegnerschaft Bismarcks ein. Nach 1933 galt sie lange als Hort eines getarnten Widerstandes, blieb aber wegen ihrer Auslandsbedeutung zugelassen. Diese Haltung der Zeitung und zahlreicher ihrer Mitarbeiter – Friedrich Sieburg, Margret Boveri u. a. – wurde 1945 als unentschiedenes Schwanken zwischen Widerstand und Anpassung kritisiert, die zum Teil pseudonyme Mitarbeit jüdischer Autoren wie Walter Benjamin und Siegfried Kracauer attackiert. 1943 mußte sie auf persönliche Anordnung Hitlers ihr Erscheinen einstellen. Nach 1945 setzten ihre Redakteure in der Zeitschrift «Die Gegenwart» (1945–1958) und in der Stuttgarter «Deutschen Zeitung und Wirtschaftszeitung» (1946–1964), dann in der «Frankfurter Allgemeinen Zeitung» die Tradition der «Frankfurter Zeitung» fort.

Geßler
Otto Karl Geßler (1875–1955), Liberaler Naumannscher Prägung, 1918 Mitbegründer der DDP in Nürnberg (aus der er 1927 wieder austrat). Im Oktober 1919 wurde er als Reichsminister für den Wiederaufbau in die Regierung Bauer berufen. Nach dem Ausscheiden Noskes im März 1920 Reichswehrminister geworden, behielt er dieses Amt in 13 Kabinetten bis Januar 1928. In jenen Jahren war er zusammen mit dem Chef der Heeresleitung, Generaloberst von Seeckt, maßgeblich am Aufbau der Reichswehr beteiligt. In der

Staatskrise des Jahres 1923 trug er durch Vermittlung zwischen Reichspräsident Ebert und Reichskanzler Stresemann einerseits und der Generalität andererseits dazu bei, daß sich die Reichswehr gegenüber der jungen Republik loyal verhielt. Im Laufe seiner Amtszeit kam es zu immer häufigeren Konflikten mit von Seeckt, so daß Geßler im Oktober 1926 dessen Abschied erzwang. Finanzielle Eigenmächtigkeiten untergebener Organe («Phoebus»-Affäre) veranlaßten Geßler 1928 zum Rücktritt. Infolge seines großen Ansehens in der Öffentlichkeit bekleidete er bis 1933 zahlreiche Ehrenämter (unter anderem Präsident des Volksbundes deutscher Kriegsgräberfürsorge und Vorsitzender des Vereins für das Deutschtum im Ausland). 1933 zog er sich ins Privatleben zurück. Nach dem 20. Juli 1944 wurde er verhaftet und verbrachte 7 Monate im KZ Ravensbrück. Ab 1949 war er Präsident des Bayrischen, 1950–52 auch Präsident des Deutschen Roten Kreuzes.

Groener

Wilhelm Groener (1867–1939), Soldat und Politiker, 1914 im Großen Generalstab Verantwortlicher für das Feldeisenbahnwesen, 1916 Leiter des Kriegsamtes im Preußischen Kriegsministerium, 1917 gestürzt aufgrund seiner Bemühungen um einen politischen Ausgleich mit der Arbeiterbewegung. Im Oktober 1918 nutzte er in der Nachfolge Ludendorffs als Erster Generalquartiermeister in der Obersten Heeresleitung das alte Vertrauen der Linken neu. Rechtsparteien und Offizierskorps verziehen ihm nie, daß er nach Ausrufung der Republik am 9. November nicht nur eine aktive Rolle bei der Abdankung des Kaisers spielte, sondern schon am nächsten Tag einen «Pakt» mit dem neuen Reichskanzler Ebert schloß. Mit der Verhinderung einer Offiziersrevolte gegen den Versailler Vertrag und der Organisation des Grenzschutzes im Osten hielt Groener der Nationalversammlung den Rücken frei, begünstigte aber zugleich das Überleben antirepublikanischer Kräfte. Nach einer Tätigkeit als Reichsverkehrsminister (1920–23) und als Militärschriftsteller wurde der parteilose Groener 1928 auf Wunsch Hindenburgs als Reichswehrminister berufen, um angesichts drohender internationaler Abrüstungsmaßnahmen die Reorganisation und Modernisierung der Reichswehr gegenüber der Linken abzusichern. 1931 wurde er – neuerlich auf den Wunsch Hindenburgs – darüber hinaus mit dem Reichsinnenministerium betraut, um die Instrumente der inneren und äußeren Sicherheit in einer Hand zu vereinigen. Als er versuchte, Staat und Armee durch ein Verbot von SA und SS am 16. April 1932 vor dem Zugriff der NSDAP zu retten, wurde er zum zweitenmal nach 1917 als Symbol eines an der Staatsräson orientierten nationalen Ausgleichs mit der Arbeiterbewegung von der Rechten gestürzt. Sein Rücktritt als Reichswehrminister am 13. Mai 1932 leitete den Sturz der Regierung Brüning ein (siehe S. 300 f, Groener-Prozeß).

Heinz Simon
Heinrich Simon (1880–1941), Journalist, Feuilleton-, später Chefredakteur der «Frankfurter Zeitung», emigrierte 1934.

Breitscheid
Rudolf Breitscheid (1874–1944), Politiker, nach Volkswirtschaftstudium Redakteur und Korrespondent liberaler Zeitschriften; von 1910 bis 1912 gab er die demokratische Wochenzeitung «Das freie Volk» heraus. Seit 1912 Mitglied der SPD. Im Zuge der Parteispaltung schloß er sich der USPD an und gab deren Wochenschrift «Der Sozialist» heraus. Nach der Novemberrevolution wurde er für kurze Zeit preußischer Innenminister. Von 1920 bis 1933 – zunächst für die USPD, nach 1922 für die SPD – Mitglied des Reichstags, bald auch Hauptsprecher der SPD in außenpolitischen Fra-

gen und seit 1928 zusammen mit Dittmann und Wels im Fraktionsvorsitz. Breitscheid und Hilferding waren die theoretischen Köpfe der SPD. 1926 wurde er vom Außenminister in die deutsche Völkerbundkommission berufen, der er bis 1930 angehörte. Von 1931 bis 1933 saß er im Parteivorstand der SPD. Die Einheitsfront mit der KPD lehnte er ab.

Nach Hitlers Machtergreifung emigrierte er im April 1933 über die Schweiz nach Frankreich. In Paris schrieb er in der Folgezeit für die SPD-Auslandspresse. Im Februar 1941 lieferte ihn die französische Polizei an die Gestapo aus. Nachdem im Januar 1942 das Hochverratsverfahren gegen ihn eingestellt worden war, kam er über das KZ Sachsenhausen im September 1943 zusammen mit seiner Frau ins KZ Buchenwald. Dort wurde er am 24.8.1944 Opfer eines Bombenangriffs der Alliierten.

Reimann

Hans Reimann (1889–1969), Schriftsteller, Kritiker, Kabarettist; gab von 1924 bis 1929 die satirische Zeitschrift «Das Stachelschwein» heraus, nach Reimann eine Art «Gartenlaube» für Intellektuelle. Reimanns bevorzugte Genres waren Grotesken, Parodien und Satiren («Sächsische Miniaturen»). Siehe auch S. 308f.

Hanns Johst

Hanns Johst (1890–1978), seit 1918 freier Schriftsteller, veröffentlichte in den 20er Jahren Dramen, Romane und Gedichte, die im Namen des Natürlichen, Ursprünglichen und Volkhaften einer modischen Gesellschaftskritik das Wort redeten. Mit seinen beiden Dramen «Thomas Paine» (1927) und «Schlageter» (1933), «Adolf Hitler in liebender Verehrung und unwandelbarer Treue» gewidmet, bekannte er sich offen zum Nationalsozialismus. Von ihm stammt der berüchtigte Satz: «Wenn ich das Wort Kultur höre, entsichere ich meinen Revolver.» 1933 Preußischer Staatsrat und Dramaturg am Schauspielhaus Berlin. Von 1935 bis 1945 Präsident der Reichsschrifttumskammer und der Deutschen Akademie der Dichtung. Reichskultursenator. SS-Brigadeführer. Johst wurde 1945 von den Alliierten interniert (als «Hauptschuldiger» eingestuft) und erhielt bis 1955 Publikationsverbot.

Die und die Sozialdemokraten
Tucholsky hat – siehe auch die Anmerkung zum Ullstein-Verlag (S. 252 f) – nicht nur fast ausnahmslos der gesamten «großen» Presse der Weimarer Republik (also auch der «Frankfurter Zeitung») vorgeworfen, die eigene liberale Position in feigen Kompromissen torpediert und damit das eigene Ende mitverschuldet zu haben, sondern auch ganz ausnahmslos die Politik der SPD als Verrat an den Idealen der Arbeiterbewegung bewertet. In zahlreichen Artikeln, Gedichten («Feldfrüchte», «Das Lied vom Kompromiß») und Chansons hat er darauf hingewiesen (und vor den Konsequenzen gewarnt), daß die SPD und ihre Führer niemals dazu bereit waren, die Grundlagen der alten Gesellschaft zu verändern: die Industrie, den Beamtenapparat, die Justiz und die Armee. Tucholskys Verbitterung und Resignation angesichts des widerstandslos aufkommenden Faschismus erklärt sich u. a. auch aus dieser Einsicht «...bei denen können wir uns bedanken».

13. 12. 1931
Gussy
Gussy Holl, eigentlich Ruth Maria Holl (1888–1969), Schauspielerin, in erster Ehe mit Conrad Veidt verheiratet, in zweiter mit Emil Jannings; eine der besten Diseusen des deutschsprachigen Kabaretts. Gab ihr Debüt in München, trat 1909 zuerst im «Chat noir» in Berlin auf; gehörte nach dem Ersten Weltkrieg zum Stamm des von Reinhardt angeregten Kaba-

retts «Schall und Rauch». Tucholsky, der neben Walter Mehring und Klabund auch zu den ständigen Autoren zählte,
schrieb Texte für sie (siehe auch: «Gussy Holl» GW 1, 97).

Hier in Schweden
Siehe S. 253.

Der andere Verrückte
D. i. Walter Hasenclever, siehe S. 246.

Arzt wohnt, der das Buch «Die Krise in der Medicin» geschrie-
ben hat
Verweis auf Bernhard Aschner und sein Buch «Die Krise der
Medizin. Lehrbuch der Konstitutionstherapie» (Stuttgart
1931). Im Spätsommer 1932 begibt sich Tucholsky zur Kur in
das von Aschner geleitete Privatsanatorium in Hietzing (siehe
hierzu: Briefe aus dem Schweigen, S. 35–44).

dann fehlt bloß noch Hiller
Kurt Hiller (1885–1972), rechtsphilosophisch-kulturpo-
litischer Schriftsteller, Mitbegründer der aktivistischen Bewegung; 1918 Vorsitzender des politischen Rats geistiger
Arbeiter (Berlin); Gründer und Präsident der Gruppe Revolu-
tionärer Pazifisten, zu der auch Kurt Tucholsky gehörte;
1933–34 KZ; Exil in Prag und London; Mitarbeiter an der
«Neuen Weltbühne» und der «Sammlung»; kehrte 1955 nach
Deutschland zurück, lebte in Hamburg, wo 1969 und 1973 in
zwei Bänden seine Lebenserinnerungen «Leben gegen die
Zeit» erschienen.

13. 1. 1932
am Klever gesehn
Siehe S. 246 u. 257.

Daher haben wir auch die Gomödje von den Columbuss fertig
gemacht
Gemeint ist die Komödie «Christoph Kolumbus oder Die
Entdeckung Amerikas», die Tucholsky 1931 gemeinsam mit

Hasenclever schrieb und die 1932 in Leipzig uraufgeführt wurde. Mit dem Thema hatte sich Tucholsky schon viele Jahre vor der endgültigen Niederschrift beschäftigt, er hatte Material gesammelt und bereits 1928 geplant, ein Buch über Christoph Kolumbus zu schreiben.

Mehring

Walter Mehring (1896–1981), gehörte mit Tucholsky, Klabund und Ringelnatz zu den Autoren des Kabaretts «Schall und Rauch», dort wurden seine «Berlin-Songs» berühmt. Später schrieb er für Trude Hesterbergs «Wilde Bühne», auch für Kabarettrevuen sozialkritische Chansons und satirisch-aggressive Gedichte. Sein rigoros sozialistisches Drama «Der Kaufmann von Berlin» war Piscators letzte Inszenierung vor 1933. Mitarbeiter der «Weltbühne»; emigrierte 1933 nach Frankreich und in die USA, lebte bis zu seinem Tode in der Schweiz. Walter Mehring: Werke, [Bd. 1–9.] Hrsg. von Christoph Buchwald. Düsseldorf 1978–1981.

Ringelnatz

Joachim Ringelnatz, eigentlich Hans Bötticher (1883–1934), «Artist», hat in vierzig Berufen gearbeitet. 1909 Debüt in Kathi Kobus' «Künstlerkneipe». Bis 1911 ständiger Mitarbeiter des «Simplicissimus». Ab 1920, nach erfolgreichem Start bei Ernst von Wolzogens Berliner Kabarett «Schall und Rauch», mit einer Vielzahl von Auftritten auf Kabarett- und Kleinkunstbühnen nahezu ohne Unterbrechung auf Tournee durch Deutschland («Reisebriefe eines Artisten», 1927). 1933 von den Nationalsozialisten mit Auftrittsverbot belegt.

Kästner

Erich Kästner (1899–1974), ab 1927 freier Schriftsteller in Berlin, zeitkritische, politisch-satirische Gedichte und Texte für das Kabarett; daneben unterhaltsame, erfolgreiche Romane und amüsante, spannende Kinderbücher. Nach 1945

Feuilletonredakteur der «Neuen Zeitung», München, 1957
Georg-Büchner-Preis. (Erich Kästner: Gesammelte Schriften
für Erwachsene. Bd. 1–8. München u. Zürich 1969.)

12.2.1932
Lieber Osaf
«Osaf» war die offizielle Abkürzung für «Oberster SA-Füh-
rer» (Adolf Hitler).
Tucholsky hat bis zu Briefanschriften wie «Juda verrecke»
oder Anredeformeln wie «Liebe Mitjuden» oder Unterschrif-
ten wie «Cohn & Co.» ein ständiges Spiel mit offiziellen Flos-
keln, Nazi-Schimpfreden oder antisemitischen Pöbelworten
gespielt (wie er diesen Brief auch mit Hindenburg signiert).
Dieses Spiel war ein Derivat seiner aufgegebenen Pseudonyme, seiner Lust zu Falsch-Benennungen und verdrehten
Umtaufen. Dieses Umprägen banaler Redeweisen ist als ironische Distanzierung von Verhaltensweisen wie banausen-
haften Redensarten zu verstehen.
sowie auch mehrere Pfund Papier, die sich for eine Komödi
ausgeben
Tucholsky zeigt den Erhalt eines Manuskripts von Rudolf
Leonhards Komödie «Führer und Co» (Paris [1936]) an
(siehe den folgenden Brief vom 14.2.1932).
eine südfranzösische Geschichte von der Gräfin
D.i. Jean de Montaignac, siehe S. 260.
Karlchen
D.i. Dr. Erich Danehl, Freund Tucholskys aus dem Ersten
Weltkrieg; wurde 1933 als Polizeipräsident von Harburg-
Wilhelmsburg abgesetzt. Nach 1945 Staatssekretär im nieder-
sächsischen Innenministerium in Hannover. Gestorben 1952.
Klever
D.i. Walter Hasenclever, siehe S. 246.

14.2.1932

Der Wendriner

Name einer von Tucholsky erfundenen, parodierten Figur
aus dem jüdischen Bürgertum, die er in den 20er Jahren in der
Weltbühne zu Wort kommen ließ; die monologische Struktur
der Wendrinerischen Welterörterung und die bizarren All-
tagssituationen der dargestellten Gespräche – insgesamt fünfzehn – verhalfen der Figur zu großer Popularität (siehe z. B.:
«Herr Wendriner betrügt seine Frau» GW 4, 233, «Herr
Wendriners Jahr fängt gut an» GW 4, 312, «Herr Wendriner
geht ins Theater» GW 4, 560).

das steht doch schon bei Rowohlt

Verweis auf den 1928 bei Rowohlt in Berlin erschienenen
Sammelband «Mit 5 PS», der unter dem Zwischentitel «Ein
Mann am Wege: Herr Wendriner» neun Episoden zusam-
menstellte.

Herr Timpe… «Handpresse»

Ferdinand Timpe (1885 – ?), Dozent, Publizist; Herausgeber
der «Entr'act Bücherei» im Verlag Ida Graetz (Handpresse).
In dieser Edition erschien 1932 mit Bd. 2 Rudolf Leonhards
Buch «Das Wort. Versuch eines sinnlichen Wörterbuchs der
deutschen Sprache».

Ihr Stück

Verweis auf Rudolf Leonhards «Führer und Co. Politische
Komödie.» (Paris [1936]), nach Maximilian Scheer um die
Jahreswende 1931 / 32 entstanden. «Sie spielt in Frankreich,
auch wenn der Verfasser – aus dramaturgischem wie politi-
schem Irrtum, scheint es – angibt, sie spiele ‹in jeder Repu-
blik›.» (Maximilian Scheer: Vorwort. In: Rudolf Leonhard:
Ausgewählte Werke in Einzelausgaben. Bd. II. Segel am
Horizont. Dramen und Hörspiele. Hrsg. von der Deut-
schen Akademie der Künste zu Berlin. Berlin [Ost] 1963,
S. 13.)

Sagt Polgar über den «Diktator» von Romains
Zitat und Verweis auf Alfred Polgars (siehe S. 358) Kritik zu
«Der Diktator» von Jules Romains (Alfred Polgar: Der Diktator. In: Alfred Polgar: Kleine Schriften. Bd. 5. Theater I.
Hrsg. von Marcel Reich-Ranicki in Zusammenarbeit mit Ulrich Weinzierl. Reinbek bei Hamburg 1985, S. 454); eine Vor-
fassung erschien in «Der Morgen» vom 7.2.1927. Jules
Romains (1885–1972), französischer Schriftsteller. «Le Dic-
tateur» (Uraufführung 1926 in Paris) wurde 1927 ins Deutsche
übersetzt und mit Albert Bassermann im gleichen Jahr aufge-
führt. Tucholsky rezensierte das Theaterstück sowohl am
13.10.1926 in der «Vossischen Zeitung», «‹Der Diktator› in
Paris», als auch in der «Weltbühne» am 19.10.1926 unter dem
Titel «Ein Diktator und sein Publikum» (GW 4, 523).
Salvavi animam meam
Lat.: «Ich habe meine Seele gerettet [d.h.: mein Gewissen
beruhigt].»

2.4.1932
von wo ich nach Hasenklevern herunterfahren will – wenig-
stens in seine Nähe
Die hier angekündigte Reise Tucholskys zu Walter Hasenclever (siehe S. 246) verlief über Paris nach Südfrankreich; Mitte
April ist Tucholskys Aufenthalt in Hindås nachweisbar; danach reiste er, versehen mit einem Transitvisum für Belgien,
das in Stockholm ausgestellt wurde (9.4.1932); er verlängerte
sein Frankreich-Visum in Göteborg beim Konsulat bis zum
7.4.1933. In Le Lavandou hielt sich Tucholsky in Gesellschaft der «Gräfin» Montaignac auf. Hasenclevers damaliger
Wohnort Le Lavandou lag unweit von Sanary-sur-Mer, dem
Zentrum der deutschen Emigration, jenem (damals kleinen)
Mittelmeerhafen, in dem Bertolt Brecht und Arnold Zweig,
Thomas Mann und Franz Werfel, Lion Feuchtwanger und

Ludwig Marcuse Zuflucht gefunden hatten. Es war jener kleine Badeort an dem «lateinischen Meer», den Gottfried Benn in seinem infamen Radiovortrag «Antwort an die deutschen Emigranten» gemeint hatte als bequemen Fluchtpunkt, von dem aus man «ein Volk, das sich züchten will», nicht beurteilen könne – und dessen Name auf Klaus Manns Brief vom 9. 5. 1933 stand, mit dem die Position der deutschen Emigration erstmals formuliert wurde.

[16. 5. 1932]
Inseln
Anspielung auf Rudolf Leonhards «Die Insel. Gedichte einer italienischen Reise» (Berlin 1923).

8. 6. 1932
Le Lavandou – aber da schreibe nicht mehr hin, denn ich mache weg
Tucholsky plante, aus dem südfranzösischen Ort, wo er Walter Hasenclever (siehe S. 246) besuchte, abzureisen; für den 15. 6. ist seine Einreise in Genf nachgewiesen (Stempel Genf–Cornavin).

18. 1. 1933
Kürschner
Anspielung auf Kürschners Deutscher Literatur Kalender, ein 1882 gegründetes Verfasserlexikon.

BRIEF AN HEINRICH MANN
Seite 49–50

Heinrich Mann (1871–1950). Tucholsky, dessen 1912 erschienenem Buch «Rheinsberg» ein Heinrich-Mann-Motto vorangestellt ist, hatte zeitlebens – im Gegensatz zu dem von ihm weniger geschätzten Thomas Mann – zu ihm und seiner Arbeit eine intensive Beziehung. Trotz späterer Entfernung (Tucholsky nahm von dem Gedanken, Heinrich Mann einen seiner Sammelbände zu widmen, Abstand) verehrte er den demokratischen und pazifistischen Schriftsteller (siehe «Der Untertan» GW 2, 63 und «Macht und Mensch» GW 2, 359). In der Zeit nach 1933 grenzte sich Tucholsky allerdings von der Position Heinrich Manns (und anderer Emigranten) ab: «Die These Heinrich Manns und auch Tollers ist falsch. Hitler ist Deutschland» (Brief vom 5.1.1934 an W. Hasenclever. In: Politische Briefe, S. 40; Ausgewählte Briefe, S. 275). Siehe auch den Brief Tucholskys an Werner Vordtriede vom 5.7.1931 (S. 111f).

7.11.1925
eine kleine Arbeit über die Pyrenäen fertig machen
Siehe S. 249.
Den «Kopf» habe ich bekommen
Tucholsky zeigt den Erhalt von Heinrich Manns Roman «Der Kopf. Roman der Führer» (Berlin 1925) an. Mann hatte eine Woche zuvor per Postkarte (31.10.1925) bei ihm angefragt: «Sehr verehrter Herr Doctor, hat der Verlag Zsolnay Ihnen meinen Roman ‹Der Kopf› geschickt? Ich frage nicht darum, weil ich von den Empfängern Anzeigen verlange. Ich möchte mich nur vergewissern. Machen Sie mir, bitte, kurze Mitteilung. Die letzte Nachricht von Ihnen erhielt ich aus Lourdes […]».

In der Rezension zu Jean Giraudoux' «Bella» («Vossische Zeitung» vom 4. 3. 1926 – GW 4, 366) heißt es zu dessen poetischem Verfahren: «Giraudoux [...] hat Wahrheit und Dichtung gemischt, also etwa ein ähnliches Verfahren, wie es Heinrich Mann im ‹Kopf› angewendet hat.»

Haben Sie «Ulysses» von Joice gelesen?
Trotz der Falschschreibung des Autorennamens war Tucholsky einer der allerersten Literaturkritiker, der mit «Der innere Monolog» (GW 5, 221) und dem großen Aufsatz «Ulysses» (GW 5, 379) auf den Roman von Joyce aufmerksam machte. «James Joyce hat eine Tür aufgestoßen; ich glaube, daß sie nach Freud nur noch angelehnt war. Auch dem Können dieses Iren sind natürliche Grenzen gesetzt: solche des menschlichen Gehirns und solche des Buchdrucks: man denkt ungeheuerlich schnell, man denkt auch manchmal polyphon – während ein schwerer Gedanke wie ein Glockenton in der Tiefe brummt, hüpfen oben die Affen der Assoziation auf und ab. Das kann man nicht aufschreiben. Was gemacht werden konnte, hat Joyce gemacht. Denn so sieht es in einem menschlichen Gehirn aus.»

BRIEFE AN SIEGFRIED KRACAUER
Seite 51–52

Siegfried Kracauer (1889–1966), Journalist, Schriftsteller, Soziologe; 1922–1929 Redakteur der «Frankfurter Zeitung» (siehe S. 261 f), ab 1930 als Leiter des Feuilletons der «FZ» in Berlin; 1933–1941 Exil in Frankreich. Nach seiner Flucht aus Europa nach New York, 1941, Arbeit als wissenschaftlicher Mitarbeiter im Museum of Modern Art und als Dozent an der Columbia University. Amerikanische Staatsbürgerschaft. Wichtige Veröffentlichungen u. a. zur Filmtheorie, zur faschistischen Propaganda, zu kunstsoziologischen Themen und zahlreiche essayistische und literarische Arbeiten (Siegfried Kracauer: Schriften. Bd. 1–8. Hrsg. von Karsten Witte. Frankfurt/M 1971–1977).

4.3.1927
«Pariser Beobachtungen»
Verweis auf den von Kracauer nach seinem Paris-Aufenthalt Januar 1927 für die «Frankfurter Zeitung» vom 13.2.1927 verfaßten Artikel. Zu der von Tucholsky vorgeschlagenen Mitarbeit an der «Weltbühne» ist es nicht gekommen, was diesen jedoch nicht davon abhielt, sich emphatisch für eine Lektüre von «Die Angestellten» auszusprechen: «Statt dessen lest lieber die gradezu aufsehenerregende Serie Kracauers in der ‹Frankfurter Zeitung›: ‹Die Angestellten›, ein breit angelegter Versuch einer wahrhaft modernen Soziologie. Ein Schritt in unbebautes Neuland, von bestem Instinkt geleitet.» («Auf dem Nachttisch», GW 8, 50.)
Kracauer eröffnet seine «Pariser Beobachtungen» mit: «VON BERLIN AUS GESEHEN. Der Deutsche aus Berlin, der mit seinen Problemen bepackt nach Paris kommt, glaubt sich in eine riesige Provinzstadt versetzt. Gewiß, da sind die beiden Louvre Gebäude (von denen ihm die Gemäldegalerie mehr imponiert als das Warenhaus, das es besser fertig bringt), da sind Plätze, Schlösser, Attraktionen auf dem Montmartre, Modehäuser und andere Häuser, die in Deutschland aufgehoben sind – aber das Leben, die Gesellschaft? Leben und Gesellschaft scheinen ihm wie vor hundert Jahren.»
Kracauer beschließt seinen Artikel mit dem Abschnitt: «VERSTÄNDIGUNG. Verständigung? Sie reicht kaum je durch alle Schichten. Bei der Schilderung der deutschen Zustände erklärt der Franzose höflich: ‹Mais, ce n'est pas possible?›, und der Deutsche seinerseits muß sämtliche geliebten Kate-

gorien in die Ecke stellen, wenn er etwas Französisches fassen will; er darf mit ‹konservativ› nicht ‹reaktionär› assoziieren, mit Sozialismus nicht Marx, mit Katholizismus nicht Politik. [...] Das Volk in Paris gibt mehr Hoffnung als die Gesellschaft.»

21.8.1927
denn ich habe noch keine feste Wohnung
Nachdem Tucholsky die Herausgeberschaft der «Weltbühne» in Berlin (siehe S. 323 f) nicht weiterführen wollte, begann die mühselige Pariser Wohnungssuche von neuem, da das Haus in Fontainebleau aufgegeben worden war. Er reiste fast das ganze Jahr umher – im Mai war er in Hamburg, den Sommer über in Dänemark, wo er «Mit 5 PS» zusammenstellte, zwischendurch zeigt ihn eine Photographie an der Loire und eine andere in der Normandie, im September macht er mit Karlchen und Jakopp (siehe S. 268 u. S. 327) die Spessartwanderung, ebenfalls im Herbst trifft er sich in Würzburg mit «Lottchen» Lisa Matthias und mit Carl von Ossietzky, um die Weiterführung der «Weltbühne» zu beraten. Mary Tucholsky machte einen ausgedehnten Urlaub in Riga. Im Juli 1927 schreibt er ihr: «In Paris will ich ehrlich und richtig suchen. Aber ich mache mich nicht kaputt. Finde ich das nicht, dann müssen wir den Winter über in den Süden gehn.»

BRIEF AN CLAIRE UND IWAN GOLL
Seite 53

Claire Goll (1891–1977), französisch-deutsche Schriftstellerin, schrieb, zum Teil zusammen mit ihrem Mann Iwan Goll, surrealistische Gedichte, Erzählungen und Romane.

1971 Erinnerungen unter dem Titel «Traumtänzerin. Jahre der Jugend». Iwan Goll (1891–1950), französisch-deutscher Schriftsteller. Von 1919 bis zur Flucht in die USA lebte er in Paris. Schrieb in deutscher, englischer und französischer Sprache und gehörte den verschiedensten literarischen Strömungen an (1985 Neuauflage von «Sodom Berlin» [Roman 1929]). 1978 erschien von Claire und Iwan Goll «Meiner Seele Töne. Das literarische Dokument eines Lebens zwischen Kunst und Liebe – aufgezeichnet in ihren Briefen» (Neuhrsg. und kommentiert von Barbara Glaunert).

15. 1. 1928
Liebe Frau Gollinska … Herr Golf
Claire Goll: «Mit Kurt Tucholsky war ich sehr befreundet, ich liebt ihn sehr, er war ein äußerst sensibler und geistreicher Mann, und vor allem von einem ungeheuren Witz. Er brachte mich so zum Lachen, daß ich immer weinte, wenn ich neben ihm herging. Das war ein tragischer Witz, er war ja sehr unglücklich, er sagte zu mir: was soll ich nur jetzt mit meinem Leben anfangen, wo soll ich hin, und am liebsten würde man schon mit seinem Leben abbrechen. Ich sagte, Du bist ja ganz verrückt, so ein Mensch, der so über dem Leben steht, so lustig ist. Ja lustig, sagt er, lustig, ich habe das Lachen des Clowns, aber innen weint es!» (K. P. Schulz, W. H. Habermehl: Mit 5 PS. Kurt Tucholsky als Zeitkritiker. Mainz 1970 [Filmms. unveröffentlicht], S. 14 f)
Doktor Sailly
Nach einer handschriftlichen Notiz Claire Golls auf dem Brieforiginal war dies der Pariser Nasenspezialist der Golls, zu dem sie – Claire Goll – Tucholsky geschickt hatte.

BRIEFE AN JULIUS BAB
Seite 54–61

Julius Bab (1880–1955), Kritiker, Dramaturg und Schriftsteller, Mitarbeiter der «Weltbühne» und in seiner Funktion als Vorstandsmitglied der «Volksbühne» in Berlin Herausgeber der «Dramaturgischen Blätter der Volksbühne»; 1938 Emigration nach Frankreich und in der Folgezeit in die USA (New York). Lebte bis zu seinem Tod als Literatur- und Theaterkritiker (Mitarbeiter der «New Yorker Staatszeitung») in den USA.

8.4.1914
Ihre Besprechung von «Rheinsberg»
In der «Schaubühne» vom 9.4.1914 war unter dem Titel «Rheinsberg» Julius Babs Rezension von Kurt Tucholskys erstem Buch «Rheinsberg. Ein Bilderbuch für Verliebte» (mit Illustrationen von Kurt Szafranski, Berlin 1912) erschienen. Er lobte das Buch und nannte es «eine Idylle für moderne Kulturmenschen». Seine verhaltene Kritik an einigen Passagen («Die klingen nämlich wie gutes Feuilleton und sind deshalb viel zu schlecht für dies Buch, das eine Dichtung ist») gingen in einen Brief ein, den Tucholsky am 25.8.1915 an seinen Verleger Axel Juncker schrieb und in dem er diesen bat: «Bei einem Neudruck [...] hätte ich gern ein paar Stellen leicht geändert. Sollte das wegen des nötig werdenden Neuumbruchs nicht angängig sein, so möchte ich jedenfalls einen vorhandenen Druckfehler beseitigen (auf der vorletzten Seite steht einmal Dominatakkord statt Dominantakkord) und außerdem am Anfang ein kleines Gedicht einfügen [...]».

21.12.1926

Übersendung Ihres Buches

Der Titel, dessen Erhalt Tucholsky hier anzeigt, war nicht mit Sicherheit zu ermitteln. Julius Bab veröffentlichte im Jahr 1926 drei Bücher: «Die Chronik des deutschen Dramas. Bd. 5. Deutschlands dramatische Produktion 1919–1926» (Berlin 1926), «Faust. Das Werk des Goetheschen Lebens» (Stuttgart 1926) und «Schauspieler und Schauspielkunst» (Berlin 1926).

Alexander Granach

Alexander Granach (1890–1945), Schauspieler, seit 1908 in Berlin, seit 1910 am «Deutschen Theater». Von 1921 bis zu seiner Entlassung 1933 Engagements bei Max Reinhardt, Leopold Jessner und Erwin Piscator. 1933 emigrierte Granach über die Schweiz nach Polen; 1935 Übersiedlung in die Sowjetunion, dort im November 1937 im Zuge stalinistischer Säuberungen verhaftet. Auf Intervention Lion Feuchtwangers erhielt Granach einen Monat später, im Dezember 1937, ein Visum zur Ausreise in die Schweiz. Kurzfristig Verpflichtung ans Zürcher Schauspielhaus. Juni 1938 Emigration über Paris in die USA (New York). Von 1939 bis 1944 zahlreiche Rollen als Filmschauspieler in Hollywood. Berühmt geworden als Schriftsteller mit «Da geht ein Mensch. Autobiographischer Roman» (Stockholm 1945).

ich bringe ihn aber noch

Nicht ermittelt.

23.12.1926

der Mann

D. i. Siegfried Jacobsohn. Der 1881 als Sohn einer jüdisch-bürgerlichen Familie geborene Jacobsohn, zu dessen Schulkameraden Carl Sternheim und Karl Liebknecht gehörten, debütierte als Theaterrezensent 1901 in der «Neuen Hamburger Zeitung» und wurde durch die Vermittlung des ihm befreundeten Albert Bassermann dem Chefredakteur der «Welt am Montag» (und späteren «Weltbühnen»-Mitarbeiter) Hellmut von Gerlach vorgestellt, der ihn noch im selben Jahr engagierte. 1904 enthüllte das «Berliner Tageblatt» ein angebliches Plagiat Siegfried Jacobsohns, die Affäre – an deren Debatte Maximilian Harden wie Carl Gustav Jung teilnahmen – beschäftigte Monate die literarische Öffentlichkeit; Siegfried Jacobsohn schied aus der «Welt am Montag» aus. Einer mehrmonatigen Europareise, in deren Verlauf er Hofmannsthal, Schnitzler, Bahr, Polgar und Theodor Wolff kennenlernte, folgte die Gründung der «Schaubühne», die er 1918 – nicht zuletzt unter dem Einfluß von Kurt Tucholsky – in «Weltbühne» (siehe auch S. 323 f) umtaufte, um die Erweiterung des intellektuellen und politischen Radius der Zeitschrift zu benennen. Siegfried Jacobsohn, der mit einer Cousine des Berliner Kabarettisten Marcellus Schiffer, Edith Schiffer, verheiratet war – die in ihrem eigenen Verlag Williams & Co. Übersetzungen aus dem Englischen, vor allem Kinderbücher, publizierte –, schuf in den Jahren bis zu seinem Tod in der «Weltbühne» die entscheidende linksliberale Plattform für intellektuelle, künstlerische und politische Auseinandersetzungen in der Weimarer Republik: sie gilt noch heute als eine Art Geschichte dieser Epoche in Zeitschriftenform. Die Auflage des «Blättchens», wie Siegfried Jacobsohn es nannte (oder «mein geronnenes Herzblut») stand in umgekehrtem Verhältnis zur Wirkung: 15 000 Exemplare in den besten Zeiten. Trotzdem ermöglichte die «Weltbühne» es Siegfried Jacobsohn, die Redaktion in den Sommermonaten von seinem Haus in Kampen / Sylt aus zu leiten und die Gründung einer Monatsschrift zu betreiben, die den Titel «Der Weltbürger» tragen sollte. Im September 1926 bat er Kurt Tucholsky – der die Zeitschrift für ihn konzipiert hatte – um den programmatischen Eröffnungsaufsatz über den politischen Heinrich

Heine; aber am 3. Dezember 1926 erreichte Tucholsky in Paris
ein Telegramm der Sekretärin: «Jacobsohn Gehirnschlag. Sofort kommen». Kurt Tucholsky hatte Siegfried Jacobsohn ver-
ehrt wie nie zuvor und nie später einen Kollegen. Er schrieb im
Juni 1927 an Maximilian Harden: «– aber ich fühle deutlich,
daß mir der Mann nicht ersetzlich ist. Das hat nun garnichts
mit Überschätzung zu tun –: es ist das rein persönliche Verhältnis gewesen, das sehr stark an Vater und Kind erinnert,
und ich glorifiziere nicht nachträglich – ich merke nur mit
jedem Tag, was allein seine Existenz für mich bedeutet hat.»

14. 1. 1927
wegen des ewigen Antlitzes... vorgezogen
Nicht ermittelt.
Die hat Ehrenzweig wohl nicht vertreten wollen
Stephan Ehrenzweig, Mitarbeiter der «Weltbühne», der «Literarischen Welt» und von «Das Tagebuch». Tucholsky spielt
auf den Artikel «Zurück zu Shaw» («Weltbühne» vom
11. 1. 1927) an, in dem Ehrenzweig polemisch den Dramatiker Shaw gegen den «Essayisten Shaw» ausspielt («Wie sehr
ist doch der Essayist Bernard Shaw dem Komödienschreiber
überlegen!»). «Im Dialog wandeln These und Antithese, ge-
drillt von einem stets heitern Dompteur, scheinbar mühelos
auf den Händen. Diese verkehrte Stellung, im Verein mit der
Unmöglichkeit, im Theater langsamer zu hören als gesprochen wird, erschweren die Agnoszierung; dreht man aber
vorerst das Ganze und hernach die Details um hundertachtzig
Grad zurück, so kann zweierlei eintreten: daß das Gesagte
nun erst recht kopfsteht und also niemals Füße besaß, oder
daß es durch diese das Wesen nicht berührende Verschiebung
an Brillanz verloren, was es an Selbstverständlichkeit gewon-
nen hat. Was bleibt, ist gewöhnlich ein dürftiger dramatischer
Rahmen, ein bißchen stockenglische Satire auf England, ein

bißchen stockbürgerliche Satire auf das Bürgertum, keine
verzuckerten Pillen, wie man immer wieder hören muß, sondern verpillter Zucker.»

heiligen Johanna
«Die heilige Johanna», Drama von George Bernard Shaw
(1924).

*Alfred Polgar viel Schärferes, fast Vernichtendes gegen Shaw
erlaubt hat*
«Mensch und Übermensch» überschrieb Alfred Polgar (siehe
S. 358) seine Polemik gegen Shaw anläßlich der Aufführung
der gleichnamigen Komödie am «Wiener Deutschen Volks-
theater» («Weltbühne» vom 3.8.1926). «Jedes Wort ist Stich-
wort, das Theorie, Erörterung, Polemik auf die Bühne ruft.
Jeder Griff ist Griff in ein Gedanken-Nest. Schwärme von
Klugworten fliegen auf, und es dauert, bis sie sich wieder gesetzt haben.»

«Jahr der Bühne»
Siegfried Jacobsohn gab in den Jahren 1911 bis 1921 im Verlag
der «Weltbühne» jährlich (insgesamt also zehn) Bände mit
Theaterkritiken heraus, die für jede Spielzeit in einer Aus-
wahl seine Besprechungen aus der «Schaubühne» und der
«Weltbühne» zusammenstellten. Jacobsohn nahm damit eine
Idee auf, die schon aus der Zeit vor dem Erscheinen der ersten
Hefte der «Schaubühne» stammte: in Paris hatte er anhand
mehrbändiger Kritikensammlungen von Lemaître und Sarcey
die französische Theaterliteratur kennengelernt, eine Form,
die dem jungen Theaterkritiker Jacobsohn trotz qualitativer
Einwendungen zusagte und die er für die «Lieblinge seiner
Jugend, Mauthner und Schlenther» vermißte. Im Editorial
des 10. Bandes (1920/21), dem er die gedruckte Widmung
«meinem Tucho» voranstellte, hielt Jacobsohn zu Anspruch
und Wirkung der gesammelten Kritiken fest: «Grade der berliner Theaterkritiker, dem es immer nur um die Sache gewe-

sen ist, hat ja weniger Anlaß, sich geschmeichelt zu gratulieren, als: sich weinend zu condolieren. Wer auf Grund des ersten und zehnten Bandes den Zustand von 1911 mit dem Zustand von 1921 vergleicht, wird mich spöttisch fragen, was denn mein unermüdlicher Kampf genützt hat, wenn solch ein Ergebnis nicht zu verhindern war. Aber mögen alle Künste abseits vom Tage gedeihen können: das Theater ist der Ausdruck und Abdruck des Tages, und unserm Tage entspricht so ziemlich dieses unser Theater. Daß es ihm noch nicht völlig entspricht, ist vielleicht doch das Verdienst des unermüdlich kämpfenden Kritikers, ist sein Trost und ist sein Ansporn, auch im fünften Jahrzehnt seines Daseins für das künstlerische Theater weiterzukämpfen.»

15. 1. 1927
Ihren Aufsatz über Herbert Eulenberg
Verweis auf Julius Babs Rezension «Gegen Shaw?» in der «Weltbühne» vom 27. 7. 1926, in der dieser in einer Gegenüberstellung von Gilbert Keith Chestertons «George Bernard Shaw» (Wien 1925) und Herbert Eulenbergs «Gegen Shaw. Eine Streitschrift. Mit einer Shaw-Parodie des Verfassers» (Dresden 1925), letzteren wegen seiner Ignoranz in Sachen Shaw scharf angriff. George Bernard Shaw war zu diesem Zeitpunkt sowohl durch seine Theaterstücke als auch durch seine Essays dem «Weltbühnen»-Publikum bekannt und zu einem in der literarischen Öffentlichkeit vieldiskutierten Schriftsteller geworden. Mit dem Artikel von Siegfried Trebitsch «Der deutsche Aufstieg des Bernard Shaw» in der «Weltbühne» vom 20. 7. 1926 wurde eine sich über mehrere «Weltbühnen»-Nummern hinziehende Kontroverse um Shaw eröffnet. Zu Herbert Eulenberg siehe S. 365.
G. B. S.
D. i. George Bernard Shaw.

*was Sie mir da geschrieben haben, drucke ich in der nächsten
Nummer*
In der – von Kurt Tucholsky bis zu Siegfried Jacobsohns
Tod am 3. 12. 1926 mit ihm gemeinsam geschriebenen bzw.
redigierten – Rubrik «Antworten» erschien am 8. 2. 1927 in
der «Weltbühne» Babs Entgegnung auf den in der folgenden
Anmerkung zitierten Artikel Felix Zieges «Die Volksbühne». Julius Bab pointiert: «Die Leitung der Volksbühne
lehnt es allerdings in ihrer großen Mehrheit ab, das Theater
einfach zu einem Instrument der Politik zu machen. Sie
glaubt, daß die Befreiung und Stärkung des Menschen durch
das künstlerische Erlebnis an sich ein Gewinn ist, der dem
Gesamtbereich menschlichen Strebens, auch dem politischen, zugute kommen muß; daß die Kraft künstlerischer
Bewegung aber gebrochen wird, wenn man sie im Stil eines
‹christlichen›, eines ‹nationalen› oder eines ‹proletarischen›
Theaters irgend einem außerkünstlerischen Prinzip unter-
ordnet. Die richtig verstandne Volksbühne ist, wie Gustav
Landauer sagte, selbst ‹ein Stück von bereits gegenwärtigem
Sozialismus›, und sie würde das weniger sein, wenn sie ein
bloßes Instrument eines politischen Zukunftssozialismus
sein wollte.»
der Junge... gegen die Volksbühne sagen
«Die Volksbühne» lautete der Titel eines Beitrages in der
«Weltbühne» vom 1. 2. 1927, in dem Felix Ziege, ein bis dato
unbekannter Autor eines von der «Volksbühne» abgelehnten
Theaterstücks («Die Maschine»), schwere Vorwürfe gegen
die Volksbühnenleitung erhoben hatte. Ziege forderte ein
klares Bekenntnis der «Volksbühne» zu den Interessen der
Arbeiterschaft; es dämmere – so Ziege – inzwischen auch der
Leitung der «Volksbühne», «daß die Stunde gekommen ist,
wo sie aus unpolitischer Selbstbemogelung zu politischem
Bewußtsein erwachen» müsse, vor allem verlange inzwischen

«eine starke Opposition in den Reihen der Volksbühnenmitglieder eine klare politische Stellungnahme bei der Ausge-
staltung des künstlerischen Programms». Damit griff Ziege
vehement die Versuche der «Volksbühne» an, eine Unter-
scheidung zwischen «Gesinnungstheater» und «Weltan-
schauungstheater» zu etablieren und letzteres zu favorisieren.
«Wo immer führende produktive Künstler sich zu Fragen der
Kunst äußern, sind sie gezwungen, sich auch mit der Politik
zu befassen. Das hat zur Folge, daß der Künstler genötigt ist,
zur Politik selbst Stellung zu nehmen. Und da der Kern aller
heute zu knackenden Nüsse der Gegensatz: Proletariat – Kapitalismus ist, so muß und soll der Künstler auch Partei er-
greifen. Wer das abstreiten will, hat entweder keine Ahnung
vom künstlerischen Schaffen oder leugnet aus Böswilligkeit.
Wir sind in der bewußten Politisierung der Kunst begriffen.
Soll die Volksbühne als Bühne des schaffenden Volkes ihrer
Aufgabe genügen, so muß sie Stücke zur Aufführung bringen, die die Probleme des schaffenden Volkes gestalten [...]
Der Name Volksbühne verpflichtet! Die Leitung erfüllt diese
Verpflichtung nicht. Wann wird die Volksbühne Das sein,
was ihr Name fordert: Volksbühne?»

17.3.1927
Der Artikel von Springer
Verweis auf Georg Springers Artikel «Zur ‹Krise in der Volksbühne›» in der «Weltbühne» vom 22.3.1927, eine Antwort
auf Arthur Holitschers (siehe S. 290) Artikel «Zur Krise der
Volksbühne», der in der «Weltbühne» vom 8.3.1927 erschienen war. Springer war darin als Mitglied des Vorstandes der
Volksbühne heftig attackiert worden. Springer: «Die Volksbühne hat weder die Tradition noch die Absicht, noch die
Möglichkeit, das Wort ‹Volk› in ihrem Namen einfach mit
‹radikalsozialistischer Arbeiterschaft› gleichzusetzen. Zwei-

fellos ist sie aus dem Willen hervorgegangen, den Arbeitern die Kunst, zunächst die des Theaters, zu erschließen, und sie betrachtet es auch heute noch als ihre Hauptaufgabe, den Weg des Proletariats zu den Kulturgütern freizulegen. Aber weder in Berlin und noch weniger im Reich besteht die Mitgliedschaft der Volksbühne ausschließlich aus Proletariern; und wenn wir gar den Begriff des meinungsberechtigten, förderungswerten Volkes auf radikalsozialistische Gesinnung beschränken wollten, so wäre das mit einer Zersprengung der Volksbühne gleichbedeutend. Nach Holitschers Ausführungen wäre sogar die ganze Masse der in der SPD organisierten Arbeiter vom rechten Volksbegriff auszuschließen, und da bekanntlich heute auch unter den Kommunisten Deutschlands sich sehr scharfe Spaltungen bilden, ist nicht abzusehen, wohin wir bei einer derartigen Politisierung des Volksbegriffes kommen würden.» Springer antwortete damit auf Holitschers polemische These: «Die politische Entwicklung der deutschen, besonders der berliner Arbeiterschaft, aus deren Gesinnungswillen die Volksbühne vor einem Menschenalter gegründet worden ist, läuft parallel mit Der der Volksbühne selber. [...] So wie die deutsche Sozialdemokratie bereits zur Koalition mit Parteien bereit ist, deren Tendenz ihrer historischen Berufung diametral entgegengesetzt ist, zu dem Zweck, irgendwelche Vorteile zu ergattern, Posten und Pöstchen zu belegen: so ist die Volksbühne im Laufe des letzten Jahres in eine vom Kultusministerium sanktionierte Koalition mit dem reaktionären Volksbühnenbund getreten – eine Verbindung, man möchte sagen, widernatürlicher Art, die besonders in den Theatern, deren Repertoire sich jetzt nach der roten wie nach der schwarzen Mitgliedschaft richtet, ein übles Kompromißprodukt, ein hybrides Hinundher ergeben hat. Immer tiefer ist hierdurch die Volksbühne auf das Niveau einer Konsumgenossenschaft für Theaterbillette heruntergekommen.»

1.4.1927

daß der Vorstand... nicht hat repräsentieren lassen

Den Hintergrund für diesen Kommentar Tucholskys markieren die skandalträchtigen Ereignisse um Erwin Piscators (siehe S. 315 f) Inszenierung von Ehm Welks «Gewitter über Gotland» (1927). Piscator hatte das Historiendrama nach Annahme durch den Volksbühnenvorstand auf den Proben umgearbeitet, es zu einem Gegenwartsstück umgedeutet: Ich gab «in einem besonderen Film einen Abriß der politischen, religiösen und sozialen Machtverhältnisse des Mittelalters, einen dokumentarischen Beleg für die im Stück sich abrollende Handlung. Dann hob ich die einzelnen Figuren des Dramas ins Typische, indem ich die verschiedenen Helden in ihrer sozialen Funktion deutlich machte, dem Gefühlsrevolutionär Störtebecker, der heute Nationalsozialist sein dürfte, den nüchternen Tatsachenmenschen Asmus entgegenstellte, den Typ des Verstandesrevolutionärs, wie er am reinsten durch Lenin verkörpert wird. Und ich ließ auch Asmus in der Maske Lenins auftreten, ich ließ Störtebecker und seine Mitkämpfer im Film auf die Zuschauer losschreiten, während gleichzeitig sich ihr Kostüm wandelt und so der Zuschauer die Gesetzmäßigkeit der Revolutionen und ihrer Exponenten in wenigen Sekunden durch den Ablauf der Jahrhunderte verfolgen kann bis auf den heutigen Tag.» (Erwin Piscator: ‹Das Politische Theater.› [Unter Mitarbeit von Felix Gasbarra.] Berlin [1929], S. 100 f.) Das pessimistische Ende des Dramas – die Enthauptung der Revolutionsführer – spitzte Piscator zu, indem er einen Sowjetstern strahlend zum Schluß über der Bühne aufgehen ließ. Der Eklat war da. Der Volksbühnenvorstand distanzierte sich, trotz emphatischer Aufnahme auch bei bürgerlichen Kritikern wie Alfred Kerr und Herbert Ihering, unter dem Druck der Rechtspresse und der zahllosen Proteste und Austritte seitens Volksbühnenmitglieder. Die eigene Haltung zensierend, griff der Vorstand in die Inszenierung ein, strich einen Teil des Films und provozierte damit eine nunmehr ins Grundsätzliche gehende Auseinandersetzung um die Existenz der «Volksbühne» als Politikum und die sogenannte Freiheit der Kunst. Ein öffentliches Protestschreiben, unterzeichnet von Johannes R. Becher, Paul Bildt, Ernst Deutsch, Tilla Durieux, Erich Engel, Jürgen Fehling, Lion Feuchtwanger, Samuel Fischer, Alexander Granach, George Grosz, Herbert Ihering, Alfred Kerr, Egon Erwin Kisch, Fritz Kortner, Thomas Mann, Alfons Paquet, Max Pechstein, Alfred Polgar, Ernst Rowohlt, Ernst Toller, Kurt Tucholsky, Paul Wiegler u. a. kam zustande: «Er [der Volksbühnenvorstand] pfuscht einem Künstler, dessen theaterreformatorische Begabung selbst seine Gegner achten müssen, ins Handwerk, rückt öffentlich von ihm ab, schmälert sein unbestreitbares Verdienst und die Verjüngung der immer mehr schon erstarrenden Volksbühne, während er sich nach unserer Meinung glücklich preisen sollte, einen solchen Mann in seinen Reihen zu wissen, einen so kühnen und unerbittlichen Kopf, der der Sache der Volksbühne ehrlich gedient hat und dient.

Angesichts dieser häßlichen Behandlung erachten wir es als unsere Pflicht, Erwin Piscator unserer Sympathie und unserer Freude an seiner Arbeit zu versichern, gegen alle Widerstände einer bürokratischen Gruppe, die ihre Vergangenheit vergessen zu haben scheint.» (ebenda, S. 105.) Bereits am 3. 3. 1927 hatte eine Versammlung der Verwaltung und des künstlerischen Ausschusses unter der maßgeblichen Anteilnahme von Julius Bab, der dem Vorstand der «Volksbühne» angehörte, per Entscheid dekretiert: «Der Vorstand hat das volle Vertrauen der Verwaltung und des künstlerischen Ausschusses in allen Schritten, die dazu dienen, den Charakter der Volksbühne als überparteiliche Kulturorganisation si-

cherzustellen.» (zitiert nach der «Vossischen Zeitung» vom
3.3.1927; in: ebenda, S. 103.) Gegen diese Flucht ins politisch Unverbindliche setzte Arthur Holitscher die Einladung
zu einer Kundgebung (30.3.1927) ins ehemalige Herrenhaus
– der Versammlung, auf die Tucholsky anspielt –, die mit 2000
Personen überfüllt war. Die Statements ließen an Deutlichkeit nichts zu wünschen übrig: Ernst Toller: «Drama, das
heißt Kampf, radikal oder gar nicht sein. Der Proletarier, der
heute auf der Bühne steht, trägt eine Fahne – das stört die
Kleinbürger. Heute ist der Proletarier nicht nur Gefühls-
mensch, er ist Träger einer Idee. Die Volksbühne besitzt kein
Gesicht, keinen Charakter, hat nicht den Mut, sich unbeliebt
zu machen.» – Erwin Piscator: «Mein Fall [...] ist der Fall der
Volksbühne – die Leitung der Volksbühne müßte noch selbst
geleitet werden – wir wollen keine Flucht in die Vergangenheit – wir brauchen das Bekenntnis auch auf der Bühne!» –
Kurt Tucholsky: «Wenn der Berliner wissen will, wann, in
welchem Jahre er lebt, dann geht er nicht in die Volksbühne,
dann geht er sich russische Filme ansehen! Wir können uns
Kunst nicht tendenzlos denken! Man muß im Namen der Ge-
rechtigkeit den Mut zur Ungerechtigkeit haben!» (sämtliche
Zitate: ebenda, S. 108 f.)

11.6.1931
Ihre freundlichen Worte über «Gripsholm»
Nicht ermittelt.
wie nett Sie damals bei S. J. über «Rheinsberg» geschrieben
haben
Siehe S. 277.

BRIEFE AN RICHARD DEHMEL
Seite 62–64

Richard Dehmel (1863–1920), zählt zu den einflußreichsten und erfolgreichsten Dichtern der Jahrhundertwende. Seine frühe Lyrik war vom Berliner Naturalismus geprägt, seinen eigenen Stil fand Dehmel über die impressionistische Technik Liliencrons in einem dekorativen Symbolismus, der weitreichende Analogien zum Jugendstil aufweist («Zwei Menschen»). Zugleich Mitbegründer der Zeitschrift «Pan». Nach der Jahrhundertwende stand Dehmel im Mittelpunkt der literarischen Öffentlichkeit in Deutschland.

14. 10. 1913
Orion
Die Idee zu diesem «Jahrkreis in Briefen» war aus der Zusammenarbeit mit Kurt Szafranski (1890–1964) entstanden, der Tucholskys ein Jahr zuvor mit großem Erfolg erschienene Erzählung «Rheinsberg. Ein Bilderbuch für Verliebte» illustriert hatte. Der Plan zerschlug sich, wie auch die ebenfalls mit Kurt Szafranski gemeinsam eröffnete «Bücherbar» am Kurfürstendamm, in der jeder Buchkäufer einen Schnaps offeriert bekommen sollte, bald einging.
Blei
Franz Blei (1871–1942), Schriftsteller, Studium der Philosophie (Dr. phil.), lebte seit 1900 in München, ab 1925 in Berlin, verließ 1933 Deutschland und emigrierte in der Folgezeit nach den USA. Blei trat zwischen 1906 und 1919 als Herausgeber literarischer und bibliophiler Zeitschriften hervor, teils gemeinsam mit Carl Sternheim, Max Scheler und Albert Paris Gütersloh.
Erheblichen Publikumszuspruch erhielt er mit «Das große Bestiarium der modernen Literatur», einer Sammlung kleiner

literarischer Karikaturen in Form von barock-stilisierten Tierporträts.

Hyan

Hans Hyan (1868–1944), Schriftsteller und Journalist, einer der Initiatoren des deutschen, besonders des Berliner Kabaretts.

Roda

Zu Alexander Roda Roda siehe S. 320 f.

Holitscher

Arthur Holitscher (1869–1941), österreichischer Schriftsteller, Mitarbeiter von Franz Pfemferts expressionistischer Zeitschrift «Die Aktion»; verfaßte – anfangs unter dem Einfluß des französischen Symbolismus, später in realistischer Schreibweise – Romane, Novellen, Reisebücher, Reportagen, u. a. über die Sowjetunion (siehe: «Amerika heute und morgen» GW 1, 47; «Lebensgeschichte eines Rebellen» GW 4, 152).

Hochdorf

Max Hochdorf (1880–1948), Schriftsteller, Übersetzer (Maupassant, Hugo, Barbusse) und Journalist; war von 1918 bis 1933 Theaterkritiker beim «Vorwärts», außerdem Korrespondent des «Berliner Tageblatt» in Brüssel und Paris; Ende der 20er Jahre beim «8 Uhr Abendblatt» in Berlin zuständiger Redakteur für Außenpolitisches. 1932 bezog Hochdorf mit seiner Veröffentlichung «Die große Trommel» scharf gegen die Nationalsozialisten Stellung. 1933 emigrierte er nach Belgien; 1936 Übersiedlung in die Schweiz nach Ascona. In der Folgezeit Beiträge für «Das Neue Tage-Buch», «Pariser Tageblatt» und «Pariser Tageszeitung». Nach neuerlicher Rückkehr nach Belgien lebte Hochdorf von 1941 bis 1944 unter falschem Namen in Brüssel.

BRIEF AN ARNO HOLZ
Seite 65

Arno Holz (1863–1929), Schriftsteller, kam 1875 nach Berlin, wurde Redakteur, 1888/89 Freundschaft und Zusammenarbeit mit Johannes Schlaf. Als Mitglied des Naturalistenvereins «Durch!» und erster Schriftleiter der «Freien Bühne» (der späteren «Neuen Rundschau») nahm Holz vorübergehend bestimmenden Einfluß auf den Weg der zeitgenössischen deutschen Dichtung. Holz war – in seinen theoretischen Schriften und den großenteils gemeinsam mit Schlaf verfaßten Werken («Papa Hamlet», «Die Familie Selicke», «Neue Gleise») – der Begründer eines konsequenten Naturalismus in Deutschland. Unter dem Einfluß Zolas forderte Holz, bestärkt durch seine Beschäftigung mit den Naturwissenschaften, eine Kunst, die ausschließlich Wiedergabe der Natur – abzüglich der durch die unvermeidbaren «Mängel» der Mittel verursachten Minderungen – sein sollte («Kunst = Natur minus x»). Auch die Lyrik versuchte Holz nach einigen formal noch konventionellen Anfängen («Das Buch der Zeit») zu revolutionieren, indem er an die Stelle überlieferter Metren, aber auch der freien Rhythmen nur aus der sprachlichen Eigenbewegung resultierende prosanahe «Vers»-Folgen setzte. Der «Phantasus», in dem Holz sein neues lyrisches Prinzip nach jahrzehntelanger Arbeit realisierte, gilt als sein Hauptwerk.

3.1.1914
zu sehr mit Arbeit überlastet waren
Holz unterstreicht diese Wendung im Brieforiginal und notiert handschriftlich am unteren Seitenrand: «Zu meinem aufrichtig lebhaft echten Bedauern auch jetzt noch der Fall. Verbindlichst. Arno Holz.»

BRIEF AN ALFRED KUBIN
Seite 66–67

Alfred Kubin (1877–1959), Maler, Schriftsteller. Kubins Doppelbegabung äußerte sich in zahlreichen kongenialen Illustrationen zur Weltliteratur (Poe, Hoffmann, Dostojewskij). Literarisch beeinflußt durch Blake, Poe, die deutsche Romantik (Hoffmann). Sein Hauptwerk, der Roman «Die andere Seite» – eines der Schlüsselwerke für die Literatur der Moderne –, inszeniert ein Amalgam aus indischer Mythologie, Romantik, Expressionismus, Schopenhauer und Selbstanalyse.

8. 10. 1913
Owlglass
Neben Ratatöskr zweites Pseudonym von Hans Erich Blaich (1875–1945), Arzt, Schriftsteller und Übersetzer, schrieb seit 1905 für die Zeitschrift «Simplicissimus», war zeitweilig auch ihr Redakteur (1912–1914 und 1933–1935).
Schäfer
Wilhelm Schäfer (1868–1952), Schriftsteller, befreundet mit Richard Dehmel; 1900 bis 1923 gab er die konservative Zeitschrift «Die Rheinlande» heraus. 1931 verließ er mit Erwin Guido Kolbenheyer und Emil Strauß die Preußische Akademie der Künste. Nach ersten Arbeiten als naturalistischer Dramatiker schrieb Schäfer historisch-biographische Romane und Erzählungen; daneben bevorzugte er das Genre der Anekdote nach dem Vorbild Johann Peter Hebels. Seine Überzeugung von «deutscher Sendung», die Bindung an deutsche Kultur und Geschichte, die Fortschrittsfeindlichkeit entsprachen der völkischen Kulturpolitik des «Dritten Reiches».
Meyrink
Gustav Meyrink (1868–1932). Der Prager Bankier Gustav

Meyer, der als Mittelpunkt okkulter Zirkel und spiritistischer Sitzungen ein stadtbekannter Bürgerschreck war, geriet 1902 unschuldig unter Betrugsverdacht in Haft und mußte daraufhin seinen Beruf wechseln. Er übersiedelte nach München, änderte seinen Namen (mit der Erlaubnis des bayrischen Königs 1917 offiziell) in Gustav Meyrink und wurde Schriftsteller. Am Beginn seiner literarischen Tätigkeit stehen Parodien und scharfzüngige Skizzen, die ihn rasch bekannt machten. In der Verbindung von unheimlicher Atmosphäre und Skurrilem mit satirischer Kritik am philiströsen Bürger- und Bürokratengeist erweist sich Meyrink als Meister der kleinen Form. Ab 1903 arbeitete er als Redakteur des «Lieben Augustin» in Wien und verfaßte für die satirische Zeitschrift «Simplicissimus» novellistische Skizzen, die 1913 unter dem Titel «Des deutschen Spießers Wunderhorn» in Buchform erschienen. Bekannt wurde der ursprünglich in Zusammenarbeit mit Alfred Kubin begonnene und 1913 abgeschlossene Roman «Der Golem».

Friedell
Egon Friedell (eigentlich Egon Friedmann, Pseudonym auch Egon Friedländer, 1878–1938; Freitod, um der Verfolgung durch die Nationalsozialisten zu entgehen); 1908 bis 1910 Leiter des Theaterkabaretts «Fledermaus» in Wien, 1919 bis 1922 Theaterkritiker und bis 1927 Schauspieler der Wiener und Berliner Max-Reinhardt-Bühnen. Arbeitete dann als freier Schriftsteller («Kulturgeschichte der Neuzeit») und als Übersetzer und Parodist.

Damaschke
Adolf Damaschke (1865–1935), Volkswirtschaftler, Verfasser des damals grundlegenden Werks «Die Bodenreform» (1902).

Vindex
Pseudonym für Martin Friedlaender (1880–?), Dozent an der Verwaltungsakademie in Berlin.

Bie

Oskar Bie (1864–1938), Musikschriftsteller und Essayist; 1894 bis 1922 Redakteur der «Neuen Rundschau» im S. Fischer Verlag.

Breuer

Robert Breuer (eigentlich Lucian Friedländer, 1878–1943), Publizist, Kunstkritiker, sozialdemokratischer Politiker, Pressechef der Reichskanzlei; war maßgeblich an der Leitung des «Schutzverbandes Deutscher Schriftsteller» (SDS) beteiligt, dessen Faschisierung er durch Bekämpfung der sozialistischen Opposition Vorschub leistete.

ev. mit einem Text, ähnl. der «Anderen Seite»

Siehe biographische Notiz zu Alfred Kubin, siehe S. 292.

BRIEF AN GEORG MURBÖCK
Seite 68

Georg Murböck (1887–?), Bergmann und Schriftsteller; im Zusammenhang mit der Bayrischen Räterepublik vom Standgericht München am 16.7.1919 wegen «Hochverrat» zu vier Jahren Festungshaft verurteilt. Murböck, Gefangener in der Festung Niederschönenfeld (zeitweise zusammen mit Erich Mühsam in Haft), war für die Verteilung der Gelder zuständig, die nach Spendenaufrufen für die «Rote Hilfe» und die Gefangenen der Münchner Räterepublik bei der «Weltbühne» eingegangen waren.

Murböck bedankte sich am 6.2.1921 bei Tucholsky und berichtete, daß ihm «Genosse Mühsam Ihren Brief vom 31.1.21 mit dem Ersuchen, die Verteilung der von Ihnen zur Verfügung gestellten Gelder 1439,85 Mark zu übernehmen», übergeben hatte. Murböcks Brief war ein gemeinsames Schreiben der «Kommission (sic!) der Festungsgemeinschaft

(Mehrheit)» vom 29. 11. 1920 (unterzeichnet u. a. von Mühsam und Murböck), vorausgegangen, in dem die Differenzen innerhalb der kommunistischen Gefangenengruppe offen zutage traten; Siegfried Jacobsohn beantwortet auf einem Brief Erich Mühsams vom 18. 1. 1922 aus Niederschönenfeld Tucholskys handschriftlich vermerkte Frage «Was soll jetzt geschehen?» mit «Ich habe das ganze Geld an die Münchner Frauenhilfe geschickt, weil ich diese Korrespondenz satt habe».

BRIEF AN BALDEWEG
Seite 69

Baldeweg, Vorname und Lebensdaten unbekannt, Zahlmeister in Alt-Autz, der Artillerie-Fliegerschule-Ost, in der Tucholsky während des Ersten Weltkrieges von 1916 bis 1918 stationiert war (siehe hierzu die Briefe an Mary Gerold, Tucholskys zweite Frau, vom 29. 10. 1919, 1. 11. 1919 und 21. 11. 1919 in: Unser ungelebtes Leben, S. 273 ff).

20. 4. 1926
Ullstein
Siehe S. 252 f.
meine Schwester
Kurt Tucholsky hat zeitlebens – gelegentlich nicht ohne Zögern, in späteren Lebensjahren auch mit wachsendem inneren Widerstand – seine Schwester Ellen (und seinen Bruder Fritz – siehe S. 340) unterstützt resp. versucht, ihnen berufliche Verbindungen zu schaffen. Ellen C. Tucholsky (1897–1982), von Tucholsky Hippel genannt, verheiratet mit dem Kaufmann Milo, emigrierte in die USA, wo sie 1982 starb.

Herr Unteroffizier Lunkebein
Fritz Lunkebein, Militärangehöriger der Artillerie-Fliegerschule-Ost, war der «postillon d'amour» zwischen Kurt
Tucholsky und Mary Gerold (siehe die Briefe vom
28.5.1918, 30.5.1918, 30.6.1918, 21.7.1918, 13.9.1918,
19.12.1918 und 20.12.1918 an Mary Gerold in: Unser ungelebtes Leben, S. 65 ff).

in Autz
Autz hieß der kleine Ort in Kurland, wo Tucholsky von der
ersten Hälfte des Jahres 1917 bis April 1918 beim Stab der
Artillerie-Fliegerschule-Ost als Unteroffizier stationiert war.
In Autz erschien auch die Soldatenzeitung «Der Flieger», in
der er gelegentlich – auch anonym – publizierte, u. a. das Gedicht «Möweneier» («Der Flieger» Nr. 18 vom 31.3.1917), in
dem er zum Zeichnen von Kriegsanleihen aufforderte, was
ihm von späteren Kritikern (wie Karl Kraus oder Hermann
Kesten) vorgehalten wurde.

Möweneier

Die «Möwe» kehrte heim vom Fluge
ins alte wohlverwahrte Nest.
Sie nahm auf ihrem Beutezuge
wohl 27 Schiffe fest.
Sie strich der Flaggen bunte Reihe
und senkte manchen Kahn zur Ruh...
Das brachte *sie* zur Kriegsanleihe –
Und du?

«Voltaire» und «Hallbjorg» und «Otaki»,
«Eddi» und «Jean» – «Hudson Maru»,
(der sieht nun nicht mehr Nagasaki)
«St. Theodore» kommt noch dazu.

«King George» erhielt die Wasserweihe,
«Governor» schloß die Luken zu...
Das brachte *sie* zur Kriegsanleihe –
    Und du?

Die «Möwe» kam mit vollen Fängen:
sie schleppte Fleisch, Salpeter, Reis,
Getreide in gewichtigen Mengen,
vielleicht auch wieder Gold, wer weiß...
Die Bomben waren für die Haie;
sie trug uns nur das Gute zu...
Das tat *sie* für die Kriegsanleihe –
    Und du?
        Und du?
           Und du?

Ich sitze hier als Vertreter der Weltbühne
Kurt Tucholsky lebte seit 1924 als Korrespondent der «Weltbühne» (und der «Vossischen Zeitung») in Paris; allerdings gab es kein regelrechtes «Pariser Büro» der «Weltbühne», und Tucholskys Status war der eines freien Mitarbeiters mit festem Vertrag.
Trommelfeuer der Zimmermannschen Beschießungen
Anspielung auf Hauptmann Zimmermann, den Kommandeur der Artillerie-Fliegerschule-Ost in Alt-Autz, Kurland (siehe die Briefe an Mary Tucholsky vom 7.5., 17.5. und 20.5.1918 in: Unser ungelebtes Leben, S. 61 ff).

ERLÄUTERUNGEN

BRIEFE AN CARL VON OSSIETZKY
Seite 70–83

Carl von Ossietzky, 1889 in Hamburg geboren, «katholisch getauft» und «protestantisch konfirmiert», war als junger Mann Freidenker. Er publizierte zwischen 1914 und 1918 seine ersten großen Aufsätze in Zeitschriften der «wissenschaftlich-weltanschaulichen» Bewegung des Monismus, die der Biologe Ernst Haeckel (1834–1919) begründet hatte. Vor dem Ersten Weltkrieg hatte er in der Samstagszeitung «Das freie Volk» (Untertitel: «Demokratisches Wochenblatt») publiziert, die u. a. von Rudolf Breitscheid und Hellmut von Gerlach herausgegeben wurde; 1913 erschien dort Carl von Ossietzkys erster Leitartikel. Ossietzky – seine Tochter Rosalinde sagte später einmal: «Er betrachtete den Krieg als dirigierten und organisierten Mord» – wird 1919 Sekretär der Deutschen Friedensgesellschaft in Berlin, 1920 Redakteur der «Berliner Volkszeitung» und 1924 an der von Stefan Großmann und Leopold Schwarzschild gegründeten Wochenzeitschrift «Das Tagebuch», wo im selben Jahr sein großer Aufsatz «Die Pazifisten» erscheint. Im Frühjahr 1926 holt Siegfried Jacobsohn ihn als Redakteur zur «Weltbühne», deren Herausgeber er ab Oktober 1927 auf Initiative Kurt Tucholskys wurde. Enthüllungen über die heimliche Aufrüstung der deutschen Armee bringen ihm einen Landesverratsprozeß ein, in dessen Verlauf er nach einigen Vertagungen am 23. 11. 1931 zu achtzehn Monaten Haft verurteilt wird. In Nr. 11 der «Weltbühne» vom 12. 3. 1929 hatte Walter Kreiser unter dem Pseudonym Heinz Jäger einen Artikel «Windiges aus der deutschen Luftfahrt» veröffentlicht, in dem andeutungsweise festgestellt wurde, daß im Reichsverkehrsministerium eine Abteilung «M» militäraviatische Angelegenheiten behandelt. Der Artikel führte zu

einer Anklage gegen Ossietzky und Kreiser. Zur selben Zeit
wurde amtlich erklärt, daß Deutschland nicht rüste. (Kreiser
war eine Woche nach der Urteilsverkündung nach Paris gegangen und hatte dort unter Verwendung des Prozeßmate-
rials im «Echo de Paris» eine Kampagne gegen die deutsche
Militärpolitik begonnen.) Ossietzky tritt am 10.5.1932 die
Haftstrafe an (Tucholsky veröffentlicht dazu seinen Aufsatz
«Für Carl von Ossietzky. Generalquittung», GW 10, 75),
wird im Dezember desselben Jahres durch ein generelles Amnestiegesetz des zum Reichskanzler gewählten Generals Kurt
von Schleicher entlassen und, da er die Flucht vor der bevor-
stehenden Verhaftung nach dem Reichstagsbrand ablehnte,
als einer der meistgehaßten demokratisch-pazifistischen
Publizisten der Weimarer Republik am 6.4.1933 ins KZ
Sonnenburg gebracht. Der gesundheitlich ruinierte Mann
wird 1936 ins Berliner Staatskrankenhaus entlassen, wo er –
nachdem er Görings Drängen, auf die Auszeichnung zu
verzichten, nicht nachgegeben hat – am 23.11.1935 den Friedensnobelpreis des Jahres 1935 überreicht bekommt. Am
4.5.1938, sechs Wochen nach dem Einmarsch deutscher
Truppen in Österreich und mehr als zwei Jahre nach dem
Selbstmord Tucholskys, der sich in zahllosen Briefen für die
Verleihung des Nobelpreises an Ossietzky und für dessen
Freilassung eingesetzt hatte, stirbt Carl von Ossietzky an den
Folgen der Haft in einem Berliner Krankenhaus.

20.11.1931
Tucholsky schickte das Telegramm aus Hindås nach Berlin,
Ossietzky stand «in diesen Tagen» vor Gericht. Der Prozeß
fand vor dem Reichsgericht in Leipzig statt und endete mit
Ossietzkys Verurteilung zu achtzehn Monaten Gefängnis.
Die Zusammenarbeit (und menschliche Beziehung) zwischen
Carl von Ossietzky und Kurt Tucholsky war nach Zeugnissen

vieler hier oder zuvor in anderen Publikationen veröffentlichter Briefe Tucholskys nicht zu dessen Zufriedenheit. Dennoch setzte sich Tucholsky vom Augenblick des ersten Prozesses gegen Ossietzky und seiner Verurteilung an mit Emphase für den eingesperrten Kollegen ein und versuchte sich auch – siehe die Briefe S. 211 f –, in die Kampagne für die Verleihung des Friedensnobelpreises an Carl von Ossietzky einzuschalten.

5.3.1932
Hünicke
Zu Hedwig Hünicke siehe S. 340.
daß ich dem Karsch politische Direktiven gebe
Walther Karsch (1906–1975), Journalist, Theaterkritiker, Mitarbeiter der «Weltbühne»; ab 1932 verantwortlicher Redakteur der «Weltbühne» (nachdem Ossietzky seine Strafe in Tegel angetreten hatte), nach 1945 einer der Mitherausgeber der Berliner Zeitung «Der Tagesspiegel».

12.3.1932
wenn Hindenburg gewählt wird?
Tucholsky hat schon ganz früh gegen die Hindenburgverehrung polemisiert, ihn «der kaiserliche Statthalter» (GW 4, 95) genannt und bereits 1925 geschrieben: «Dem der Krieg wie eine Badekur bekommen ist, der wird Präsident der Deutschen Republik, die es nun wohl nicht mehr sein wird» («Was nun –?» – GW 4, 106).
Mein Aufsatz über Hitler
Ein entsprechender Aufsatz ist nicht bekannt.
Groener-Prozeß
Tucholsky hatte am 4.8.1931 in der «Weltbühne» unter seinem Pseudonym Ignaz Wrobel einen Artikel, «Der bewachte Kriegsschauplatz» (GW 9, 253), veröffentlicht, in dem der Satz «Soldaten sind Mörder» steht. Der Reichswehrminister

Groener strengte eine Klage wegen Beleidigung der Reichswehr an. Der Prozeß sollte am 1.7.1932 stattfinden. Angeklagt war der für die «Weltbühne» pressegesetzlich verantwortliche, inhaftierte Carl von Ossietzky, der eine achtzehnmonatige Gefängnisstrafe (siehe S. 298f) verbüßte. Die Anklage endete mit einem Freispruch Ossietzkys, die eingelegte Revision wurde «auf Kosten der Staatskasse» verworfen, weil der Ausdruck «Soldaten» ein Abstraktum ist und damit nicht die Reichswehr gemeint sei.

Nach der Äußerung Apfels
Alfred Apfel (1882–1940), Rechtsanwalt und Strafverteidiger in politischen Prozessen; Rechtsberater des Verlags der «Weltbühne» von 1925 bis 1933. Apfel scheint Tucholsky und andere Mitglieder der «Weltbühne»-Redaktion in der Periode der Prozesse gegen Ossietzky zur Mäßigung aufgefordert zu haben, um eine negative Beeinflussung der Verfahren zu verhindern. Alfred Apfel steht mit Tucholsky auf der ersten Ausbürgerungsliste, die am 25.8.1933 im «Reichsanzeiger» veröffentlicht wurde. Er verteidigte Tucholsky in mehreren Prozessen, so in dem «Soldaten sind Mörder»-Prozeß.

Tollern räume ich jedes Recht ein
Zu Ernst Toller siehe S. 251.

In Leipzig... erhoben worden
Siehe S. 299f.

Wären Sie für mich angeklagt, so käme ich sofort
«Soldaten sind Mörder» lautete der inkriminierte Satz Tucholskys, der im Juli 1932 zum Prozeß führte. Der Artikel «Der bewachte Kriegsschauplatz», aus dem besagter Satz stammte, war bereits in der «Weltbühne» vom 4.8.1931 erschienen; der Reichswehrminister Groener verlangte die Eröffnung eines Verfahrens. Am 5.6.1932 veröffentlichte die «Weltbühne» Protokolle des Prozesses.

Nürnberg, Kraus und das zählt ja nicht
Rolf Nürnberg (1903–1949), Journalist und Schriftsteller,
Redakteur des «12-Uhr-Blattes»; 1936 Emigration in die
USA. Nürnberg wiederholte als Redakteur des «12-Uhr-
Blattes» Karl Kraus' Angriffe gegen Tucholsky (siehe auch
«Gartenlaube von links», eine Kritik an «Deutschland,
Deutschland über alles», zuerst in: «Scheinwerfer» Oktober
1929, H. 3).
Karl Kraus (1874–1936), Herausgeber der «Fackel», hatte
Tucholsky 1925 wegen eines Kriegsanleihengedichts (siehe
S. 296 f) angegriffen und in einer Auseinandersetzung zwi-
schen Tucholsky und Heinrich Fischer heftig Partei ergriffen.
Tucholsky hatte gemeint, Fischer habe in seinem Gedicht
«Rosa Luxemburg» den Bauerndichter Christian Wagner pla-
giiert. Fischer hatte erwidern können, aber für Kraus war der
Streit damit nicht beigelegt. Noch 1932 kam er immer wieder
auf jenes Kriegsanleihe-Gedicht «Möweneier» zurück, das
Tucholsky aus Jux geschrieben hatte. Kraus warf Tucholsky
auch dessen Engagement in Oberschlesien vor. Tucholsky
hatte außerdem in einer Rezension zu «Die Unüberwindlichen» von Karl Kraus («Berliner Theater», GW 7, 242)
geschrieben, «er hat kein Publikum erobert, er hat ein erober-
tes Publikum erobert», was Karl Kraus derart reizte, daß er
polemisch in «Die Fackel» (Nr. 827–833, 1930) antwortete,
«so dumm kann doch diese Kritik nicht sein, selber zu glauben, daß der Inhalt der ‹Unüberwindlichen› Entrüstung über
journalistische Käuflichkeit sei und nicht vielmehr ein Ge-
lächter über die Hörigkeit der Autorität und die Hinfälligkeit
aller Realität vor dem entehrten Wort.» Kraus apodiktisch
über Tucholsky in «Der Knebel», «daß dergleichen zu den
berühmten und führenden deutschen Dichtern gehört, kann
die Schmach unserer Zeit, die ich ja ziemlich genau zu ermessen können glaube, kaum verkleinern» (in: «Die Fackel»,

Nr. 868–872, März 1932). Beide Autoren gaben später ganz widersprüchliche Darstellungen über ein gescheitertes Versöhnungstreffen in Paris.

12.3.1932 [II]
Karl Kraus. Nach dem letzten, etwa 150. Angriff dies:
Verweis auf Karl Kraus' «Der Knebel» in «Die Fackel» Nr. 868–72 (Rubrik «Notizen und Glossen») von Anfang März 1932. Anläßlich des Verbots des Lyrik-Sammelbandes «Rote Signale» mit Beiträgen von Erich Kästner, Erich Weinert, Kurt Tucholsky u. a. notierte Kraus: «Natürlich kann ich es nicht billigen, wiewohl der Herr Tucholsky an der Schmach unserer Zeit, solange sie die große war und noch ein wenig später, ganz tüchtig mitgewirkt hat, und es wäre unstreitig angebrachter gewesen, ihm den Knebel in den Mund zu stekken, als er die fünfte Kriegsanleihe besang und als er Rosa Luxemburg verulkte, obschon ich es auch heute für besser hielte, daß der Herr Tucholsky von selbst nicht den Mund aufmacht. Daß dergleichen zu den berühmten und führenden deutschen Dichtern gehört, kann die Schmach unserer Zeit, die ich ja ziemlich genau zu ermessen können glaube, kaum verkleinern.»
außer Hiller
Zu Kurt Hiller siehe S. 266.
Villons «Kleines Testament»
Das große und das kleine Testament (Le grant testament Villon et le petit), Gedichtsammlung von François Villon (1431 / 32–1463?), erstmals gedruckt 1489; im «Kleinen Testament» vermacht Villon in Versform den Menschen seiner Umgebung – den wohlmeinenden und den Feinden gleichermaßen – die Gegenstände seines persönlichen Besitzes sowie anspielungsreiche Vermächtnisse ideeller Art, die mit Eigenheiten und Fehlern der anderen abrechnen. Ossietzky hat in seiner

«Rechenschaft» («Weltbühne» vom 10.5.1932) Tucholskys
Hinweis aufgegriffen und ein Kapitel seines Essays nach Villons Text «Kleines Testament» genannt.

Frau J. fragt wegen Ihering an

D.i. Edith Jacobsohn (1891–1935), Frau von Siegfried Jacobsohn (siehe S. 278 ff), emigrierte 1933 über Zürich nach London. Die Anfrage bezog sich auf Herbert Ihering, den Edith
Jacobsohn als Chef-Theaterkritiker für die «Weltbühne» ver-
pflichten wollte, da Alfred Polgar (siehe S. 358) Anfang der
30er Jahre nicht mehr so viel für «das Blatt» schrieb.

Zwischen Ossietzky und Tucholsky gab es lange Diskussionen über Ihering, er galt als der große Antipode von Alfred
Kerr und war der Entdecker und Förderer des jungen Brecht
(zum Verhältnis Tucholsky – Brecht siehe S. 307f); 1932 arbeitete Ihering an der «Weltbühne» mit.

Herbert Ihering (1888–1977), Dramaturg, Theaterkritiker;
schrieb für die «Schaubühne», 1918 bis 1933 für den «Berliner
Börsen-Courier», 1941 bis 1944 am Wiener Burgtheater,
1945 bis 1954 Chefdramaturg am Deutschen Theater in Ost-
berlin.

Ihre Loyalität Groenern gegenüber

Den Hintergrund zu Tucholskys Frage erhellt ein Auszug
aus Carl von Ossietzkys «Offener Brief an Reichswehrminister Groener» («Weltbühne» vom 8.12.1931), geschrieben
nach seiner Verurteilung zu 18 Monaten Haft im Landesverratsprozeß um den «Weltbühnen»-Artikel «Windiges aus
der deutschen Luftfahrt» (siehe auch S. 300f): «In all den Jahren, wo ich mich mit der Reichswehr kritisch befassen mußte,
hat mich nicht nur ein pazifistisches Motiv geleitet, sondern
mehr noch die staatsbürgerliche Einsicht, daß nichts verhee-
render für unser Land ist als ein dilettantisches Militärregi-
ment, als die Omnipotenz der Generalität. […] Es hat eine
Zeit gegeben, Herr Minister, wo Sie bei den Leuten, die Ihnen

heute verdächtig laut zujubeln, noch nicht so beliebt gewesen sind. Sie haben seit 1918 wiederholt in das deutsche Schicksal entscheidend eingegriffen. Nicht immer glücklich, aber Sie haben zweimal in tragischen Situationen die Partei der Vernunft gegen die Partei eines sinnlosen Militarismus zum Siege geführt. Sie haben 1918 als Nachfolger Ludendorffs dessen Kurs liquidiert. Sie haben das zu einer Zeit getan, als der Pazifist Rathenau noch hoffnungslos verwirrt das verhungerte und ausgeblutete Land zur levée en masse aufrief. Und Sie haben im Juni 1919, als die Nationalversammlung zögerte, die Zustimmung zur Unterzeichnung des Versailler Vertrags zu erteilen, als Offiziere des alten Heeres stürmisch den letzten Verzweiflungskampf forderten, mit Aufgebot aller Überzeugungskraft den Herren deutlich gemacht, warum es ein Wahnsinn sei, zur angeblichen Rettung der Waffenehre einen hoffnungslosen Gang zu wagen. Das war in jenen Tagen als Scheidemanns Hand verdorren wollte, als altgediente Pazifisten Widerstand bis zum Letzten predigten. Es ist das historische Verdienst des Generals Groener, in diesen Schicksalsstunden ‹Defaitist› gewesen zu sein. [...] Ich bin Ihr Gegner, aber kein ungerechter, und deshalb drängt es mich, angesichts der gefährlichen Entscheidung, die Sie auf sich genommen haben, ein Stück aus Ihrer Vergangenheit lebendig zu machen, das Ihren Namen freundlicher strahlen läßt als Ihre neueren Taten es vermögen. [...] Wir sind beide Republikaner, Herr Minister, aber ich fürchte, wir meinen nicht die gleiche Freiheit, und wir singen auch nicht in der gleichen Stimmlage. Wahrscheinlich singen wir auch alle beide nicht sehr schön, wobei Sie allerdings den Vorzug haben, von einem Militärorchester begleitet zu sein.

Ich glaube nicht, daß wir uns leicht einigen werden, Herr Reichswehrminister. Als loyaler Gegner möchte ich Ihnen indessen anbieten, auf diesen offenen Brief ebenso offen an dieser Stelle zu antworten.»

Doch Tucholskys Anfrage trifft knapp drei Monate nach dem zitierten «Offenen Brief» auf einen Carl von Ossietzky, der sich mit schneidender Schärfe selbst zu Wort melden wird. So antwortet Ossietzky Tucholsky am 23.3.1932, daß er «eine Stinkwut» auf Groener habe und: «Im letzten Heft bin ich gegen ihn noch etwas massiv geworden u[nd] deswegen empfinde ich ein stilles Glücksgefühl.» «Weltbühne» vom 22.3.1932, «Gang zwei»: «Es gibt noch immer genug Sozialisten und Demokraten, die in Groener den starken Mann der Republik sehen, wenn sie auch in Einzelheiten mit Kritik nicht zurückhalten. Wir teilen diese Meinung nicht, wir haben oft genug klar herausgesagt, daß wir ihn für einen Gegner halten und daß er deshalb als solcher zu behandeln ist. Ein wie schwerer Gegner Herr Groener ist, das haben grade wir erfahren, und wir tragen allzu deutlich die Spuren einer frühern Auseinandersetzung mit ihm. [...] Herr Groener, der ein so ungewöhnlich entwickeltes Gefühl für die äußere Sicherheit des Staates besitzt und der jeden harmlosen Zeitungsartikel mit dem Schleppsäbel verfolgt, fehlt der Sinn für die innere Sicherheit des Staates. Mag man ihm subjektiv den besten Glauben zubilligen, objektiv trägt sein Verhalten die ewigen Merkmale des Verrats.»

Apfel
Zu Alfred Apfel siehe S. 301.

25.3.1932 und folgende
wie ich ja denn von allen Ihren Arbeiten... an jenen
Verweis auf: «Offener Brief an Reichswehrminister Groener», «Weltbühne» vom 8.12.1931.
i oro et obsecro
«i[o] oro et obsecro» – lat.: «Ach ich bitte und beschwöre.»

etwa durch Apfel
Zu Alfred Apfel siehe S. 301.

Brecht
Tucholsky, der den Lyriker Brecht hochschätzte («Bert Brechts Hauspostille», GW 6, 60), formulierte zeitlebens Einwände gegen den ausgeborgten Amerika-Ton des Dramatikers und polemisierte scharf gegen «des Herrn Lax» Villon-Plagiat bzw. Brechts im Zusammenhang mit dieser Debatte geäußerter Laxheit im Umgang mit geistigem Eigentum («Die Anhängewagen», GW 7, 69).
Tucholsky über den Lyriker: «Brecht ist ein Gehauter – und ich habe fast Furcht, mich an ihn zu verlieren. Er zwinkert – hat er uns hineingelegt? Ich glaube, er hat es ein paar Mal versucht, er ist wohl böse von Natur und ein bißchen tücksch und kann es nicht lassen. Aber mag er böse sein. Er kann nicht nur viel, er ist nicht nur ein Sprachmeister; er hat, um einen berliner Ausdruck zu gebrauchen, ‹er hat was drin›. Er und Gottfried Benn scheinen mir die größten lyrischen Begabungen zu sein, die heute in Deutschland leben.» («Bert Brechts Hauspostille», GW 6, 63.)
Tucholsky unmißverständlich: «Es ist Bert Brecht nachgewiesen worden, daß er bei einer Übertragung aus dem Französischen einen Übersetzer bestohlen hat. Er hat darauf geantwortet: das beruhe auf seiner grundsätzlichen Laxheit in Fragen des geistigen Eigentums. Das soll sehr rebellisch klingen – es ist aber nur dumm. [...] Brecht ist ein großes lyrisches Talent. Daneben ist er ein Schludrian, der sich mächtig amerikanisch vorkommt, wenn er die Unbildung seiner Kritiker dazu benutzt, um Geld zu machen. Ermöglicht wird ihm das durch die Überschätzung der Nachdichterei. [...] Wir sollten der Verschmutzung unsrer Literatur vorbeugen. Wenn Bert Brecht die Pose des literarischen Diebs annimmt, so muß er sich gefallen lassen, daß man ihn danach bewertet

und bei jedem seiner nächsten Verse fragt: ‹Von wem ist das?› Es ist im tiefsten unehrlich, was er da treibt.» («Die Anhängewagen», GW 7, 71).

Friedell
Zu Egon Friedell siehe S. 293.

Reimann
Zu Hans Reimann siehe S. 264.

Hitlern auch nicht parodieren... Das Lob, das Reimann ihm zuteil werden läßt... Das wäre von Gronemann durchaus echt
Verweis auf die 1931 in der Öffentlichkeit Berlins hochgeputschte Erwartung einer von Hans Reimann angezeigten Parodie. «Wir trafen uns bei Mampe am Kurfürstendamm. Ohne Umschweife rückte [der Verleger] Steegemann mit dem Propos heraus, ich müsse unbedingt eine Parodie auf Hitlers ‹Mein Kampf› schreiben. Ein Exemplar des Werkes und den Vertrag hatte er gleich mitgebracht. Ich überlegte keine Sekunde. [...] Ich unterschrieb den Kontrakt, wir trennten uns, Steegemann schwang sich in eine Taxe. Er konnte es nicht erwarten, die Linkspresse mit Notizen zu versehen – des Inhalts, in seinem Verlag erscheine demnächst ‹Mein Krampf›, eine von Hans Reimann verfaßte Persiflage auf das Buch des Führers.» Nachdem er jedoch eindringlich auf die Gefahr von Racheakten seitens der SA hingewiesen worden war, entledigte Reimann sich der Verpflichtung durch Vertragsbruch und schaltete den damaligen Rechtsberater des SDS ein: «Ich [schrieb] an Sammy Gronemann: eher wolle ich öffentlich zum Nationalsozialismus übertreten, als daß ich mich an dem Werk des von mir bewunderten Mannes vergriffe. So glaubte ich zwei Fliegen mit einer einzigen Klappe zu schlagen: ich befreite mich von dem Vertrag und brauchte vor den braunen Männern keine Angst zu haben, denn die Kunde von meinem Rückzug würde in Parteikreisen unbedingt durchsickern. Ein

Durchschlag meines Schriebs ging an den Verleger. Steegemann unternahm zweierlei. Durch eine Korrespondenz ließ
er meinen Brief verbreiten. Und er verklagte mich auf drei-
ßigtausend Mark Schadenersatz. Das [...] hatte zur Folge,
daß man mich sowohl glorifizierte als auch anpöbelte. Aus
einem Saulus war ein Paulus (‹Reimanns Weg nach Damas-
kus›) oder ein Abtrünniger geworden. Es gab aber auch hin-
reichend Zeitungen, die meine Weigerung, den ‹Kampf› zu
parodieren, als offenkundige Taktik hinstellten, als ein
durchsichtiges Manöver, mich zu salvieren. Dessenungeach-
tet wurde ich verschiedentlich aufgefordert, der NSDAP bei-
zutreten.» (Sämtliche Zitate: Hans Reimann: Mein blaues
Wunder. Lebensmosaik eines Humoristen. München 1959,
S. 441 ff)
Sammy Gronemann (1878–1938) Schriftsteller und Rechtsanwalt; Herausgeber der jüdischen satirischen Zeitschrift
«Schlemihl» und Leiter der Rechtsschutzabteilung des SDS.
von dem Reverend
Vermutlich Sherwood Andersons «Das Gesicht der amerikanischen Provinz» («Weltbühne» vom 25. 10. 1932).
Anton Kuh
Anton Kuh (1891–1941), österreichischer Aphoristiker, Mit-
arbeiter der «Weltbühne» von 1918 bis 1938; von Tucholsky
einmal «Sprechsteller» genannt.
«Freundliche Vision»
Tucholsky veröffentlichte den angesprochenen «Prozeßartikel» unter dem Titel «Für Carl von Ossietzky. General-Quit-
tung» in der «Weltbühne» vom 17. 5. 1932 (GW 10, 75).
über die Liquidationen Apfels
Zu Alfred Apfel siehe S. 301.

4.4.1932
Zurückhaltung von Wrobeln
Bezieht sich auf das generelle Verstummen des Publizisten
Kurt Tucholsky (dessen politische Artikel zumeist unter dem
Pseudonym Ignaz Wrobel erschienen). Zur geistigen Situa-
tion Tucholskys in seinen letzten Lebensjahren – «daß mir die
Polemik und die Satire fast eingefroren sind» – siehe die Briefe
an Hedwig Müller. Tatsächlich ist der Artikel «Für Carl von
Ossietzky. Generalquittung» (GW 10, 75), um den es hier in
der Korrespondenz mit Ossietzky geht, die letzte große poli-
tische Publikation Tucholskys.
Echo de Paris
Nationalistische Zeitung in Frankreich, erschien 1884 bis
1942. Der mitangeklagte Autor im Prozeß um den «Weltbühne»-Artikel «Windiges aus der deutschen Luftfahrt»,
Walter Kreiser, Luftfahrttechniker und Publizist (er hatte am
12.3.1929 den genannten Artikel unter dem Pseudonym
Heinz Jäger in der «Weltbühne» veröffentlicht), wurde zu-
sammen mit Ossietzky wegen «Landesverrats» verurteilt.
Kreiser floh zwischen Urteilsverkündung und Haftantritt
nach Frankreich und veröffentlichte im «Echo de Paris» Teile
der Prozeßmitschriften unter dem Titel «Les Révélations
Du Procès De Leipzig» (veröffentlicht am 21., 23. und
24.2.1932). Siehe S. 298 f.
Ihering
Zu Herbert Ihering siehe S. 304.
Frau J.
Zu Edith Jacobsohn siehe S. 304.
*Daß sie aber mit der Frau von T. W. vorher noch einmal rum-
schlafen sollen*
Replik Tucholskys auf den Brief von Ossietzky vom
2.4.1932, in dem dieser schrieb (es ging um den «leichten
Stand», den er in Berlin nach seiner Verurteilung und vor dem

Haftantritt hatte), er sei im Moment für schwierige Aufgaben bestens geeignet, «weil mich die ganze berliner Journalistik, Ihering einbegriffen – von einem Heiligenschein umflossen sieht und mir in allen Dingen gefällig sein will. Wenn ich jetzt etwa zu Theodor Wolff käme und ihm sagte, ich gehe nächstens ins Gefängnis und ich möchte vorher noch zum Trost bei seiner Frau schlafen, so würde er wahrscheinlich antworten: ‹Aber bitte sehr, bedienen Sie sich doch!›» (zitiert nach: Farbige weithin sichtbare Signalzeichen, S. 31). Zu Theodor Wolff siehe S. 260.

Kraus hat mich durch Ernst Krenek...
Zu Karl Kraus siehe S. 302. Ernst Krenek, geboren 1900, österreichischer Komponist und Dirigent; gehörte zum Freundeskreis von Karl Kraus, an dessen Polemiken er sich beteiligte.

Anbei etwas für Thomas Mann
Verweis auf einen Dankbrief Tucholskys an Thomas Mann für dessen Unterstützung Ossietzkys im Amnestiegesuch nach Beendigung des «Weltbühnenprozeß» (siehe: «Weltbühne» 17.5.1932).

Ich komme nicht
Die Anklage gegen Tucholsky und Ossietzky stellte ersteren vor die Frage, ob er sich nicht, um der Solidarität mit Ossietzky willen, den deutschen Behörden zu stellen hätte. Er beratschlagte sich brieflich mit seiner von ihm getrennt lebenden Frau Mary Tucholsky, betonte aber, daß er nicht gedenke, den Märtyrer zu spielen. Am 4.4.1932 hielt sich Tucholsky in Hindås, Schweden, auf. –
Mit der Entscheidung, nicht mehr nach Deutschland zurückgekehrt zu sein, setzte sich Tucholsky insbesondere mit Blick auf das Schicksal von Ossietzky in immer neuen Anläufen auseinander, so schreibt er am 25.9.1935 an Hedwig Müller (unveröffentlicht) zu diesem Komplex: «Und was ich be-

fürchtet habe, ist eingetreten: die Damen in Paris, leider auch der Gartenzwerg, haben das einzige, das ich schon vor einem Jahr vorgeschlagen habe, überhaupt nicht getan: in ihrer dämlichen Potsdamerplatzgesinnung, die alle Welt mit dem heimischen Quatsch vertraut glaubt, haben sie verabsäumt, erst mal eine Menge Artikel des Mannes [= Ossietzky] zusammenzustellen, was doch das allererste und allerwichtigste ist – und nun, jetzt, im Oktober, schlägt mir jener vor, man müsse unter der hiesigen Jugend eine Campagne machen, Nummern des Blättchens verteilen und so fort. Zwei Monate bevor das losgeht! Und fügt hinzu, ich solle doch ja bedenken, wie reformistisch und conformistisch das hier alles sei, und wie vorsichtig man sein müsse, und wie man, und daß man nicht... Das alles in der aller- aber auch allerbesten Absicht: ich werde Dir diesen Brief gelegentlich schicken. Er selbst aber dürfe sich nicht herausstellen, denn das ginge nicht. Auch das nicht feige, sondern beinahe rührend.
Und nun will ich Dir mal was sagen:
Ich habe es satt. Nein, ich will es nicht mehr, nie, nie mehr wieder. Und der Zweck heiligt nicht die Mittel, das habe ich mir 20 Jahre mitangesehn, und wir haben ja gesehn, welchen Erfolg das alles gehabt hat. Ich weiß mit der letzten Faser meiner Instinkte: das ist zur Erfolglosigkeit verdammt, und das stimmt auch – das ist nichts. Kompromisse muß jeder machen, das ist richtig. Wenn aber bereits im innersten Kern einer Sache nichts als Kompromiß steckt, dann wird sie nichts. Man wird einwenden: ‹Aber hier sollen ja gar keine Revolutionen gemacht werden, hier soll für den etwas erreicht werden, und das kann man nur, indem man die Leute nicht vor den Kopf stößt›, und ich aber sage Dir: das ist alles Unfug. Wahrscheinlich wirst Du recht behalten, und die denken gar nicht dran, ihm das zu geben. (Wofür man sie nicht schmähen darf – niemand hat Anspruch auf diese Sache.) Aber wenn denen

überhaupt etwas imponiert, so ist es die Kraft und die Stärke, der Mut und das Draufgängertum. Erfolg hat nur der Erfolg. Wer hat sich früher um die geistigen Elaborate des Fascismus gekümmert –?

Das wurde erst ernst genommen, als Straßenschlachten geschlagen worden waren, als er eine Macht geworden war – und überall sind Tyrannen nur zur Macht gekommen durch Gewalt. (Was nicht immer Roheit sein muß, aber sein kann.) Mit Kompromissen anzufangen, sich stets und immer die Melodie durch die andern vorschreiben zu lassen – ich will nie mehr etwas damit zu tun haben, und mir tut noch heute jeder Schlag leid, der damals daneben gegangen ist, als ich noch schlug.

Alles Saure ist in mir aufgestiegen, als ich das hier erlebt habe. Ich kann jenem das nicht auseinandersetzen – er würde mich gar nicht verstehen. Und ich rutsche da in [eine] ganz üble Sache hinein: tue ich das nicht, was man mir vorschlägt, und was ich von A bis Z für Wahnsinn halte, dann heißt es: Aha, er tut nichts. Ich spreche gar nicht einmal von den Unannehmlichkeiten, die für Arnold [D. i. Tucholsky] hier dabei herauskommen können, daran denke ich gar nicht. Aber ich glaube nicht an diese Sache, ich glaube nicht an die Leute, die sie machen, ich sehe so klar das Erbärmliche dieser kleinen Salonratten, die um die Großen herumkrauchen und erbetteln, was sie ertrotzen sollten. ‹Dann bin ich schon lieber gleich stolz!› – Als ich das Gespräch hatte und den Brief las und die alte, ach mir so bekannte Terminologie las, als ich damals bei euch einen Mann sprach, der schon immer ein Schlappschwanz, wenn auch ein sehr anständiger gewesen war, und der damals sagte: ‹Es gilt jetzt, den Engländern klar zu machen, daß . . .› In allen diesen Augenblicken war mir die bittere Erkenntnis klar: dies ist aus. Aus und vorbei. Wenn: dann muß man im Kern von vorn anfangen, wie ja die Menschen immer wieder von vorn anfangen, so lange es sich um irdische Dinge handelt. Aber

etwas Altes, Verkümmertes, Schwaches und nicht Lebens-
fähiges weiterzutrudeln –: also ich nicht mehr. Deshalb werde
ich mich ganz passiv verhalten, so bitter mir das ist. Es geht
nicht. Dies ist eine unmögliche Aufgabe. In diesem Stück ist
keine Rolle für mich. Aus.

Meine Schulter ist wund, so haben mir die zerjéhsen darauf
herumgeklopft: ‹Lieber Freund...› Na, jewiss doch. Nürnberg zum Beispiel hat eine Judenkolonie mit sehr, sehr reichen Leuten – sie haben es nicht einmal fertig bekommen, den
Keim Streicher zu zerstören, als der noch zu zertreten war.
Also verdienen sie es nicht besser. Ich aber werde mich nicht
zur Schießbudenfigur machen, diesen Affentanz mitzutan-
zen. Ich weiß doch, ich weiß doch alles. Nie wieder.»

«*Beschlagnahmefreie Gedicht*»
Theobald Tiger in der «Weltbühne» vom 29. 3. 1932:

> Ich bin klein.
> Mein Herz ist rein.
> Soll niemand drin wohnen als nach Belieben
> auszufüllen allein.
> Lieb Vaterland, magst ruhig sein,
> fest steht, daß Ponds Creme das beste für die
> Haut ist.
> Hipp.
> Wer seine Obrigkeit läßt walten,
> der bleibet immer wohlbehalten.
> Hipp, hipp.
> Wenn ich nur meinen Adolf hab,
> bis an mein schwarz-weiß-rotes Grab.
> Hurra.
> Ein Veilchen stund an Baches Ranft,
> so preußisch-blau, so lind und sanft;
> da kam ein kleines Schaf daher,

jetzt steht da gar kein Veilchen mehr.
Hurra.
Ein Richter steht im Walde,
so still und stumm.
Er war republikanisch bis zuletzt,
drum haben sie ihn in den Wald versetzt,
und da steht nun der Richter,
auf seinem linken Bein,
ganz allein.
Lieb Vaterland (siehe oben).
Siehst du die Brigg dort auf den Wellen?
«Rechts müßt ihr steuern!» hallt der Schrei.
Die Republik kann nicht zerschellen,
Frau Wirtin hatte auch ein Ei.
Die Zeiten werden schön und schöner.
Ich denk an Männer, kühn und barsch:
An Noske, Geßler und auch Groener.
Lieb Vaterland (siehe oben).
(GW 10, 59 f)

BRIEF AN ERWIN PISCATOR
Seite 84

Erwin Piscator (1893–1966), Regisseur und Theaterleiter, schloß sich 1918 den Berliner Dadaisten an und trat ein Jahr später dem Spartakusbund bei; 1919 eröffnete er in Königsberg das Theater «Das Tribunal», 1920 in Berlin das «Proletarische Theater», 1923/24 übernahm er das Berliner «Central-Theater», 1924 bis 1927 die «Volksbühne», ab 1927 verwirklichte er in drei verschiedenen Formen die «Piscator-Bühne». Nach der Machtergreifung der Nationalsozialisten emigrierte Piscator in die Sowjetunion und stand 1934 bis

1936 dem Internationalen Revolutionären Theaterbund vor.
1936 bis 1939 lebte er in Paris, danach in den USA, wo er 1939
den Dramatic Workshop an der New School for Social Re-
search in New York gründete. 1951 kehrte Piscator nach
Deutschland zurück, zunächst als Gastregisseur; von 1962
bis zu seinem Tode arbeitete er als Intendant der «Freien
Volksbühne Westberlin». – Piscators Inszenierungen im Berlin der 20er Jahre waren von Skandalen begleitet (siehe
S. 286 ff), von der bürgerlichen Presse kritisch verfolgt, provozierte er 1929 mit Walter Mehrings «Kaufmann von Berlin»
auch die KPD zu Polemiken, die das revolutionäre Proletariat
nicht missen wollte. Der «Piscator-Bühne» als Politikum ent-
sprach eine Theatertechnik, die, um in der Aktualität den Me-
dien Zeitung und Film Konkurrenz bieten zu können, Photo-
projektionen, dokumentarische Filmszenen, Etagenbühne,
ausgefeilte Lichtmaschinerie, Drehbühne, Marsch auf einem
laufenden Band verwandte, um die theatralische Wirkung zu
eskalieren. Walter Gropius entwarf 1929 für Piscator mit
Blick auf den dafür notwendigen Theaterraum ein «Total-
theater», das die klassischen Bühnenformen (Rundarena,
Proszenium und Guckkastenbühne) vereinigte.

6.3.1923
Nestroys «Revolution in Krähwinkel»
«Freiheit in Krähwinkel» (1848), Vormärz-Posse von Johann
Nepomuk Nestroy (1801–1862). Nestroys Stück bot sich
für zeitgenössische Bearbeitungen, wie Max Reinhardts
Neufassung von dessen Travestie «Judith und Holofernes»
(«Großes Schauspielhaus» 1920) nachdrücklich vorgeführt
hatte, an, da seine Freisetzung des Komischen in gleicher
Weise auf die Demaskierung maroder kleinbürgerlicher Ver-
hältnisse wie auf die Denunziation obrigkeitsstaatlichen
Zwangs abzielt. Das hier angezeigte Nestroy-Projekt wurde

jedoch nicht realisiert. Zum Verhältnis von Tucholsky zu Nestroy siehe «Das ist klassisch» (GW 3, 287).
Dann fällt der Vorstand der Volksbühne auf den Bauch
Zu den Querelen um Piscators Arbeit an der «Volksbühne» siehe S. 286 ff.

BRIEF AN ARMIN T. WEGNER
Seite 85–86

Armin Theophil Wegner (1886–1978), Schauspieler und Schriftsteller. Nach der Promotion (Dr. jur.) Reisen durch Europa, Teile Afrikas und Asiens, unterbrochen durch den Ausbruch des Ersten Weltkriegs (Krankenpfleger an der russischen Front). Resultat dieser Reisen der Gedicht-Zyklus «Das Antlitz der Städte» (1917); Redakteur der Zeitschrift «Der neue Orient»; Schauspielschule bei Reinhardt. In den 20er Jahren Pazifist, Mitbegründer des «Bundes der Kriegsgegner». Nach der Machtübernahme durch die Nationalsozialisten wurde Wegner wegen eines Protestschreibens an Hitler gegen die Judenverfolgung von der Gestapo verhaftet (Odyssee durch sieben Gefängnisse und drei Konzentrationslager); er emigriert und wird später auch in Italien verhaftet, wo er von 1941 bis 1943 Dozent für deutsche Sprache in Padua war. Tucholsky war zum Zeitpunkt der Abfassung des Briefes in Berlin mit der Konzeption des «Uhu» (siehe S. 325) befaßt.

ERLÄUTERUNGEN

BRIEF AN GEHEIMRAT RENAUD, MITROPA
Seite 87

Geheimrat Renaud. Nicht ermittelt.

29.10.1922

meine etwaige Verwendung in Ihrer Gesellschaft
Auf dem Höhepunkt der Inflation war die Existenz eines freien Journalisten besonders gefährdet, weil vereinbarte Honorare – die ja stets erst nach einiger Frist bezahlt wurden – bei Eintreffen des Betrages kaum noch etwas wert waren. Deshalb versuchte Tucholsky, irgendwo eine feste Stellung zu erhalten. Ab 1923 war er dann im Bankhaus «Bett, Simon u. Co.» (Berlin) als Privatsekretär tätig (siehe S. 256).

BRIEF AN WALTER ZADEK
Seite 88

Walter Zadek, geb. 1900; 1924 Mitarbeiter Tucholskys beim «Uhu» (Zadek war auch für einige Nummern des «Uhu» der verantwortliche Redakteur); Ressortchef beim «Berliner Tageblatt»; floh 1933 nach Palästina, lebte und publizierte teilweise unter dem Decknamen Johannes Wendelin und arbeitete als Buchhändler und Antiquar; heute lebt Zadek in Frankfurt/M. und Tel Aviv.

16.4.1926

B.T.? Das wird Ullsteins wegen kaum gehen
Mit Brief vom 12.4.1926 hatte Walter Zadek Tucholsky vorgeschlagen, politische Couplets fürs Kabarett zu schreiben. Da das «Berliner Tageblatt» dem Mosse-Konzern gehörte, dem großen Konkurrenten des Ullstein-Presseimperiums,

und Tucholsky durch Vertrag an Ullstein gebunden war, kam eine Veröffentlichung von Couplets im «Berliner Tageblatt» für Tucholsky nicht in Frage.

Herrn Engel und Herrn Bauer
Vermutlich Fritz Engel (1867–1935), seit 1890 Kritiker am «Berliner Tageblatt», Redakteur des «Ulk», und Walter Bauer, Mitarbeiter der «Vossischen Zeitung» (bis zu deren Auflösung 1934).

BRIEF AN DIE REDAKTION DES «PRAGER TAGBLATTS»
Seite 89

«Prager Tagblatt», von 1876 bis 1939 erscheinende liberal-demokratische Tageszeitung in Prag, zu deren Redakteuren u. a. auch Max Brod zählte. Mit der Anrede «Lieber Herr Doktor» könnte Brod gemeint sein, den Tucholsky seit seinem Pragaufenthalt 1911 (Besuch bei Brod und Franz Kafka) kannte. 1924 hatte Tucholsky im Zuge seiner Übersiedlung von Berlin nach Paris mit dem «Prager Tagblatt» einen Nachdruckvertrag abgeschlossen. Ob Max Brod zur Zeit der Abfassung des Briefes noch Redakteur des «Prager Tagblatts» war, ließ sich nicht ermitteln.

11.12.1927
Anbei der gewünschte Weihnachts-Artikel
Verweis auf den unter Peter Panter am 25.12.1927 im «Prager Tagblatt» erschienenen Artikel «Pariser Weihnachten» (Deutsches Tempo, S. 584–587); 1927 waren zwei Arbeiten von Tucholsky erschienen (zum Vergleich: 1926 – sechs Artikel); nach der hier vorliegenden Anfrage erhöhte sich die Anzahl der Artikel 1928 neuerlich auf acht.

BRIEF AN ALEXANDER RODA RODA
Seite 90–91

Alexander Roda Roda (eigentlich Sandór Friedrich Rosenfeld 1872–1945), Schriftsteller, Sohn eines Gutsdirektors, war 1892–1902 Offizier der österreichischen Armee, danach freier Journalist. 1905 ging er nach Berlin, ein Jahr später nach München; ab 1912 lebte er auf dem Balkan. Im Ersten Weltkrieg Kriegsberichterstatter. 1920 ging Roda Roda erneut nach München und wurde Mitarbeiter verschiedener satirischer Zeitschriften («Simplicissimus», «Die Ente») und Kabaretts. 1933 Emigration nach Österreich, 1938 in die Schweiz und 1940 in die USA. Roda Rodas bevorzugte Genres waren Anekdote, Humoreske, Schwank und der satirische Roman, in deren Mittelpunkt zumeist die k. u. k. Monarchie, besonders die Armee und das Offizierskorps standen.

Am 7. 10. 1934 schrieb Roda Roda Tucholsky aus Graz: «Ich habe einem Schweizer Verleger vorgestellt, daß es ein Unding ist, daß sich die Schweiz von Deutschland vorschreiben lasse, welche Bücher sie lesen darf [...] Ich habe mit ihm verabredet, wir wollten versuchen, eine schweizerische ‹Buchgemeinschaft› zu gründen – da ja die Schweiz ohne Bearbeitung durch eine Buchgemeinschaft einen allzu kleinen Büchermarkt darstellt, als daß man einen Verlag dafür aufziehen könnte. [...] Folgende 6 Bücher habe ich als erste Reihe gewählt:

Uli Becher, ‹Vom leichten Tod›
Peter Panter ‹Pyrenäenbuch›
Dostojewsky, ‹Das Gut Samoschtschikowo›
Karl Philipp Moritz, ‹Anton Reiser›
Roda Rodas Roman
Raucat, ‹Eine ehrenwerte Landpartie›. (Sammlung Kurt Tucholsky [unveröffentlicht]. In: Deutsches Literaturarchiv Marbach / Neckar.)

Tucholsky hat mehrfach über Roda Roda geschrieben: «Roda Roda» (GW 1, 184), «Roda Roda» (GW 3, 170) und «Zu einem 60. Geburtstag» (GW 10, 63).

19.10.1934
Das Pyrenäenbuch
Ernst Rowohlt (im Verlauf des Briefes «R.» genannt), der das «Pyrenäenbuch» 1930 (nach der Erstveröffentlichung im Verlag «Die Schmiede» Berlin 1927) in seinen Verlag übernommen hatte, erhob Einspruch gegen Roda Rodas Plan. Am 30.10.1934 antwortete er Roda auf dessen Anfrage per Einschreiben: «Ich muß leider dagegen protestieren, daß Ihnen T. sein Pyrenäenbuch für Ihre Bücherreihe freigegeben hat. Er ist nicht dazu berechtigt. Ich stehe zwar mit T. so gut, daß ich mich sicher schnell mit ihm einigen werde, im Augenblick habe ich aber nicht seine Adresse [...] Was nun weitere Manuskripte anbetrifft, so habe ich so gut wie alle Verträge, die ich vor der nationalen Erhebung abgeschlossen habe, erfüllt, ich habe also in dieser Beziehung keine weiteren Manuskripte liegen.»
Roda hatte noch um weitere Manuskripte nachgefragt, die von Rowohlt nicht mehr publiziert werden konnten und von denen er, Roda, sich einen Nutzen für seine Pläne mit dem Schweizer Verleger Emil Oprecht versprach (siehe S. 386). Zum «Pyrenäenbuch» siehe S. 249.
Raucat
Verweis auf Thomas Raucat, französischer Schriftsteller, und seinen Roman «L'Honorable de Campagne» (deutsch: «Die ehrenwerte Landpartie» [Berlin 1927]). Tucholsky rezensierte den Roman in der «Vossischen Zeitung» vom 20.9.1925 unter dem Titel «Fremde Völker in Frankreich».
«La lune, cette chose vraiment japonaise...»
Leitmotivisch wiederkehrendes Zitat aus dem genannten Ro-

man von Thomas Raucat: «Der Mond, diese wahrhaft japanische Sache...»
Frau Dana
Dana Roda-Becher, geboren 1909, Tochter von Roda Roda, verheiratet mit Ulrich Becher.
Cela ne nous rajeunit point
Frz.: «das macht uns überhaupt nicht jünger [verjüngt uns nicht]».

BRIEF AN LEO PERUTZ
Seite 92

Leo Perutz (1882–1957), Schriftsteller, lebte in Prag und Wien, emigrierte nach Tel Aviv, Versicherungsmathematiker. Verfaßte historische Romane und phantastisch groteske Erzählungen (Nähe zu E. T. A. Hoffmann).

13.10.1926
Nach so viel Entzücken
Tucholsky hatte drei Romane von Leo Perutz unter seinem Pseudonym Peter Panter in der «Weltbühne» rezensiert: «Die dritte Kugel» (1915) am 5.6.1919 (GW 2, 111), «Der Marques de Bolibar» (1920) am 11.11.1920 und «Die Geburt des Antichrist» (1921) am 17.8.1922.

BRIEFE AN LISA MATTHIAS
Seite 93–100

Lisa Matthias (1894–1982), langjährige Freundin Kurt Tucholskys, die er 1927 in Berlin kennengelernt hatte. Zahlreiche Photographien zeigen sie auf gemeinsamen Reisen mit Kurt Tucholsky (in Würzburg, Hamburg, Paris und Schweden). Sie war das «Modell» für seine «Lottchen»-Figur – in der Monologtechnik das weibliche Pendant zum «Wendriner» – und regte ihn nach eigener Aussage zu vielen weiteren Arbeiten an. Sie nahm auch die Figur der «Lydia» aus «Schloß Gripsholm» als eigenes Konterfei für sich in Anspruch; dagegen schreibt Tucholsky am 6. 5. 1931 an Alfred Stern: «Außer einem etwas vagen Modell zum Karlchen und der Tatsache, daß es wirklich ein Schloß Gripsholm gibt, in dem ich nie gewohnt habe, ist so ziemlich alles in dieser Geschichte erfunden: vom Briefwechsel mit Rowohlt an bis zur (leider! leider!) Lydia, die es nun aber gar nicht gibt.» (Ausgewählte Briefe, S. 214; Briefe Auswahl, S. 255 f.) 1962 veröffentlichte Lisa Matthias ihr Buch «Ich war Tucholskys Lottchen».

14. 11. 1927
Ich glaube nicht, daß der Mann böswillig ist, sondern indolent und nicht sehr intelligent
Gemeint ist offenbar Carl von Ossietzky. Zur Beziehung zwischen diesem und Kurt Tucholsky siehe S. 299 f.
Was den Deckel angeht, so habe ich das schriftlich versprochen – sehr schwer, davon zurückzutreten
Anspielung auf das Titelblatt der «Weltbühne». Mitte Juni 1927 hatte Tucholsky die Leitung des Blattes an Carl von Ossietzky abgegeben, blieb aber als Herausgeber ebenda weiterhin vermerkt. Ab 11. 10. 1927 erschien die «Weltbühne» mit neuer Titelei: «Unter Mitarbeit von Kurt Tucholsky. Geleitet von Carl von Ossietzky».
der Oss
D. i. Carl von Ossietzky, siehe S. 298 f.
Käsblättchen
D. i. die «Weltbühne» (siehe auch S. 279). Kurt Tucholsky, seit seinem ersten Beitrag im Jahr 1913 («Die beiden Brüder H.», «Schaubühne», 9. 1. 1913, GW 1, 77), einer der wichtigsten

Mitarbeiter, der durch seine wöchentlichen Beiträge unter fünf Pseudonymen Stil und Temperament des Blattes entscheidend geprägt hatte, sollte nach dem Tod von Siegfried Jacobsohn als dessen Nachfolger die Herausgabe übernehmen. Die Verhandlungen, das Zögern Tucholskys und schließlich der Verzicht auf diese Position finden sich eingeschrieben in seine Briefe an Mary Tucholsky – 6.1.1927 und folgende (Unser ungelebtes Leben, S. 433 ff). Das Impressum lautete nach einer kurzen Übergangsphase «Begründet von Siegfried Jacobsohn unter Mitarbeit von Kurt Tucholsky geleitet von Carl von Ossietzky».

Ab Frühjahr 1932 erschien unter dem Titel «Wiener Weltbühne» eine Wiener Parallelausgabe der Berliner «Weltbühne». Tucholsky hatte für dieses Ausweichquartier in Wien u.a. mit Willy (William) Schlamm verhandelt. Die «Wiener Weltbühne» war Eigentum eines Verlages, der Frau Edith Jacobsohn und dem Wiener Industriellen Dr. Hans Heller zu gleichen Teilen gehörte. Sie erschien unter der selbständigen Redaktion von W.S. Schlamm. Nach dem Verbot der Berliner «Weltbühne» verblieb die Chefredaktion bei W.S. Schlamm, der die Zeitschrift mit der Nummer vom 14.4.1933 in «Die Neue Weltbühne» umbenannte und das Blatt von dieser Nummer an in Prag herausgab. Der österreichische Gesellschafter verkaufte seine Anteile an der «Neuen Weltbühne» an die Gruppe Jacobsohn-Budzislawski. Im März 1934 übernahm der «neue Mann» Dr. Hermann Budzislawski die Redaktion. Im August 1939 erschien die letzte Nummer der «Neuen Weltbühne». Seit 1946 erscheint die Zeitschrift in Ostberlin, wieder unter dem Titel «Die Weltbühne». Das Impressum heißt: 1905 gegründet von Siegfried Jacobsohn – 1926–1933 geleitet von Carl von Ossietzky – Nach 1933 herausgegeben von Hermann Budzislawski – Wieder gegründet 1946 von Maud von Ossietzky und Hans Leonhard.

Uhu

1924 gegründetes Magazin des Ullstein-Verlags. Tucholsky hatte auf Bitten von Kurt Szafranski (siehe S. 289) an der Zusammenstellung der ersten Nummer mitgewirkt (siehe Brief vom 14.4.1926 an Maximilian Harden. In: Politische Briefe, S. 87ff; Ausgewählte Briefe, S. 136ff; Briefe Auswahl, S. 169ff).

Herrn Großmann

Stefan Großmann, Publizist, leitete von 1915 bis 1919 das Feuilleton der «Vossischen Zeitung» in Berlin und übernahm dann die Chefredaktion der von Ernst Rowohlt gegründeten Zeitschrift «Tagebuch». «Das Tagebuch» entwickelte sich – vor allem unter der Leitung von Leopold Schwarzschild – zu einem konservativen Konkurrenzblatt der «Weltbühne» (mit etwa gleicher Auflagenhöhe und teilweise den selben Mitarbeitern). Tucholsky las es besonders in seinen letzten Lebensjahren regelmäßig und äußerte sich wiederholt beeindruckt von den politischen Analysen und der konsequent antifaschistischen Haltung des Blattes (siehe die Briefe an Walter Hasenclever vom 12.7., 25.7. und 17.8.1933 in: Politische Briefe, S. 28ff; Ausgewählte Briefe, S. 263ff). 1923 gründete Großmann die linksdemokratische Berliner Montagszeitung «Montag Morgen»; der erste verantwortliche Redakteur war Carl von Ossietzky.

obligate Autotour mit Sieburgs

Friedrich Sieburg (siehe S. 257) war mit seiner Frau häufiger zu Gast bei Kurt und Mary Tucholsky, als Tucholsky nach seinem Zwischenspiel als Herausgeber der «Weltbühne» in Paris, Place de Wagram, wohnte. In diese Zeit fielen auch die von Tucholsky angesprochenen gemeinsamen Autotouren.

Ich habe da in der Voss einen Spaß auf die Spessartreise geschrieben

Verweis auf die Beschreibung einer Wanderung durch den

Spessart, die er mit den Freunden Karlchen und Jakopp (siehe den folgenden Brief) im September 1927 unternommen hatte. Lisa Matthias und Tucholsky hatten sich am Ende der Wanderung in Würzburg getroffen. Der Text erschien in der «Vossischen Zeitung» vom 18.11.1927 unter seinem Pseudonym Peter Panter mit dem Titel «Das Wirtshaus im Spessart» (aufgenommen in den Sammelband «Das Lächeln der Mona Lisa»; GW 5, 374).

13.12.1927
so fürchte ich hier manches, es liegt zur Zeit das Schiff etwas schief
Anspielung auf das Scheitern seiner Ehe mit Mary Tucholsky.
ein Stück von dem Autor der «Gefangenen»
Verweis auf Edouard Bourdet (1887–1945), französischer Schriftsteller, und sein Stück «La Prisonnière», Uraufführung in Paris am 6.3.1927 (deutsch: «Die Gefangene», Berlin 1930). Das Stück von Bourdet und seine Inszenierung, die Tucholsky am Tag der Niederschrift des Briefes zu besuchen beabsichtigte, waren nicht zu ermitteln.
Das Buch kommt etwa am 16. heraus
Gemeint ist der bei Rowohlt in Berlin 1928 erschienene Auswahlband «Mit 5 PS». Tucholsky hatte die Auswahl der Texte im Sommer 1927 während seines Aufenthaltes im dänischen Mogenstrup-Kro per Lu besorgt. Am 20.12.1927 erschien in der «Weltbühne» eine Selbstanzeige: «Von Herrn Wendriner zum siebenten Arrondissement; von ‹Rheinsberg› zu zwei Leuten, die auf den Wolken ihre Beine baumeln lassen; von Liebesgedichten zum pariser Bordellbesitzer ist es ein weiter Bogen, der zu schlagen war. Möglich, daß ein Druckfehler stehen geblieben ist. Aber eines ist nicht darin: Falsche Rücksichtnahme. Ich habe die Dinge bis zu dem Punkt zu Ende gesagt, bis zu dem meine Erkenntnis reicht, und ich

habe, wo ich nur konnte, verschärft. Vieles, was etwa im Jahre 1914 entstanden ist, würde ich heute anders formulieren, aber nicht anders denken. Geh, Buch, und sage dem Leser, ich ließe ihn grüßen. Was sich an Freundschaft, an Gesinnungsgleichheit, an sachlicher Hilfe dargeboten hat, das hat daran mitgewirkt, und oft habe ich nur ausgesprochen, was andre besser und schärfer gefühlt haben. Wenn ihnen das Herz voll war, ging mir der Mund über, weil wir uns in einem trafen: in dem Gefühl für Wehrlose, Niedergeknüppelte, Leidende, Stumme. Denen gilt dieses Buch.» (GW 5, 425 f)

Abgeschraubtes Türschild in Berlin scheußlich...
Der genaue Zusammenhang konnte nicht ermittelt werden. Es könnte sich um eine der gelegentlichen juristischen Auseinandersetzungen mit Kurt Tucholskys erster Frau Else Weil handeln, wegen deren Unterhaltsforderungen er auch einen Anwalt eingeschaltet hatte.

Jakopp und Kallchen
D. s. Tucholskys Freunde Hans Fritsch (1889–1931 o. 1932) und Dr. Erich Danehl (siehe S. 268), die Tucholsky bereits seit seiner Militärzeit kannte.

ich habe Rosen in die Weltbühne gebracht...
Willy Rosen (eigentlich Wilhelm Julius Rosenbaum 1894–1944 – in Auschwitz ermordet), Kabarettist, Chansonschreiber, Schlagertexter und Komponist (auch einiger Texte Kurt Tucholskys) und Mitarbeiter Rudolf Nelsons. In «Werbekunst oder: Der Text unsrer Anzeigen» (GW 5, 431) heißt es: «Mehr als ein Souvenir – ein Zaubermittel wie vom Hexenmeister Cagliostro ist Rosens Toilettepapier. Edel, rassig und schnittig in der Linie, hat es sich rasch in die Aristokratie der Eleganz eingeschmeichelt. Vergessen Sie nicht, bevor Sie das zierlich gebundene Paketchen verschenken, die Ecken der einzelnen Blätter umzubiegen: Sie geben dadurch ihrem Geschenk eine persönliche Note.»

28.7.1930
Liebes Pipilottgen
Die Anrede ist eine Verballhornung von «P.P.», das Tucholsky und Lisa Matthias aus Albernheit falsch-fein englisch «Pi Pi» aussprachen; «P.P.» ist die Abkürzung für «praemissis praemittendis» (lat.): «der gebührende Titel vorausgeschickt».
Cauterets
Französischer Badeort in den Hautes Pyréneés.
Ola hat geschrieben
Ola – nicht ermittelt.
Lisa Matthias schreibt: «Die als Ola erwähnte Person war anscheinend eine Freundin Tucholskys. Ich habe das vergessen.» (Lisa Matthias: Ich war Tucholskys Lottchen. Text und Bilder aus dem Kintopp meines Lebens. Mit einem Vorwort von Helmut M. Braem und einem Nachwort von Hermann Kesten. Hamburg 1962, S. 222.)

BRIEF AN WILLI STEINERT
Seite 101–102

Willi Steinert, geb. ca. 1885 (nach Aufzeichnungen Mary Tucholskys aus dem Jahr 1965); Zeichner und Maler, arbeitete mit Tucholsky zuerst im «Ulk» (der Wochenbeilage des «Berliner Tageblatt», Chefredakteur von 1918–20 war Tucholsky), dann im «Pieron» zusammen.

11.8.1924
so wurde ich Sekretär bei einem großen Bankier
Siehe S. 256.
und bin nach Paris gegangen. Für die Voss und die Weltbühne
Siehe S. 297.

bei Ullsteins, die einen neuen Pieron machen
D.i. das illustrierte Magazin «Uhu», ein 1924 gegründetes
Magazin des Ullstein-Verlags. Tucholsky hatte auf Bitten von
Kurt Szafranski (siehe S. 289) an der Zusammenstellung der
ersten Nummer mitgewirkt. «Pieron», sogenanntes Ober-
schlesienblatt (Chefredakteur Hans Thalhofer), an dem
Tucholsky zeitweise mitgearbeitet hatte (siehe den Brief an
den Landrat Hans Lukaschek vom 18.12.1920 in: Ausgewählte Briefe, S. 129; Briefe Auswahl, S. 107f).

BRIEF AN ADOLF BEHNE
Seite 103

Adolf Behne (1885 – 1945), war von 1922 bis 1932 Mitarbeiter
der «Weltbühne» für den Bereich Kunst und Architektur.
Neben Eduard Plietzsch schrieb er – vor allem – Einführun-
gen in die moderne Malerei. Diese erschienen 1925 im
«Arbeiterjugendverlag» unter dem Titel «Von Kunst und Gestaltung».

16.4.1927
für Ihren Artikel «Kunst und Tendenz»
Unter diesem Titel erschien im fraglichen Zeitraum kein Arti-
kel von Adolf Behne in der «Weltbühne».
Antwort an Peter Panter…
In der «Weltbühne» vom 19.4.1927 erschien Adolf Behnes
Zuschrift in der Rubrik «Antworten».

BRIEFE AN WERNER VORDTRIEDE
Seite 104–113

Werner Vordtriede (1915–1985), Germanist und Kompara-
tist, war zur Zeit des ersten Briefes von Tucholsky fünfzehn
Jahre alt und Gymnasiast in Freiburg i. Br. 1933 ging er auf
Wunsch seiner Mutter in die Schweiz, wo er ab 1934 auch
studierte. Vordtriedes Talent zu Korrespondenz und Freundschaft ließ ihn auch nach seiner Auswanderung in die USA
1938 Kontakte zu zahlreichen Literaten nicht abbrechen.
Seine Tagebuchaufzeichnungen und Briefe geben Auskunft
über Begegnungen mit Richard Beer-Hofmann, Erich Kah-
ler, Hermann Broch u. a.

28.7.1930
Hiller-Artikel
Wohl «Weltbühne» vom 1.7.1930 «An den Vorsitzenden der
Deutschen Friedensgesellschaft» mit sich anschließenden
Marginalien von Carl von Ossietzky; die von Hiller in diesem
Artikel erhobenen schweren Vorwürfe gegen den Vorsitzen-
den der DFG führten in der Folgezeit zu einem Wechsel an
der Spitze des Verbandes.
der ehrwürdige Greis
Da Vordtriedes Briefe an Tucholsky nur unvollständig überlie-
fert sind, lassen sich allenfalls Mutmaßungen anstellen: be-
kannt ist Vordtriedes frühe emphatische Aufnahme Stefan
Georges (mit der Philosophin Edith Landmann, die für ihn als
Verbindung zum George-Kreis fungierte, korrespondierte er
lange Jahre); sie legt nahe, daß sich Tucholsky auf den einem
15jährigen alt erscheinenden Stefan George bezieht.
Harald
Vermutlich Freund oder Klassenkamerad Vordtriedes. Näheres nicht ermittelt.

Ludwig Hardt

Ludwig Hardt (1886–1947), Rezitator; sein Repertoire spannte sich von der Lyrik des Mittelalters bis hin zu zeitgenössischen Dada-Gedichten; von ihm bevorzugter Autor: Heinrich Heine. Seine Heine-Rezitationen 1933 lieferten den Nazis 1935 den Vorwand, ihn mit einem Auftrittsverbot zu belegen. Hardt verließ Deutschland und emigrierte über mehrere Stationen 1938 in die USA. 1921 feierte Tucholsky Hardt in «Drei Abende»: «Er ist neben Karl Kraus der größte Vortragsmeister unserer Sprache» (GW 3, 92). Siehe auch «Ein Vortragsbuch» (GW 4, 185).

14.9.1930

oro et obsecro
Lat: «ich bitte und beschwöre».

Polgarn
Zu Alfred Polgar siehe S. 358.

über die «Gruppe»
Infolge der unvollständigen Überlieferung der Briefe Vordtriedes nicht zu rekonstruieren. Möglicherweise ist die «Gruppe 1925» gemeint (siehe S. 249 f).

14.10.1930

Frau von Eschstruth
Nataly von Eschstruth (1860–1939), Schriftstellerin; schrieb anfangs Lustspiele, dann sentimentale Unterhaltungsromane, die im Milieu der sogenannten «feinen Gesellschaft» spielen.

Karl Kraus und sein Freund Schütz
Anspielung auf den Ingenieur Arthur Schütz, einem Urahn der Spaßguerilla («Grubenhund» und «Laufkatze»), der mit perfekt inszenierten Mystifikationen («feuerfeste Kohlen») und technischem Nonsens («ovale Räder» als Ursache einer

Eisenbahnkatastrophe) die Presse der Zeit in Atem hielt (Arthur Schütz: Der Grubenhund. Wien 1931 [neuaufgelegt: Wien 1953]). Karl Kraus (siehe S. 302), teilweise der Anreger Schützscher Aktionen, griff diese wiederholt in der «Fackel» auf.

Herr Burte

Hermann Burte (eigentlich Hermann Strübe 1879–1960), Maler und Schriftsteller, zunächst Vertreter des Frühexpressionismus, dann zum «völkischen Dichter» konvertiert. Schon in dem 1912 erschienenen Roman «Wiltfeber, der Ewige Deutsche» schlug er rassistische Töne an («Deutsche Rassenseele»). Wurde einer der führenden Nazi-Dichter, der Faschismus, Führer und den Krieg besang und auf NSDAP-Versammlungen oder als Schulungsleiter an NS-Eliteschulen Reden hielt. Burte wurde während der Nazi-Zeit mit Ehrungen überhäuft – blieb aber auch nach 1945 noch Ehrenbürger der Stadt Lörrach (und erhielt diverse Auszeichnungen). Der damalige Bundespräsident Heuss lehnte deshalb 1959 die Ehrenbürgerschaft von Lörrach mit den Worten ab: «Ich möchte auf keinen Fall mit diesem Mann eines grobschlächtigen Antisemitismus und eines bramabasierenden Nationalismus in eine Reihe gestellt werden, ihn vielleicht sogar als Ehrenbürgerkollegen bei irgendeinem Festchen erleben.»

8.1.1931

Georg Fink

Georg Fink (eigentlich Kurt Münzer 1879–1944), Schriftsteller, studierte Philosophie und Medizin in Berlin und Zürich, war einer der Erfolgsautoren der Weimarer Republik. Fink emigrierte 1933 nach dem Verbot seiner Bücher in die Schweiz.

Biedermann, nicht nur Eckermann

Verweis auf den «Goetheforscher» Woldemar Freiherr von

Biedermann (1817–1903) und seinen Sohn Flodoard Woldemar von Freiherr von Biedermann (1858–1934), die erstmals
«Goethes Gespräche» herausgaben (zunächst: Goethes Gespräche. Hrsg. v. Woldemar Frhr. v. Biedermann. Bd. 1–10.
Leipzig 1889–1896; dann: Goethes Gespräche. Gesamtaus-
gabe. Neuhrsg. v. Flodoard Frhr. v. Biedermann [2. durchges.
u. stark verm. Aufl.]. Bd. 1–5. Leipzig 1909–1911). Der
zweite Verweis Tucholskys gilt Johann Peter Eckermann
(1792–1854), der mit «Gespräche mit Goethe in den letzten
Jahren seines Lebens. 1823–1832» (Erstdruck: 1836) in die
Literaturgeschichte einging.
Die «Neue Revue»
Nicht ermittelt.

27.2.1931
Polgar
Zu Alfred Polgar siehe S. 358.
«Engel im Diesseits»
Verweis auf: Egon Vietta [d. i. Egon Fritz]: Der Engel im
Diesseits [Roman]. Freiburg i. Br. 1929.
Ich habe einmal das gleiche Thema in der Voss angeschlagen
Nicht ermittelt.
in Sachen Binding
Rudolf Georg Binding (1867–1938), in der Zwischenkriegs-
zeit vielgelesener und geschätzter Autor des deutschen Bür-
gertums («Opfergang» 1911, «Unsterblichkeit» 1921, «Stolz
und Trauer» 1922, «Moselfahrt aus Liebeskummer» 1932).
Von Tucholsky in «Larissa Reissner» als «der verhinderte
Generalstabsoffizier mit gebügelter Seele» apostrophiert
(GW 5, 156).
Emil Ludwig
Emil Ludwig (eigentlich Cohn, 1881–1948), hatte vielbeach-
tete und vielgelesene romanhafte Biographien und verschie-

dene Reportagen vorgelegt, die Tucholsky sehr schätzte. Er lebte seit 1907 im Tessin, Tucholsky hatte ihn in Paris kennengelernt. Zum 10. Jahrestag der Novemberrevolution hatte Ludwig vorgeschlagen, Tucholsky sollte – etwa unter dem Titel «deutsche Paladine» – ein Buch über den 9.11.1918 an den deutschen Fürstenhöfen schreiben.

englischen Kriegsroman «Der englische Pachthof»
Verweis auf die 1929 im Insel Verlag in deutscher Übertragung erschienene Romantrilogie «Der ‹spanische Pachthof›» von Ralph Hale Mottram. Mottram schildert den Ersten Weltkrieg aus der Sicht der auf Propaganda angewiesenen Zivilisten und Soldaten, deren Desinformation über die Fakten und Hintergründe des Ersten Weltkrieges dazu führt, daß sie seine Sinnlosigkeit als Naturkatastrophe wahrnehmen.

3.5.1931
Eduard Engel
Eduard Engel (1851–1938), Literaturhistoriker; trat mit seiner «Deutschen Stilkunst» (31. Aufl. 1931) für die Reinhaltung der deutschen Sprache ein.

Den «Gabbo» fand ich in der Idee ausgezeichnet
«The Great Gabbo» (1929), Regie: James Cruze, nach dem Drehbuch von Ben Hecht (Mitarbeiter von Joseph Sternberg).

Jannings
Emil Jannings (Aemil, 1884–1950), Bühnen- und Filmschauspieler («Der blaue Engel»). Gussy Holl (siehe S. 265) war mit ihm in zweiter Ehe verheiratet.

5.7.1931
Viele «Antworten» im Blättchen sind nicht von mir
Die Rubrik «Antworten» hatte ursprünglich Siegfried Jacobsohn eingeführt, um dort – unsigniert – auf fingierte Anfragen

antworten oder unwichtige Ereignisse in kurzer Form glossieren zu können. Jacobsohn zog bald Kurt Tucholsky als «Mitautor» heran, der etwa ein Drittel der kleinen «Antwort»-Texte verfaßte. Nach Siegfried Jacobsohns Tod bat Tucholsky andere «Weltbühnen»-Autoren um die – immer anonyme – Mitarbeit; weswegen die exakte Autorenschaft der einzelnen Beiträge nicht zu klären ist.

Waggerl

Karl Heinrich Waggerl (1897–1973), österreichischer Heimatdichter und Verfasser zahlreicher Novellen und Romane über das Landleben. 1930 Durchbruch mit dem Roman «Brot». 1932 notiert Tucholsky in «Schnipsel»: «Der Nachempfinder. Da gibt es einen jungen Mann, Waggerl heißt er, der schreibt alle Romane Hamsuns noch einmal. Deswegen halten ihn manche Kritiker für Hamsun den Zweiten. Das ist nicht ganz richtig: dieser Autor sieht nur in Hamsun Waggerl den Ersten.» (GW 10, 68).

Hamsun

Zu Knut Hamsun siehe S. 394 ff.

Huebner

Möglicherweise Friedrich Markus Huebner (1886–1964), Schriftsteller; unter Siegfried Jacobsohn Mitarbeiter der «Weltbühne». Seine Schrift «Europas neue Kunst und Dichtung» (1920) war ein wichtiger Beitrag zum Selbstverständnis des Expressionismus. In der «Weltbühne» vom 24. 4. 1928 kritisierte Tucholsky F. M. Huebners Roman «Das andere Ich» (Frankfurt/M. 1927) und dessen Erzählung «Das Spiel mit der Flamme» (Frankfurt/M. 1927) unter dem Titel «Der Bär tanzt» (GW 6, 109) vernichtend.

Film «Drei Tage Liebe»

Film von 1931 (Deutschland), Regie: Heinz Hilpert (Regisseur am «Deutschen Theater» in Berlin, ab 1934 dort Intendant), Musik: Friedrich Hollaender.

Georg Fink gibt es nicht?
Siehe S. 332.

das Pseudonym Sinclair von Hesse. Echt Münzer
Unter dem Pseudonym «Emil Sinclair» veröffentlichte Hermann Hesse 1919 seinen Roman «Demian». 1920 wurde Hesses Autorschaft durch eine Stilanalyse nachgewiesen. Zu Kurt Münzer siehe S. 332.

Wie Bronnen zu Rowohlt kommt?...
Arnolt Bronnen (eigentlich Arnolt Bronner 1895–1959), begann als anarchistischer, expressionistischer Dramatiker und Romancier; in seiner Frühzeit eng befreundet mit Brecht. Entwickelte ab 1924 nationalistische, antisemitische Theorien. Tucholsky nannte in seiner Rezension «Ein besserer Herr» («Weltbühne» 25.6.1929) Bronnens 1929 erschienenen Roman «O.S.» den «Abschied eines Literaten von der Literatur». Tucholsky zu Ernst Rowohlt: «Ernst Rowohlt glaubt an Bronnen, und Verlegertreue ist selten. Er hat ihm die Treue durch alle Konjunkturmißerfolge gehalten: ‹Reparationen› und ‹Rheinische Rebellen› und wie dieses Zeug heißt, wo sich einer atemlos an die Zeit anbiedert, die nichts von ihm wissen will. Aber Ernst Rowohlt hat durch seine Publikationen Verpflichtungen; er ist kein politischer Verlag mit einem Dogma, aber er ist ein anständiger Verlag. Dieses Buch ist eine im Tiefsten gesinnungslose Pfuscherei, und man darf sagen, daß es für alles Grenzen nach unten gibt. Der da hat sie überschritten, mit seinem angelaufenen Monokel.» (GW 7, 112.) Ernst Rowohlt, der – nach dem selbstgeprägten Motto «Kein Gesicht, doch tausend Augen» – zeitlebens stolz darauf war, einen Verlag ohne festgelegtes ästhetisches Programm oder definierbare politische Thematik zu besitzen, berichtete gleichwohl von dem Schreck bei der Lektüre dieses emphatischen Angriffs des einen Rowohlt-Autors auf den anderen.

Ernst von Salomon (1902–1972), deutschnationaler Schriftsteller, wegen Beihilfe zur Ermordung Rathenaus 1922 zu
fünf Jahren Zuchthaus verurteilt, als Mitglied des Freikorps
von Ehrhardt am Kapp-Putsch beteiligt. Sein Roman «Der
Fragebogen» – eine parodistische Verhöhnung der amerikanischen Entnazifizierungs- und Reeducationsmethoden nach
1945 – wurde 1974 ein Millionenerfolg.

19.8.1931
(Aber keine Sommergeschichte – nur keine laufenden Bänder)
Tucholsky arbeitete – nicht wie im Jahr zuvor an «Schloß
Gripsholm» (Untertitel: «Eine Sommergeschichte») – in
England, wo er sich von Juni bis Oktober aufhielt, an einem
Drehbuch für Emil Jannings.

15.2.1932
Das 8 Uhr – Abendblatt
1931 gewann Werner Vordtriede bei einem Preisausschreiben
des «Freiburger 8 Uhr-Abendblatts» eine Reise nach Paris.
Vordtriede, der schon als Schüler publizistisch tätig war, gewann den Preis mit einem Beitrag zum Thema «Wer schreibt
den schönsten Verständigungsbrief».
*Sie werden nächstens einen Aufsatz von mir über Ponten lesen
können*
Josef Ponten (1883–1940), Schriftsteller. Tucholsky ver-
weist auf den am 23.2.1932 in der «Weltbühne» unter dem
Titel «Die deutschen Kleinstädter» erschienenen Aufsatz, signiert von Ignaz Wrobel. (Kurt Tucholsky: Republik wider
Willen. Gesammelte Werke. Ergbd. 2. 1911 bis 1932. Hrsg.
von Fritz J. Raddatz. Reinbek bei Hamburg 1989, S. 426.)

BRIEFE AN MARCEL BELVIANES
Seite 114–116

Marcel Belvianes, Lebensdaten nicht ermittelt.

8.12.1929
daß Sie sich so freundlich für meine Arbeit einsetzen
Marcel Belvianes hatte Tucholsky wohl von seiner Beschäftigung mit dem Werk des «Pamphlétaire et Humoriste» (so der Titel des im März 1930 erschienenen ausführlichen Aufsatzes) berichtet und um biographische Auskünfte gebeten. Die «Revue d'Allemagne» enthielt in 4/Nr. 29, März 1930 den angekündigten Aufsatz, der das erste ausführliche Porträt Tucholskys in einer großen französischen Zeitschrift vorstellt.
dem verstorbenen Siegfried Jacobsohn
Zu Siegfried Jacobsohn siehe S. 278 ff.
In den beiden Auswahlbänden bei Rowohlt
Die Auswahlbände «Mit 5 Ps» (Berlin 1928) und «Das Lächeln der Mona Lisa» (Berlin 1929).

28.3.1930
wenn die Franzosen «cher ami»…
Gemeint ist offenbar das Wort «con» (= Fotze), das aber im Umgangsfranzösisch viel weniger grob eingesetzt wird; etwa: «Du Hund».
die «Revue d'Allemagne»
Französische Zeitschrift, in der im 4. Jg. Heft Nr. 29 vom März 1930 Marcel Belvianes «Kurt Tucholsky. Pamphlétaire et Humoriste» erschien.
«Combines»
Mit «Combines» meint Tucholsky die besonders im französischen Literaturbetrieb gebräuchlichen Verbindungen, wo

etwa der Lektor eines Verlages gleichzeitig Kritiker einer Zeitschrift und Juror in einem Preiskomitee ist, wodurch er «seinen» jeweiligen Autor leichter durchsetzen kann, von dem er aber umgekehrt (etwa bei Publikation eines eigenen Buches) Gegenleistungen in Form von Gefälligkeitskritiken, Vorworten oder anderen Empfehlungen erwartet.

aus den Übersetzungen
Belvianes hatte in «Kurt Tucholsky. Pamphlétaire et Humoriste» «Träumerei auf einem Havelsee» (GW 6, 228) übersetzt; zudem enthält der Aufsatz eine Reihe ins Französische übersetzter Zitate typischer Tucholsky-Texte, so zum Beispiel Auszüge aus Artikeln der «Weltbühne», wie «Deutschenspiegel» (GW 6, 172), aus Büchern – «Deutschland, Deutschland über alles», «Ein Pyrenäenbuch» und «Das Lächeln der Mona Lisa» – und schließlich Zusammenfassungen der Positionen Tucholskys zum Pazifismus und dem deutschfranzösischen Verhältnis. Eingang fanden auch die Courteline-Widmung Tucholskys aus «Das Lächeln der Mona Lisa» und der Hinweis auf die Anklänge an Jules Renard. Tucholsky hatte seinerseits bereits 1925 Marcel Belvianes' Stück «Das alte Mädchen» unter dem Titel «Pariser Kammerspiel» rezensiert (Peter Panter, «Weltbühne» vom 15.9.1925).

der Kaufmann im Boot
Belvianes hatte, wie erwähnt, Tucholskys Gedicht: «Träumerei auf einem Havelsee» (GW 6, 228) ins Französische übersetzt; die treffende Übertragung des Titels – «Rêverie sur un Lac» – und die Charakterisierung des beschriebenen Kaufmanns im Boot – «Je suis gérant de la fabrique de blanc...» – gefielen Tucholsky.

BRIEFE AN HEDWIG HÜNEKE
Seite 117–120

Hedwig Hüneke (1889–1971), Redaktionssekretärin und Buchhalterin der «Weltbühne», maßgeblich an der Friedens-nobelpreiskampagne für den im Konzentrationslager Sonnenburg festgehaltenen Carl von Ossietzky beteiligt, die vom «Freundeskreis Carl von Ossietzky» 1934 bis 1936 organisiert wurde. Blieb 1933 trotz des «Weltbühne»-Verbots in Berlin. 1933 bis 1934 Buchhalterin im Schocken-Verlag, desgleichen 1939 bis 1945 bei Lambert Schneider, und 1946 bis 1958 beim Berliner «Tagesspiegel». Starb vergessen und verarmt in Berlin. Die Schreibweise des Nachnamens schwankt in den Briefen zwischen den Formen «Hünicke/Hüneke».

7.5.1925
von Hachette
Hachette war das seinerzeit größte französische Vertriebsunternehmen für Bücher und Zeitschriften, das auch im Import und Export tätig war. Der Verlag der «Weltbühne» lieferte seine Zeitschrift in Frankreich durch Hachette aus.
Fritz Tucholsky
Fritz Tucholsky (1896–1936), jüngerer Bruder Tucholskys, von ihm im Scherz Kohn genannt. Nach dem Studium des Maschinenbaus wurde Fritz Tucholsky in der Inflationszeit Bankangestellter, dann Angestellter der Messe und des Fremdenverkehrsamts der Stadt Berlin. 1933 durch die Nazis entlassen, flüchtete er in die ČSR und emigrierte von dort 1933 in die USA. Er kam bei einem Autounfall ums Leben.
Foerster
Friedrich Wilhelm Foerster (1869–1966), Pädagoge, Philosoph, Universitätsprofessor und Politiker; Mitarbeiter der «Weltbühne»; 1895 wegen Kritik an Kaiser Wilhelm II. und

dessen Beschimpfungen der Sozialdemokraten als «vater-
landslose Rotte» zu Festungshaft verurteilt. Foersters politischer Standort verhinderte lange Zeit eine Wissenschaftslauf-
bahn in Deutschland, weshalb er bis 1918 in der Schweiz
lebte; nach Beendigung des Ersten Weltkrieges wurde er vom
bayrischen Ministerpräsidenten Kurt Eisner zum Gesandten
in Bern berufen. Foerster wurde von deutschnationalen, später nationalsozialistischen Gruppen mit Morddrohungen
verfolgt und floh 1922 in die Schweiz, 1940 in die USA. 1926
siedelte Foerster nach Paris über, wo er dem Völkerbund, der
Behauptung Außenminister Stresemanns entgegentretend,
eine Denkschrift über die heimliche Aufrüstung in Deutschland vorlegte. Er warnte bereits 1927 vor einem zweiten, von
Deutschland ausgehenden Weltkrieg. («Gesunder Pazifismus» GW 6, 87.)
Harden
Maximilian Harden (eigentlich Felix Ernst Witkowski,
1861–1927), Publizist, Schauspieler, Mitbegründer der
«Freien Bühne». Gab von 1892 bis 1922 die Wochenzeitschrift «Die Zukunft» heraus, in der er bestimmte Elemente
der Politik Wilhelms II. bekämpfte. Harden entwickelte
einen persönlichen, ad personam ausgerichteten Polemikstil
(Sammlung «Köpfe»). Wegen seiner pazifistischen und republikanischen Haltung wurde 1922 von Nationalisten ein At-
tentat auf ihn verübt. Karl Kraus, der anfangs mit Harden
befreundet war, hat ihn später scharf bekämpft. Siehe «Prozeß Harden» (GW 3, 296) und «Maximilian Harden» (GW 5,
362).

19.6.1925
Dem Chef ist...
D. i. Siegfried Jacobsohn, der damalige Herausgeber der
«Weltbühne» (siehe S. 278 ff).

Hermine Sterler
Hedwig Hüneke hatte Tucholsky einen Anruf der Schauspielerin Hermine Sterler angezeigt, die zu diesem Zeitpunkt in Berlin bei Piscator an der «Volksbühne» engagiert war. Näheres nicht ermittelt.
mit der Europäischen Staats- und Wirtschaftszeitung, ein gewisser Wilhelm Arndt
Nicht ermittelt.

BRIEF AN WALTER BERNAYS
Seite 121–122

Walter Bernays, Lebensdaten nicht ermittelt.

30.9.1930
Das Börsenblatt ist feige...
Das Börsenblatt für den Buchhandel, das offizielle Organ des Börsenvereins deutscher Buchhändler, hatte im September 1929 dem «Neuen Deutschen Verlag», der Kurt Tucholskys und John Heartfields Buch «Deutschland, Deutschland über alles» herausgebracht hatte, einen weiteren Abdruck der Verlagsanzeige verwehrt. Mit der Begründung, es liege «ein Einspruch» vor (dessen Urheber nicht genannt wurde), übte das Börsenblatt faktisch Zensur, was allerdings weder den Verkaufserfolg des Buchs verminderte, noch die ausführliche Behandlung des Falls in der Öffentlichkeit verhindern konnte. Tucholsky nahm zur «Börsenblatt-Affäre» selbst in der «Weltbühne» Stellung. Am 24.9.1929 erschien sein Artikel «Das Buchhändler-Börsenblatt» (GW 7, 192): «Wenn wir unter einer rechten oder einer linken Diktatur leben, so muß ich mir das gefallen lassen. Dies aber ist eine versteckte und hinterhältige Diktatur, die kein anständiger Mensch billigen

kann. Was gestern mir geschehen ist, kann morgen jedem unsrer Kameraden geschehen: also den Exponenten einer Gesinnung. Daß wir nicht in einer Demokratie leben, weiß ich; aber dies geht zu weit – wer soll über unsre Bücher abstimmen: der Käufer oder der Verkäufer –? [...] Auf den Wert dieses Buches kommt es hier nicht an. Ich habe es der Öffentlichkeit vorgelegt; ich lasse mir von jedem Kritiker sagen, wie es ihm gefallen hat. Hier aber ist etwas andres, hier ist jene schleichende, trockne, giftig-gefährliche Reaktion am Werk, die in diesem ganz leicht anachronistischen Buch nicht zu finden ist –: man kann sie nämlich nicht fotografieren. Die neudeutsche Reaktion hat, sehen wir von Zörgiebeln ab, oft verbindliche Formen; und so ein Vorgang wie dieser hier – nationaler Schuß von hinten, aus Angst vor der Wahrheit – der läßt sich nicht illustrieren. Tatsächlich ist das, was sich heute in Deutschland gegen die Arbeiter vorbereitet, eine sanft dahinkriechende Reaktion, eine Gefahr, die zu wenig beachtet wird. Gegen sie gehen wir an.» (Siehe auch «Antworten», «Weltbühne» 6. 10. 31). Unter den kritischen Stimmen zu «Deutschland, Deutschland über alles» ragte diejenige Herbert Iherings (siehe S. 304) heraus. Ihering, der Tucholsky sehr schätzte, monierte mit aller Schärfe in «Das Tagebuch» (12. 10. 1929): «Es scheint mir eine Polemik ohne Risiko zu sein, wenn Kurt Tucholsky immer wieder auf dieselben Themen losschlägt, wenn er immer wieder gegen dasselbe Militär, gegen dieselbe Justiz mit einer zwar oft sehr treffenden, sehr amüsanten, sehr wirkungsvollen Typenschilderung losgeht. Es wäre aber wichtig, in dem Buch ‹Deutschland, Deutschland über alles› zu sagen, daß in anderen Ländern dieselben Züge zu erkennen sind, und wirklich einmal die soziale und geistige Struktur Deutschlands und der anderen europäischen Länder aufzuzeigen.
Statt dessen immer wieder dieselbe, gewiß blendende, gewiß

eindringliche und doch im letzten Grunde billige und beinahe unverbindliche Typencharakteristik. Wo bleibt bei einem Polemiker von dieser leichten schriftstellerischen Begabung die Auseinandersetzung mit dem Phänomen der Presse? Wo bleibt die Auseinandersetzung mit den geistigen Kämpfen? Eine wehmütige Betrachtung über den Filmschauspieler Conrad Veidt und über den Clown Grock – eine etwas dürftige Sentimentalität. Polemik ohne Risiko – gerade ein so begabter Mensch wie Tucholsky, gerade ein Satiriker von diesem Range müßte in Deutschland selbst sein, an den Kämpfen teilnehmen, in der Sache drinstehen und es sich nicht als Zuschauer in Paris oder Schweden gut sein lassen und die Dinge aus einer fernen Loge betrachten.»

Am 18.10.1929 antwortete ihm Tucholsky in einem Brief: «Lieber Herr Ihering, ich habe Ihre Aufsätze im ‹Börsencourier› und im ‹Tagebuch› gelesen, die sich mit dem Deutschlandbuch befassen. Der Ton der beiden Arbeiten entspricht genau meiner Erinnerung, die ich aus S. J.s Zeiten an Sie habe: rein, sauber, klar und sachlich. Wer soviel Leute kritisch schlachtet wie unsereiner, darf nicht empfindlich sein.

Die gute Hälfte Ihrer Vorwürfe halte ich für diskutierbar (den vom ‹Genießer› nicht – der ist aus einer Kanone geschossen, die Sie so scharf ablehnen). Ich habe mir selbst in der ‹Weltbühne› attestiert, daß dieses Buch etwas Anachronistisches hat; es ist gewissermaßen eine abschließende Bilanz – von der Schwierigkeit, seelische Situationen mit Fotos zu belegen, ganz zu schweigen. Unter den zahlreichen Kritiken, den negativen und den positiven, die das Buch erhalten hat, steht die Ihre weitaus am höchsten. In einem Punkt aber gehen wir auseinander.

Sie gebrauchen die Worte: ‹Nun schreibt er immer wieder dieselben Aufsätze…›

Lieber Herr Ihering, waren Sie in den letzten Monaten einmal

auf einem deutschen Gericht oder in einer deutschen Straf-
anstalt? Das sollten Sie nicht versäumen. Ich habe mir im
letzten Jahr vieles in Deutschland angesehen, worüber ich
nirgends referiert habe; und was mich erschreckt hat, das ist
die Fortdauer einer wilhelminischen Gesinnung, die zwar
die Zierate des Gardehelms abgelegt hat, aber in karger
neuer Sachlichkeit brutal und kalt Schweinereien verüben
läßt, schlimmer als unter dem Seligen, wo durch eine gewisse Bordeaux- oder Biergemütlichkeit manches gemildert
wurde.

Natürlich wird in der Provinz und in Berlin ehrlich von links
her dagegen angekämpft. Mit welchem Erfolg –?

Nicht das ist das Gefährliche, daß mich Ihre Aufsätze etwa
vor der ‹Deutschen Zeitung› kompromittieren; wäre das aus-
schlaggebend, dann müßten wir uns ständig gegenseitig für
Genies erklären, aus Angst, die Nationalisten könnten einen
Tadel gegen uns auswerten. Die Gefahr steckt vielmehr darin,
daß in der allgemeinen Beruhigung ein ordentlicher, glatter
Nationalismus, ein sauber rasierter Kapitalismus, eine fein
gebügelte Unterdrückung der Arbeiter überall zu spüren ist –
also auch in den Kreisen der bürgerlichen Intellektuellen. Risiko? Mir scheint das Risiko eines ‹Stellungnehmenden› er-
heblich kleiner zu sein als das eines Schriftstellers, der hart
zuschlägt – jenem erwidert höchstens der Gegner mit einem
schönen Aufsatz – diesem schlagen sie, wenn sichs macht, die
Knochen entzwei.

Lehnt einer diese deutsche Welt, so wie sie da ist, in Bausch
und Bogen ab und tut er das noch in einer ästhetisch unbefrie-
digenden Form, dann steht er jenseits der ‹seriösen› Leute.
Mir macht das nichts, und so sehr ich Ihnen recht gebe, wenn
Sie schreiben, daß dem Buch der Hinweis darauf fehlt, daß es
ja anderswo genauso ist, so sehr vermisse ich in Ihren Aufsät-
zen Gefühl für Blut und Tränen. Hören Sie das nicht? Hören

Sie nicht den unterirdischen Schrei, der oft keinen künstlerischen Ausdruck findet und den man mit allen raffinierten Mitteln unterdrückt, wo man nur kann? Im Rundfunk dürfen wir nicht, in der Presse sollen wir nicht, im Kino können wir nicht – bleibt das Buch. Immer, wenn ich schreibe, denke ich an das Leid der Anonymen, an den Proletarier, den Angestellten, den Arbeiter, an ein Leid, von dem ich durch Stichproben weiß. Das wissen Sie auch – Sie müssen das wissen, und ich will lieber den Vorwurf auf mir sitzen lassen, künstlerisch nicht befriedigt oder aus Empörung über das Ziel hinausgeschossen zu haben, als ein Indolenter zu sein. Und glauben Sie mir –: wenn ich immer dasselbe schreibe, tue ich das bewußt. Es ist vielleicht langweilig, Jahr um Jahr Salvarsankuren zu machen; Kamillentee wäre vielleicht abwechslungsreicher – aber man muß das wohl. Auch die Spirochäten bleiben ewig dieselben.

Ich werde mich freuen, Ihnen während meines berliner Aufenthaltes zu begegnen, und ich bin mit den besten Grüßen Ihr wie stets ergebener Tucholsky.» (Ausgewählte Briefe, S. 131 ff; Briefe Auswahl, S. 222 f; Politische Briefe, S. 85 f)

weil sich ein Teil der anständigen Blätter...

Das Presseecho auf die Zensur des Börsenblattes war groß. Sogar im Ausland berichteten Zeitungen über den Fall.

BRIEFE AN HERMANN CROISSANT
Seite 123–125

Hermann Croissant, Lebensdaten nicht ermittelt.

5. 11. 1913
aber Panizza wird dabei vergessen
Oskar Panizza (1853–1921), Nervenarzt, satirischer Schriftsteller und antiklerikaler Pamphletist; wurde wegen seines
scharf antikirchlichen Theaterstücks «Das Liebeskonzil»
(1894) zu 12 Monaten Gefängnis verurteilt. Verließ Deutschland nach verbüßter Haft, gründete in Zürich einen eigenen
Verlag, wo er seine aggressivsten Pamphlete erscheinen ließ.
Lebte, geistig zerrüttet, von 1905 bis 1921 in einer Nerven-
heilanstalt bei Bayreuth. Siehe «Panizza» (GW 2, 154).
aber wie erreicht man es, die Erlaubnis seinen Rechtsnachfol-
gern abzugewinnen?
Panizzas Mutter, Mathilde Panizza, war Pietistin und lebte in
Bad Kissingen; zum Vormund war der Rechtsanwalt Popp
bestellt worden.

28. 11. 1913
Hanns Heinz Ewers bei Georg Müller die Schriften Panizzas
edieren wolle
Hanns Heinz Ewers (1871–1943), Schriftsteller; war beson-
ders erfolgreich mit seinem okkultmystischen Roman «Al-
raune»; von 1914 bis 1921 lebte er in den USA. Während des
Ersten Weltkriegs schrieb er nationalistische Lieder; früh
Mitglied der NSDAP. – Der Verlag Georg Müller, 1903 von
Georg Müller (1877–1917) gegründet, setzte sich rasch mit
der Herausgabe von Übersetzungen älterer, urheberrechtlich
nicht mehr geschützter und zumeist schwer zugänglicher
Werke der Weltliteratur und einer Fülle von Klassiker-Aus-

gaben am Buchmarkt durch. Seine herausragende Stellung vor
dem Ersten Weltkrieg verdankte der Verlag seiner exzessiven
Ausweitung der Verlagsproduktion bei gleichzeitiger auf
das großbürgerliche Lesepublikum ausgerichteter luxuriösen
Ausstattung seiner Bücher. Tucholskys Vorbehalte gegen die
Herausgabe der Schriften Panizzas zielten einerseits auf das
dem Georg Müller Verlag eigentümliche Charakteristikum
einer «Ausstattung fürs Auge» bei zumeist niedrigem editori-
schen Niveau und andererseits auf die häufig bei dem Verlag
anzutreffende, der literarischen Cliquenwirtschaft förder-
lichen Verbindung der Funktionen Verlagsautor und Lektor.
So war Hanns Heinz Ewers im Verlagsprogramm 1914 u. a. als
Autor von «Alraune. Die Geschichte eines lebenden Wesens»
und als einer der Herausgeber der Reihe «Galerie der Phanta-
sten» mit Bd. II «Oskar Panizza: Visionen der Dämmerung»
präsent, einer geglätteten und überarbeiteten Auswahl aus Panizzas Werk, die durch die Auflagen der Rechtsnachfolger eine
Trümmerstätte des Schaffens Panizzas inszenierte. Zur Geschichte des Verlages und seiner Fusion mit dem Albert Langen Verlag sei auf die Arbeit von Andreas Meyer «Die Verlags-
fusion Langen-Müller. Zur Buchmarkt- und Kulturpolitik des
Deutschnationalen Handlungsgehilfen-Verbands (DHV) in
der Endphase der Weimarer Republik» (München, Phil. Diss.,
1987) verwiesen.

*Ich beabsichtige schon seit langer Zeit, über Panizza als
Künstler in der «Schaubühne» zu schreiben*
1919 erschien «Panizza», Tucholskys Huldigung an den Verfasser des «Liebeskonzils», denn – so Tucholsky – «wir
wollen wieder einmal aus dem Theater gehen: im Innersten
geschüttelt, zwischen Grauen und Komik hin und her ge-
schleudert» (GW 2, 154). Siehe auch «Sprechstunde am
Kreuz» (GW 6, 336).

ERLÄUTERUNGEN

BRIEF AN EUGEN DIEDERICHS
Seite 126

Eugen Diederichs (1867–1930), Verleger und Publizist, gründete 1896 in Florenz/Leipzig den Eugen Diederichs Verlag (seit 1904 Jena), der sich vor dem Ersten Weltkrieg als eines der gegen die «Verstandeskultur» des 19. Jahrhunderts gerichteten Zentren der lebensphilosophisch-neuromantischen Zeitströmung etablierte. Das zunächst durch die Veröffentlichung der Schriften von Meister Eckehart, Novalis, Sören Kierkegaard, Henri Bergson, Leo Tolstoi, Hermann Hesse und Ricarda Huch eher religiös-philosophisch und schöngeistig ausgerichtete Verlagsprogramm orientierte sich seit 1911/12 zunehmend an politisch-sozialen Fragestellungen. Mit Übernahme der Monatszeitschrift «Die Tat», 1912, Start als Publizist. «Die Tat», deren Leitung er 1928 abgab, avancierte in den Jahren der Weltwirtschaftskrise zum führenden Organ der jungkonservativen Intelligenz.

12.2.1921
den Zeitungen ersehen...
Nicht ermittelt.

BRIEF AN ERWIN SCHIFFER
Seite 127

Erwin Schiffer, Rechtsanwalt, Schwager von Siegfried Jacobsohn (Bruder von Edith J., geborene Schiffer).

8.6.1920
Herrn M.
Gemeint ist der kaufmännische Angestellte Mehlburger, Angestellter im Verlag der «Weltbühne», der, nachdem Siegfried

Jacobsohn im Frühsommer in Kampen Nachricht erhalten hatte, daß er in früheren Stellungen Gelder veruntreut hatte und jetzt heimlich Beziehungen zur Konkurrenz unterhielt, von Jacobsohn entlassen wurde; er ignorierte die Entlassung aber, so daß sich Jacobsohn genötigt sah, Tucholsky und Schiffer zu beauftragen, Erwin Mehlburger aus den Verlagsräumen zu entfernen.

BRIEFE AN HANS GLENK
Seite 128–130

Martha Maria Gehrke, geboren 1894, Berliner Journalistin und Schriftstellerin, Freundin von Lisa Matthias (siehe S. 322 f), arbeitete für Ullstein und den Funk, während des Krieges für den Theaterverlag Felix Bloch Erben. Hans Glenk, «Weltbühne»-Autor, vermutlich das Pseudonym M. M. Gehrkes, die aber auch unter ihrem Namen in der «Weltbühne» schrieb: ihr erster Beitrag für Siegfried Jacobsohn ist datiert auf das Jahr 1913 und trägt den Titel «Praxis der Menschenliebe».

19.3.1926
Republikaner-Toni
Nicht ermittelt.
Unruhs Werke
Fritz von Unruh (1885–1970), pazifistischer Schriftsteller, Sohn eines preußischen Generals. Schrieb u. a. die Dramen «Ein Geschlecht», «Platz», «Rede an die Deutschen». 1948–1973 diverse Literaturpreise.

23.3.1926

Die Autorschaft dieses Briefes ist ungesichert. Er ist nicht nur als Mitteilung über Kurt Tucholsky («ich soll [...] Ihnen [...] sagen, daß Panter morgen nicht kann») abgefaßt, sondern auch mit der Zeichnung eines weiblichen Panters «signiert» – und auf dessen generis feminini wird ja auch extra hingewiesen. Es könnte also sein, daß Mary Tucholsky – die zu dieser Zeit viel Post für Tucholsky erledigte – ihn geschrieben hat, zumal sie sich schon in den Jahren vor ihrer Ehe in manchen Briefen Tucholskys Stil zu eigen gemacht hatte. Andererseits ist auch die kleine Schlußzeichnung so ganz im Stil anderer Vignetten und Gruß-Karikaturen Tucholskys, daß die Aufnahme als vermutlicher Brief Tucholskys gerechtfertigt schien.

Heiligen Coué

Emile Coué, französischer Apotheker (1857–1926), entwickelte eine autosuggestive Psychotherapie, die mit Hilfe formelhafter Wendungen wie «Es geht mir täglich besser» eine positive Beeinflussung der Patienten zu erwirken suchte.

29.3.1926

Liebster Goldschnappel

Dem Brief ist links in Form eines Zeitungsausschnitts aus der «Berliner Morgenpost» eine Glosse mit dem Titel «Liebesbriefe mit der Schreibmaschine» aufgeklebt. Tucholsky, der beinahe täglich Zeitungen und Post aus Berlin nach Paris nachgeschickt bekam, nahm den (fiktiven?) Leserinnenbrief aus der «Berliner Morgenpost» zum Anlaß, um seinen Brief mit der besorgten Zuschrift an die Briefkastenspalte der Zeitung zu collagieren, in der eine «Margarete S., Berlin-Halensee» besorgt anfragt, ob sie in den neuerdings maschinenschriftlich ausgefertigten Liebesbriefen ihres Verlobten ein «Zeichen von Gleichgültigkeit» zu lesen habe oder ob die Verwendung der Schreibmaschine auch in privater Korrespondenz einfach eine Sitte – «oder Unsitte» sei, die sich schon so eingebürgert habe, daß «man sich damit abfinden muß»?

die neue Rundschau hat mich aufgefordert, bei ihr mitzuarbeiten

«Neue Rundschau» hervorgegangen aus der «Neuen deutschen Rundschau» (1894/1890 gegründet, 1904 in die «Neue Rundschau» umgewandelt); Verleger und Herausgeber Samuel Fischer, Redakteure u. a. Oskar Bie (siehe S. 294); angesehenste Literaturzeitschrift Deutschlands. Zu einer Mitarbeit Tucholskys scheint es nicht gekommen zu sein; vermutlich hinderten die Vertrags- und Exklusivrechte der Häuser Ullstein und «Weltbühne» Tucholsky an Veröffentlichungen in der dem S. Fischer Verlag zugehörenden Zeitschrift.

Den Toni lassen wir schön grüßen

Nicht ermittelt.

Die Frau ist leider unmöglich

Nicht ermittelt (von Tucholsky mittels eines Verweises auf «Toni» bezogen).

BRIEFE AN MARITA HASENCLEVER
Seite 131–133

Marita Hasenclever, Schwester von Walter Hasenclever; beide waren 1926 häufig bei Tucholsky in Le Vésinet zu Gast.

13.4.1926
Swedenborg
Emanuel Swedenborg (1688–1772), schwedischer Theosoph und Naturforscher. Walter Hasenclever hatte 1925 in deutscher Nachdichtung eine Auswahl aus dem lateinischen Text von Swedenborgs Werken mit dem Titel «Emanuel Swedenborg, Himmel, Hölle, Geisterwelt» herausgegeben.

Unruh
Zu Fritz von Unruh siehe S. 350.
Viktor Hahn
Viktor Hahn, Herausgeber und Besitzer der «Nationalzei-
tung», ab 1912 des «8-Uhr-Abendblatts», Berlin, das später
der Mosse-Verlag übernahm..

[ohne Datum]
Rehfisch
Hans José Rehfisch (1891–1960), Rechtsanwalt, Richter und
Dramatiker, leitete ab 1923 mit Piscator das Berliner «Zentral-
theater». Rehfisch gelang 1924 mit der Tragikomödie «Wer
weint um Juckenack» ein großer in- und ausländischer Publi-
kumserfolg. 1929 zusammen mit Wilhelm Herzog neuerlich
sehr erfolgreich mit dem Schauspiel «Die Affäre Dreyfus».
Piscator
Zu Erwin Piscator siehe S. 315 f.
Kerr und Ihering sinken sich . . .
Alfred Kerr (eigentlich Alfred Kempner, 1867–1948), be-
rühmter Theaterkritiker, im Verlauf der Jahrzehnte Mitarbeit
an zahlreichen Zeitungen und Zeitschriften (darunter «Tag»,
«Aktion», «Pan», «Neue Rundschau», «Berliner Tageblatt»,
«Welt am Abend», «Rote Fahne», «Literarische Welt»,
«Nouvelles Litteraires», «Pariser Tageblatt»). Empfindsamer
Reiseschriftsteller, Lyriker, liebenswürdiger, aber auch sati-
risch-polemischer Feuilletonist. Sein großer kritischer Wi-
dersacher war der Brecht-Entdecker und Förderer Herbert
Ihering (siehe S. 304), Theaterkritiker und Feuilletonchef des
«Berliner Börsen-Couriers», während Kerr in zahlreichen
kritischen Verrissen Brecht geradezu verfolgte.
Ernst Deutsch
Ernst Deutsch (1890–1969), Schauspieler, u. a. bei Max
Reinhardt.

ERLÄUTERUNGEN

BRIEF AN ERICH GOTTGETREU
Seite 134

Erich Gottgetreu, gelegentlicher Mitarbeiter der «Weltbühne».

2. 12. 1928
*Die Weltbühne habe ich wegen Ihres Artikels angemahnt –
hoffentlich bringt sie ihn bald*
Nicht ermittelt.

BRIEF AN KAETHE TIPPMANN
Seite 135

Kaethe Tippmann, Leserin der «Weltbühne». Ihre Zuschrift
ist nicht überliefert.

20. 4. 1927
Aufsatz Felix Stössingers
Felix Stössinger (1889–1954), Journalist und Schriftsteller. In
der «Weltbühne» erschien am 12. 4. 1927 sein Aufsatz «Das
Kinderelend in Sowjet-Russland».
vor Erscheinen...
Verweis auf die Erwiderung von Hugo Jacobi in der «Weltbühne» vom 26. 4. 1927 mit dem Titel «Russlands Kampf gegen das Kinderelend».

ERLÄUTERUNGEN

BRIEF AN ALFRED HERZ
Seite 136–137

Alfred Herz, Lebensdaten unbekannt, Schulkamerad von Siegfried Jacobsohn (siehe S. 278 ff), Kaufmann in Berlin. Herz wandte sich mit einem ausführlichen Brief am 25.4.1929 an Tucholsky, in dem er schwere Vorwürfe erhob; vor allem das Thema jüdischer Kritik an Tucholskys aggressiver Publizistik, geboren aus der Angst vor einem stärker werdenden Antisemitismus, und Herz' Verweis auf die Reaktionen jüdisch-konservativer Kreise (so zum Beispiel des «Centralverein») machen die Brisanz des Briefes und der Antwort Tucholskys aus. In direktem Zusammenhang dazu siehe auch Tucholskys Brief an Hans Reichmann vom 4.5.1929 (Ausgewählte Briefe, S. 205 ff; Briefe Auswahl, S. 213 ff).

30.4.1929
Bericht aus der «Berliner Börsen-Zeitung» über mein Buch
«Das Lächeln der Mona Lisa»
Franz von Lilienthals «Das Zerrbild der Mona Lisa» erschien am 21.4.1929 in der «Berliner Börsen-Zeitung» und markierte einen Höhepunkt reaktionärer Angriffe auf Tucholsky («Der von Herrn Tucholsky vertretene Pazifismus ist im übrigen m. E. die beste Vorbereitung baldiger neuer Kriege»). In Lilienthals Artikel vermischen sich die Attitüde eines gönnerhaften Begutachters («Es stehen auch Sachen darin, die verhältnismäßig harmlos und gut geschrieben sind»; «Hier wird gelehrt, was hinter den politischen Masken ist. Nicht oft sagt einer klar, was viele heimlich denken») mit Landesverratsverdächtigungen, denn immerhin sei man – wohl als Folge von Werken wie dem «Lächeln der Mona Lisa» – «bereits bis zur öffentlichen Propagierung der Kriegsdienstverweigerung gelangt. Was für die Franzosen und Herrn Tuchol-

sky schon ein ganz achtbarer Erfolg ist». Lilienthal hält darüber hinaus eine «wüste Verwirrung aller Begriffe», «Beschimpfungen des deutschen Richtertums und Verhöhnungen
der Religion» fest, die er sich nur damit erklären kann, daß
«dieser schäumende Haß [...] aus seelischen Bezirken
[stammt], die uns, die wir seit je um den Besitz der nationalen
Kultur des alten Europa gerungen haben, längst nicht mehr
zugänglich sind.»

C. V. Zeitung
Das ist die «Central-Verein-Zeitung»: Blätter für Deutschtum und Judentum, auch «C-V-Zeitung» genannt; Organ des
«Central-Vereins Deutscher Staatsbürger Jüdischen Glaubens».

Zentralverein jüdischer Staatsbürger deutschen Glaubens
Ironische Verdrehung des Namens «Central-Verein Deutscher Staatsbürger Jüdischen Glaubens», der dem zunehmen-
den Antisemitismus am Ende der Weimarer Republik entge-
genzuwirken suchte.

BRIEF AN KURT R. GROSSMANN
Seite 138

Kurt R. Grossmann (1897–1972), Bankkaufmann, Publizist
und Redakteur, zahlreiche Beiträge in führenden in- und aus-
ländischen Zeitungen («Dreizehn Jahre republikanische Justiz», 1931). 1923 Gründer des Danziger Zweigs der «Deutschen Liga für Menschenrechte», zugleich Organisator der
ersten deutsch-polnischen Verständigungskonferenzen; 1926
Berufung als Generalsekretär der DLM nach Berlin; Mitglied
der SPD. 1932 Sekretär des von Georg Bernhard initiierten
Komitees «Das freie Wort». Im Februar 1933 Organisator des
Kongresses zur nationalsozialistischen Machtübernahme in

der Berliner Kroll-Oper. Einer Warnung Robert Kempners folgend floh Grossmann in die ČSR. Dort in Prag in Zusammenarbeit mit der tschechoslowakischen Liga für Menschenrechte und Organisator und Leiter der «Demokratischen Flüchtlingsfürsorge» (Herbst 1933 Sekretär des «Comité tchéchoslovaque pour les réfugiés provenant d'Allemagne»). Schon 1933 gelang es Grossmann mittels des Journalisten F. A. Voigt, Berichte über die Lage der Flüchtlinge an Roosevelt zu lancieren. Grossmann entfaltete zudem ausgreifende publizistische Aktivitäten gegen das nationalsozialistische Regime in der Exilpresse, in tschechoslowakischen, schwedischen und englischen Zeitungen unter dem Pseudonym Felix Binger und im «Aufbau» (Pseudonym Kay R. Gilbert). Grossmann war Vertreter der Deutschlandflüchtlinge auf mehreren internationalen Konferenzen, so im Juli 1936 als Delegierter der Genfer Flüchtlingskonferenz. Ab 1935 ČSR-Korrespondent des «Pariser Tageblatt». Im Mai 1938 Emigration nach Paris, dort eröffnete er im November 1938 das Pariser Büro der «Demokratischen Flüchtlingsfürsorge». Neuerliche Emigration 1939 in die USA. Im März 1943 erfolgte Grossmanns Berufung in den jüdischen Weltkongreß (beauftragt mit der europäischen Flüchtlingsfrage). Grossmann wies als einer der ersten auf die «Endlösung der Judenfrage» hin. Ab März 1944 Mitarbeiter des Rescue Department des Jüdischen Weltkongresses in Verbindung mit dem amerikanischen War Refugee Board. Jahrelang mit Carl von Ossietzky befreundet, über den er 1963 die erste umfangreiche Biographie, «Ossietzky – ein deutscher Patriot», veröffentlichte.

9.10.1933
denn alle diese Pässe, nicht nur die 33, laufen ab
Am 14.1.1934 wurde Tucholskys deutscher Reisepaß un-

gültig. Am 22.1.1934 stellte er einen Antrag auf Einbürgerung in Schweden, der abgelehnt wurde. Nach neuerlichen Bemühungen erhielt Tucholsky am 3.3.1934 (beantragt: 29.1.1934) einen schwedischen Fremdenpaß.

BRIEFE AN RUDOLF KOMMER
Seite 139–145

Rudolf Kommer, kaufmännischer Direktor des Reinhardt-Theaters. Kommer war Bühnenschriftsteller, zeitweise Stellvertreter Reinhardts, weswegen er auch unter Anspielung auf Reinhardts Schloß Leopoldskron bei Salzburg scherzhaft «Vizekönig von Salzburg» genannt wurde.

[ohne Datum]
Polgar
Alfred Polgar (1873–1955), österreichischer Schriftsteller, Theater- und Literaturkritiker. Schrieb zunächst für das «Wiener Montagsblatt» Gerichts- und Parlamentsberichte, Theaterkritiken, ab 1925 für «Weltbühne», «Tagebuch» und das «Berliner Tageblatt». 1926/27 erschienen vier Bände seiner Kritiken unter dem Titel «Ja und Nein». 1933 bis 1938 wieder in Wien; 1938 emigrierte er über die Schweiz nach Frankreich, 1940 in die USA; 1949 Rückkehr nach Europa (Bundesrepublik Deutschland, Schweiz, Österreich). «Pallenberg und Polgar» (GW 3, 104), «Am Sonntagnachmittag» (GW 3, 322), «Alte Weltbühnen» (GW 2, 400), «Zum Fünfzigsten» (GW 4, 237), «Schwarz auf Weiß» (GW 7, 49), «Auf dem Nachttisch» (GW 8, 136). Siehe: Alfred Polgar: Kleine Schriften. Bd. 1–6. Hrsg. von Marcel Reich-Ranicki in Zusammenarbeit mit Ulrich Weinzierl. Reinbek bei Hamburg 1982–1986.

Hoffentlich werden wir fertig
Tucholsky arbeitete im Sommer des Jahres 1926 mit Alfred Polgar an einer Revue für Fritzi Massary und Max Pallenberg (siehe S. 360). Siegfried Jacobsohn schrieb im Brief vom 14.2.1926 an Tucholsky: «Gestern war ich mit Reinhardt zusammen. Er fragte mich, von wem er eine Revue für Massary und Pallenberg schreiben lassen könne. Ich sagte, von Dir und Polgar.» Tucholsky erhielt einen Vorschuß von 5000 RM und traf am 26.5. kurz in Wien mit Reinhardt zusammen. Doch Probleme ergaben sich schon in der Konzeptionsphase der Revue: die verschiedenen Ansprüche waren nur schwer unter einen Hut zu bringen, und Polgars Engagement für die Sache war nicht vorbehaltlos. Das Projekt gelangte nie zur Aufführung (siehe dazu Kurt Tucholskys Briefe an Mary Tucholsky von Mai bis Juli 1926 in: Unser ungelebtes Leben, S. 407 ff). Einige seiner für diese Revue geschriebenen Texte veröffentlichte Tucholsky in der «Weltbühne»: «Gebet des Zeitungslesers» (GW 5, 300), «Wendriners setzten sich in die Loge» (GW 5, 308), «Lied der Kupplerin» (GW 5, 343), «Der Traum ein Leben» (GW 5, 417), «Theater» (GW 5, 427).

5.6.[1926]
ich habe das Theater
Siehe voraufgehende Anm.
Dr. Klein
Dr. Robert Klein, stellvertretender Direktor am «Deutschen Theater» Max Reinhardts (siehe Tucholskys Gedicht «Die Kinderstube» GW 3, 61).

22.6.1926
Herr Polgar
Zu Alfred Polgar siehe S. 358.

Ich habe meine Zeit inzwischen nicht verloren
Siehe die zweite Anmerkung zu dem Brief «[ohne Datum]»
an Rudolf Kommer.

phantastische Szene für Pallenberg
Max Pallenberg (1877–1934), österreichischer Schauspieler,
berühmter Charakterkomiker, seine besondere Stärke waren
improvisierte Wortspiele. Ehemann von Fritzi Massary
(siehe: «Napoleon der Zweite», GW 1, 228; «Pallenberg und
Polgar», GW 2, 104).

Roda Roda
Zu Alexander Roda Roda siehe S. 320 f.

10.7.1926
Das Manuskript wird natürlich zur Zeit fertig
Siehe S. 362.

Frau Massary
Fritzi Massary (eigentlich Friederike Masarek, 1882–1969),
Schauspielerin und Sängerin, Operetten- und Revuestar,
Ehefrau von Max Pallenberg. Siehe «Massary» (GW 1, 126)
und «Massary und Roberts» (GW 3, 54).

Reinhardts
Siehe nachfolgende Anmerkung zu Max Reinhardt.

[13.7 Poststempel]
Polgar
Zu Alfred Polgar siehe S. 358.

Reinhardt
Max Reinhardt (eigentlich Max Goldmann, 1873–1943),
gründete 1889 die «Sezessionsbühne», 1901 das Künstlerka-
barett «Schall und Rauch». Die Erfahrungen übertrug er 1902
auf die Bühne des «Kleinen Theaters». Zugleich übernahm er
das «Neue Theater» von 1905–1920 und 1924–1933. Hier
entfaltete sich seine Theaterreform, mit der er weit über die

enge Gegenständlichkeit des naturalistischen Spielraums hinausstieß. Seine Auffassung des Theaters als einer zweiten Wirklichkeit wurde mehr und mehr als Bekenntnis zum «Kulinarischen Theater» angesehen, wie es der Kritiker Günther Rühle bei Reinhardts Rückzug nach Österreich (1920) charakterisierte: «Universelles, festliches Theater: das war das von Hofmannsthal gegen die Zeit entworfene Programm, das sowohl die barocke Idee des Welttheaters wie die mittelalterlichen Mysterien einbezog. Zur Eröffnung inszenierte Max Reinhardt auf dem Domplatz [...] Hofmannsthals ‹Jedermann› [...] Reinhardt hatte durchgesetzt, daß die Kirchenglocken nach Bedarf zum Spiel läuten und von den Kirchtürmen der Stadt das ‹Jedermann› gerufen werden durfte [...] Die Festlichkeit der Uraufführung machte vergessen, daß in der Stadt eine Hungersnot herrschte, die zu Revolten führte.» Tatsächlich hatte Hugo von Hofmannsthal Reinhardts Umzug nach Wien betrieben: «Es ist die letzte Möglichkeit für ihn, zu etwas im Leben noch einmal zu kommen – denn in Berlin ist das höhere Theaterwesen unmöglich [...].» Dieses «höhere Theater» kennzeichnete Alfred Polgar dann anläßlich der Reinhardt-Inszenierung von Hofmannsthals «Das Salzburger Große Welttheater» in der Salzburger Kollegienkirche im August 1922: «Max Reinhardt schlägt gerne in der Kirche seine Bühne auf. Er sucht das Dekorative dort, wo es organisch wächst. Kirche ist ihm sozusagen: Naturtheater. Das Festliche, Feierliche, Entrückte versteht sich in ihr von selbst.» Seine vorübergehende Rückkehr nach Berlin zelebrierte Reinhardt 1924 in der Komödie am Kurfürstendamm, die er gekauft und als Logentheater hatte ausbauen lassen, mit einer festlichen Goldoni-Premiere in Anwesenheit von Reichskanzler Marx und Außenminister Stresemann. Reinhardt, den Herbert Ihering den «genialen Vollender des großbürgerlichen Theaters» genannt hatte, emigrierte 1938 in die USA.

15.7.1926
übergebe ich das fertige Manuskript Frau Massary
Tucholsky schreibt an Mary Tucholsky am [16.7.1927]: «Wir waren also [...] da und haben das Manuskript abgeliefert. Nach allem, was voraufgegangen ist, wollte keiner vorlesen – wir haben dann ein Stellchen vorgelesen, dann mehr, und es hat damit geendet, daß wir fast alles vorgelesen haben.» (Unser ungelebtes Leben, S. 429f)
Polgars
Zu Alfred Polgar siehe S. 358.
Reinhardts
Zu Max Reinhardt siehe S. 360f.

BRIEFE AN HILDE MAJEWSKAJA
Seite 146–149

Hilde Majewskaja (eigentlich Rothstein), Lebensdaten nicht ermittelt.

22.11.1928
Paul Wegener
Paul Wegener (1874–1948). Schauspieler, Filmschauspieler und Filmregisseur. Von 1906 bis 1920 Charakterdarsteller an Max Reinhardts «Deutschem Theater», 1938 bis 1945 am Schillertheater.
Briand
Aristide Briand (1862–1932), liberaler französischer Politiker und Diplomat, wiederholt Ministerpräsident und Ressortminister (zumeist Außenminister) der Republik Frankreich. Er unterzeichnete den Locarno-Pakt und schloß 1928 den Briand-Kellogg-Pakt. 1926 Friedensnobelpreis. – «Verse über Briand»: nicht ermittelt.

13.2.1929
der «kleine Mann»
Es handelt sich offenbar um eine Arbeit der Zeichnerin Majewskaja.

9.12.1929
was Sie da über Düsseldorf schreiben
Vermutlich spielt Tucholsky auf die Nachrichten – resp. Warnungen – an, seine öffentlichen Lesungen würden gestört. Tatsächlich erhielt Tucholsky während seiner Ende September 1928 in Düsseldorf und Köln gehaltenen Vorträge über Frankreich u. a. dieses anonyme Schreiben:
«Herr Tucholski z. Zt. Köln am Rhein
Man hat etwas gegen Sie vor. Nach Ihrem heutigen Vortrag will eine Gesellschaft mit einem Aufgebot von wenigstens 50 Mann Sie so zwischen nehmen, daß Sie nicht mehr heil und mit ganzen Knochen von Köln fortkommen. Sichern Sie sich rechtzeitig durch polizeilichen Schutz. Eventuell soll es auch zur Störung Ihres Vortrages kommen.
Für die gerechte Sache.»
Am 27.11.1929 schrieb Tucholsky aus Dresden an einen Walter B. Meyer einen Entschuldigungsbrief, weil dieser nach einem Vortrag in Wiesbaden mit Kurt Tucholsky verwechselt und «von nationalsozialistischen Rüpeln angefallen und verletzt worden» war (zitiert nach: Ausgewählte Briefe, S. 210; Briefe Auswahl, S. 225).
die Herren Horn und Zacharias
Nicht ermittelt.

3.7.1931
Walther Rathenau
Walther Rathenau (1867–1922), Industrieller, Schriftsteller und Politiker; Mitglied der Deutschen Demokratischen Par-

tei; unterzeichnete als Außenminister 1922 den Rapallo-Vertrag und trat für eine Verständigung mit Sowjetrußland ein, wurde aus diesem Grund von der konterrevolutionären Organisation «Consul» ermordet. Tucholskys Formulierung, er hoffe nicht, «daß ich Walter Rathenau sei...», ist offensichtlich eine Anspielung auf geplante Überfälle auf ihn (siehe im voraufgehenden Brief vom 9. 12. 1929 die Anmerkung zu «Düsseldorf»).

BRIEF AN EVA SOPHIE STERNBERG
Seite 150

Eva Sophie Sternberg, geboren 1918, Tochter von Lisa Matthias aus erster Ehe; lebt heute in Oslo.

BRIEF AN HEINRICH REUTER
Seite 151

Heinrich Reuter, Lebensdaten unbekannt, Oberwegemeister in Einbeck (sein Leserbrief ist nicht überliefert).

19. 9. 1928
des kleinen Scherzes in der «Vossischen Zeitung»
Verweis auf das unter Peter Panter in der «Vossischen Zeitung» am 29. 8. 1929 erschienene «Wo kommen die Löcher im Käse her» (GW 6, 210). Über diese Arbeit schreibt Tucholsky am 8. 8. 1928 an Mary Tucholsky: «Für die Voss habe ich eine Sache gemacht, von der rede ich mir ein, sie müsse das ganz große Glück sein. [...] Ich kann mich aber irren.» (Ungelebtes Leben, S. 498)

ERLÄUTERUNGEN

BRIEF AN ANNA SIEMSEN
Seite 152

Anna Siemsen (1882–1952), Hochschullehrerin und Publizistin. Während des Ersten Weltkrieges Anschluß an den pazifistischen «Bund Neues Deutschland». 1918 (1919?) Eintritt in die USPD und Berufung in das preußische Volksbildungsministerium. 1922 trat sie mit dem rechten USPD-Flügel zur SPD über und etablierte sich als führende Vertreterin der Linksopposition. Sie war Mitarbeiterin von «Der Klassenkampf – Marxistische Blätter» und Mitherausgeberin der «Jungsozialistische Schriftenreihe». 1926 gründete sie mit Hendrik de Man und Hermann Brill den vom Parteivorstand abgelehnten «Bund Sozialdemokratischer Intellektueller». Von 1928 bis 1930 Mitglied des Reichstages; darüber hinaus Mitglied des Vorstands der «Liga für Menschenrechte» und Mitglied der «Frauenliga für Frieden und Freiheit». 1931 trat sie zur SAPD über (Führerin des rechten Parteiflügels, mit dem sie 1933 austritt). März 1933 Emigration in die Schweiz (Mitarbeiterin der Bildungszentrale der «Schweizerischen Sozialdemokratischen Partei» und Redakteurin der sozialdemokratischen Frauenzeitschrift «Die Frau in Leben und Arbeit»). Sie wurde zur Befürworterin einer deutschen Volksfront im Exil. Mitarbeiterin der Zeitschrift «Die Zukunft» Willi Münzenbergs.

22.5.1929
Eulenberg
Herbert Eulenberg (1876–1949), Schriftsteller, studierte Jura und Philosophie (Dr. jur.); bereits während seines Studiums schriftstellerische Arbeiten als Dramatiker; kurzzeitig Dramaturg am «Berliner Theater»; von 1905 bis 1909 Dramaturg am Düsseldorfer Schauspielhaus, gleichzeitig Mit-

arbeiter der hauseigenen Zeitschrift «Masken»; anschließend freier Schriftsteller; Teilnahme am Ersten Weltkrieg als Berichterstatter; 1923 Vortragsreise in die USA. Während der NS-Zeit Publikationsschwierigkeiten; nach dem Zweiten Weltkrieg ständiger Mitarbeiter an den Zeitschriften «Aufbau» und «Die Weltbühne». Siehe auch S. 282.

BRIEF AN SALOMO FRIEDLAENDER
Seite 153

Salomo Friedlaender (Pseudonym Mynona 1871–1946), Schriftsteller; Kindheit und Jugend in Posen; 1894 Abitur in Freiburg i. Br. 1894–1902 Studium der Medizin, dann der spekulativen Philosophie in München, Berlin und Jena. 1898 erste Begegnung mit Ernst Marcus. Promotion 1902 in Jena. Lebte als philosophischer Schriftsteller in Berlin. Unter dem Pseudonym Mynona verfaßte er Grotesken, die auf den Expressionismus Einfluß nahmen («Die Aktion», «Der Sturm»). Mitherausgeber der Zeitschrift der Stirnianer «Der Einzige» mit seinem Vetter Anselm Ruest. 1918 Begegnung mit Alfred Kubin. Emigration im September 1933, seinem Vetter Anselm Ruest folgend, nach Paris, dort Mitarbeiter an der Exilantenzeitschrift «Pariser Tagebuch» und Weiterarbeit an seinen philosophischen Werken, die schon seit Mitte der 20er Jahre wieder zum Schwerpunkt seiner Arbeit geworden waren.

5. 1. 1930
ein Buch
Verweis auf Salomo Friedlaenders Veröffentlichung «Hat Erich Remarque wirklich gelebt? Eine Denkmalsenthüllung» (Berlin 1929).

Ich habe dazu Stellung genommen...
Am 31.12.1929 hatte Tucholsky unter Ignaz Wrobel in der
«Weltbühne» polemisch nachgefragt: «Hat Mynona wirklich
gelebt» (GW 7, 282).

BRIEF AN FELIX BLOCH ERBEN
Seite 154–155

Verlag Felix Bloch Erben, einer der ältesten deutschen Thea-
terverlage (Berlin); Gründungsdatum nicht ermittelt. Die
Anfänge der Verlagsgeschichte reichen zurück bis in die Zeit
vor 1850, als es noch kein Urheberrecht gab. Gegen Ende des
19. Jahrhunderts etablierte sich der Verlag als Bühnenverlag
(Näheres nicht ermittelt, da dessen Archiv im Zweiten Weltkrieg zerstört wurde).

10.3.1932
*Ich bin in Deutschland weder irgendwo polizeilich gemel-
det...*
Dazu widersprechen sich die Angaben. Die Berliner Wohnung von Mary Tucholsky (Berlin-Wilmersdorf, Südwest-
korso 46) hatte Tucholsky ihr durch eine Intervention beim
SDS beschafft; dadurch war auch Tucholsky selber (der seit
1924 nicht mehr in Deutschland lebte) in den Melderegistern
beziehungsweise auf dem Einwohnermeldeamt erfaßt.
Rechtsanwalt Dr. Goldbaum
Siehe die folgende biographische Notiz.

ERLÄUTERUNGEN

BRIEF AN WENZEL GOLDBAUM
Seite 156–157

Wenzel Goldbaum (1881–1960), Kaufmann, Schriftsteller und Rechtsanwalt; Spezialist für Urheber- und Theaterrecht, bis 1933 erster Sekretär und Syndikus des «Verbandes deutscher Bühnenschriftsteller und Bühnenkomponisten».

BRIEF AN EINE LESERIN
Seite 158

Der hier abgedruckte Brief vom 7.4.1932 wurde 1983 von einer Leserin, die anonym zu bleiben wünschte, dem Rowohlt Verlag übermittelt und an Mary Tucholsky weitergeleitet.

BRIEF AN K. W. KÖRNER
Seite 159–162

K. W. Körner, Lebensdaten nicht ermittelt, Schriftsteller, Publizist, Übersetzer, Dr. phil., lebte in Lautersheim / Pfalz (Nähe Ludwigshafen). Körner übersetzte den mexikanischen Roman «El Aguila y la Serpiente» (1928) des Revolutionsepikers Mantin Luis Guzmàn (deutsch: «Adler und Schlange» [Stuttgart 1932]). In einem Brief an Tucholsky berichtet Körner, daß er versucht habe, ein Kapitel eines Romans von Guzmàn bei der «Frankfurter Zeitung» unterzubringen; daß jedoch diese – wie auch alle großen deutschen Verlage, denen er das Buch zur Veröffentlichung und Übersetzung angeboten habe – ablehnend reagiert hätte. Nach Körners Beschreibung eines Kapitels handelt es sich hierbei um Guzmàns

Roman «La Sombra del Caudillo» – «Der Schatten des Caudillo» –, der 1919 erschien.

14.8.1930
Herr und Gönner
Anspielung auf Körners Brief vom 6.8.1930, der in freund-
schaftlichem Ton heftige Angriffe gegen die in den Augen
Körners von Resignation und Distanzierung geprägte Hal-
tung Tucholskys gegenüber den politischen Zuständen in
Deutschland enthielt.
Ich lebe ja nicht in Deutschland
Siehe S. 253.

BRIEF AN DAS OBERLÄNDER VOLKSBLATT
Seite 163

«Oberländer Volksblatt Preußisch Holländer Zeitung», erschien seit 1874 monatlich in einer Auflage von 5200 Exem-
plaren (wurde wahrscheinlich 1935 o. 1936 eingestellt); Redakteur Eduard Dietsch.

4.9.1922
Artikel «Charakterköpfe II» in der Nr. 185 des «Oberländer
Volksblattes» vom 30.8.1922
Kurt Tucholsky hatte am 27.8.1922 unter seinem Pseudonym
Ignaz Wrobel in der «Freiheit. Berliner Organ der Unabhän-
gigen Sozialdemokraten Deutschlands» unter dem Titel «Der
General auf Rädern» eine scharfe Polemik gegen Hindenburg
vorgetragen. Daraufhin war am 30.8.1922 im «Oberländer
Volksblatt» besagter Artikel «Charakterköpfe II», signiert
mit dem Kürzel «E. M.», erschienen, der Tucholskys ehema-
lige Redakteurstätigkeit für eine Soldatenzeitung – bei der

Tucholsky nach «E. M.» hurrapatriotische Artikel, Kaisergeburtstagsverse und unsoldatisches Drückebergertum
glücklich zu verbinden wußte – gegen die mit Ignaz Wrobel
artikulierte politische Position ausspielte. Tucholsky antwortete am 4.9.1922 mit der hier abgedruckten Berichtigung, die in der Nummer vom 14.9.1922 des «Oberländer
Volksblatts» in Verbindung mit neuerlichen süffisanten Hin-
weisen seitens «E. M.» auf Tucholskys Funktion als Redakteur der Soldatenzeitung «Der Flieger» (siehe S. 296f) in Alt-
Autz erschien.

BRIEF AN «NOWIJ MIR», MOSKAU
Seite 164–167

«Nowij Mir» (russ.: «Neue Welt»), monatlich erscheinende
sowjetische Literaturzeitschrift, gegründet 1925 in Moskau;
anfänglich von A. Lunatscharskij, später von A. Twardow-
skij geleitet.

24.1.1929
Anfrage vom 27.12.
Nicht ermittelt.
Malik-Verlages
Malik-Verlag, 1917 von Wieland Herzfelde, George Grosz
und John Heartfield gegründeter Verlag. Bekannt wurde der
Malik-Verlag als Zentrum des politisch orientierten Berliner
Dadaismus durch die satirischen Zeitschriften «Jedermann
sein eigener Fußball» (1919) und «Die Pleite» (1919/20). In
den 20er Jahren etablierte er sich, unabhängig von Parteiorga-
nisationen, als repräsentativer Verlag der revolutionär gesinn-
ten deutschen Linken. Hier erschienen bis Ende 1932 Werke
u. a. von F. Jung, K. A. Wittfogel, O. M. Graf, E. J. Gumbel,

F. C. Weiskopf, E. Ottwalt, Th. Plivier und die große sozialkritische Literatur des Auslandes, so U. Sinclair, M. Gorki,
L. Tolstoi, I. Ehrenburg, J. Dos Passos, H. Barbusse, I. Babel.

Larissa Reisner
Larissa Reisner (1895–1926), sowjetische Schriftstellerin
und Journalistin. Tucholsky rezensierte ihren Erzählband
«Oktober» am 22.2.1927 in der «Weltbühne» («Larissa
Reissner» GW 5, 155) emphatisch. Drei Jahre später feierte er
sie erneut anläßlich einer erweiterten Neuauflage von «Oktober»: «Es geht also; man kann also auch für das Proletariat
schreiben, ohne auf jeder Seite dreimal zu brüllen: ‹Es lebe die
Weltrevolution!› – und siehe da: es ist tausendmal wirksamer
als das offizielle Geschreibe der Abgestempelten. Ich bin fest
davon überzeugt: stammte dieses Buch, so wie es da ist, von
einer Frau, die nicht an der roten Front mitgekämpft hätte –
die Tintenrevolutionäre zerrissen sich die Mäuler, um darzu-
tun, wie antirevolutionär das Ganze sei. Hier müssen sie
schweigen. Wir aber wollen uns vor dem Buch beugen – voller Jubel, daß es da ist, voller Trauer, daß Larissa Reissner
nicht mehr da ist. Ich habe die alte Ausgabe halb auswendig
gelernt und die neue viermal gelesen, und es wird nicht das
letzte Mal sein.» («Auf dem Nachttisch» GW 8, 51 f)

Gladkow
Fjodor Wassiljewitsch Gladkow (1883–1958), sowjetischer
Schriftsteller; bekanntester Roman: «Zement» (1925).

Babel
Isaak Babel (1894–1941), sowjetischer Schriftsteller (von
Gorki gefördert), verhaftet im Zuge stalinistischer Säube-
rungsaktionen, starb 1941 in der Haft. In der «Weltbühne»
vom 29.3.1927 rezensierte Tucholsky seine Erzählungen
«Budjonnys Reiterarmee» (Berlin 1927) unter Peter Panter
(GW 5, 189).

Frau Kollontay
Alexandra Michailowna Kollontai (1872–1952), sowjetische Politikerin und Schriftstellerin, Vertraute Lenins, Volkskommissarin für Volkswohlfahrtspflege; Botschafterin in Schweden. Ihre im Malik-Verlag in Berlin erschienenen drei Erzählungen «Wege der Liebe» wurden von Tucholsky unter Ignaz Wrobel in der «Weltbühne» vom 10.8.1926 besprochen (GW 4, 475).

BRIEF AN DAS ORGCOMITÉ KOLTZOV
Seite 168

9.8.1934
Kongreß
Gemeint ist der «Erste Unionskongreß der Sowjetschriftsteller» im Juli 1934 unter dem Präsidium von Maxim Gorki. Als Gäste nahmen u. a. Ernst Toller, Gustav Regler, Klaus Mann, Oskar Maria Graf, Martin Anderson-Nexö, Louis Aragon und André Malraux teil. Tucholskys höfliche Absage verbirgt den wahren Grund: daß er die Stalinsche Politik (vor allem gegenüber Hitler und dem Nationalsozialismus) scharf verurteilte (siehe die Briefe an Walter Hasenclever aus den Jahren 1934 und 1935). Gegenüber Hedwig Müller äußert er am 21.9.1934: «Habe mit leisen Gewissensbissen und noch einem andern Gefühl die Blättchenberichte aus Rußland von dem Kongreß gelesen. Also gut: ich bin müde, krank, faul, zu dick und nur sehr schwer dazu zu bekommen, nun auch für eine Sache Opfer zu bringen. Immerhin kann man mir keine Sympathie für das Monopolkapital vorwerfen. Also, warum, warum in aller Welt will ich da nicht heran –? Die Berichte hatten alle so etwas Rosenrotes, das mir sehr zuwider ist – und so lillill – ich nicht.» (Briefe aus dem Schweigen, S. 148 f.) Siehe S. 374.

Mein Freund Carl von Ossietzky
Siehe S. 298 f.

BRIEFE AN GERTRUD ELISABETH DUNANT-
MÜLLER
Seite 169–187

Gertrud Elisabeth Dunant, Schwester von Dr. Hedwig Mül-
ler, Tucholskys «Nuuna»; Juristin; verheiratet mit Robert
Dunant, dem Sohn des Schweizer Botschafters in Frankreich.
Tucholsky nannte Elisabeth Dunant-Müller «Lieschen» und
Robert Dunant «Roby»; der im November 1934 geborene
Sohn, Jean-Frédéric-Henri, heißt «Gögö» oder «Hasi».

1.4.1934
die Noailles
Anna Elisabeth Noailles (1876–1933), französische Schriftstellerin rumänischer Herkunft; schrieb leidenschaftliche,
später auch bitter-melancholische Gedichte, ferner Novellen
und Romane.
«Le passeport innombrable»
Siehe S. 357 f.
und heiße nicht Herzog
Rudolf Herzog (1869–1943), Schriftsteller und Journalist.
1897 bis 1899 Hauptschriftleiter der «Hamburger Neuesten
Nachrichten»; 1899 Redakteur der «Berliner Neuesten Nachrichten». Verfasser von historischen Unterhaltungsromanen,
Reisebüchern, Memoiren, Dramen und Lyrik. Herzog war
neben Ludwig Ganghofer der meistgelesene Autor der Jahrhundertwende.
«Cette révolution qui viendra n'est pas la nôtre»
Frz.: «Die Revolution, die da kommen wird, ist nicht die unsere.»

O. Soglow The Little King
Nicht ermittelt.

[Anfang 1935]
jetzt kommt aber bald die Person hierher
Anspielung auf den geplanten Besuch von Hedwig Müller, Tucholskys Freundin der letzten Lebensjahre, die ihren Sommerurlaub mit ihm in Schweden verbringen wollte. Zur Biographie siehe Briefe aus dem Schweigen und Q-Tagebücher.
Olden... seine Artikel vom Moskauer Schriftstellerkongreß
Balder Olden (1882–1949), Schriftsteller, Redakteur der «Kölnischen Zeitung». 1914 vom Ausbruch des Ersten Weltkrieges in Ostafrika überrascht, verbrachte er die Jahre 1916 bis 1920 gefangen in Indien; seit 1920 lebte er in Berlin; 1933 Emigration nach Prag, dann nach Frankreich, wo er 1940 interniert wurde, 1941 Flucht nach Argentinien; in Buenos Aires beim «Argentinischen Tageblatt» beschäftigt. Seinen Lebensabend verbrachte er in Montevideo. – Tucholsky spielt auf Oldens Bericht – «Bei Maxim Gorki» – vom «Unionskongreß der Sowjetschriftsteller» (siehe S. 372) in «Die neue Weltbühne« vom 6.9.1934 an, der, gänzlich frei von politischer Reflexion, sich mit naivem Erstaunen Impressionen der gesellschaftlichen Wirklichkeit unter Stalin hingibt.
Scheidemann
Philipp Scheidemann (1865–1939), sozialdemokratischer Politiker. 1918 Staatssekretär, rief am 9.11.1918 die «freie Republik» aus. 1919 Ministerpräsident, trat im Juni 1919 zurück, da er die Unterzeichnung des Versailler Friedensvertrages ablehnte; von 1920 bis 1933 Mitglied des Reichstages, emigrierte 1933. Scheidemann – und noch mehr Friedrich Ebert – galten Tucholsky als für den Untergang der Weimarer Republik besonders verantwortliche Politiker. Eberts Telefo-

nat am 9.11.1918 mit Groener, in dem er sich «der alten Macht versicherte», sein ständiger Kontakt mit dem Generalstab während der Revolution, sein Satz aus einem Gespräch am 7. November 1918 mit dem noch amtierenden Reichskanzler Prinz Max von Baden: «Wenn der Kaiser nicht abdankt, dann ist die soziale Revolution unvermeidlich. Ich aber will sie nicht, ja, ich hasse sie wie die Sünde», sein im Interesse einer staatserhaltenden Politik fortwährendes Bündnis mit genau den konterrevolutionären Kräften, die die Republik aushöhlten und von Beginn an bekämpften: das und ihre Kompromisse «der ersten Stunde» waren Tucholskys lebenslanger Vorwurf gegen die Führer der SPD. Er sah sie als Verräter der eigenen Klasse und als unfähig, die demokratischen Kräfte zu mobilisieren. Schon 1926 schrieb er: «Die SPD und die KPD machen meines Erachtens einen schweren, unverzeihlichen Fehler. Wenn die Proletarier mit vollem Recht sagen: Du bist nicht unser – du hast nicht, wie wir, als Junge geschuftet, daß du vor Müdigkeit wie ein Sack ins Bett fielst – du kennst unser Leiden aus Büchern, aber nicht aus dem Erleben –, so stimme ich mit ein. Man hat mir tausendmal vorgeworfen: ‹Kritik üben kann jeder – so geh doch und führe Du die Proletarier.› Ich habe stets geantwortet: Nein. Das kann ich nicht. Ich bin nicht so groß wie Lenin oder Lassalle – ich werde immer ein Fremder sein, da ist etwas, das mich trennt. –
Ich halte also den Durchschnittstypus des deutschen Intellektuellen – mich eingeschlossen – nicht für den berufenen Führer des deutschen Proletariats.
Aber warum benutzt ihr uns nicht mehr?
Warum ist es so entsetzlich schwer, selbst bei bestem Willen, auch nur die gutgemeinte Mitarbeit beiden Parteien zur Verfügung zu stellen? Wieviel Mißtrauen, wieviel Hochmut auf dem Wege! Der weiße Kragen ist wie ein Schandmal.»

den Brief Runges
Philipp Otto Runge (1777–1810), Maler der Romantik; nach
Studien an der Kopenhagener Akademie stand er von 1801 bis
1804 in Dresden mit dem Kreis der Romantiker um Tieck in
Verbindung. – Tucholsky besaß eine Autographensammlung,
die er zeitweise verkaufen wollte. Der genannte Brief – wie
alle anderen Autographen – war allerdings im Nachlaß nicht
mehr vorhanden.

der B. J. war kein dummer Mensch
D. i. Berthold Jacob (siehe S. 398 f).

Emilien
Gelegentlich von Tucholsky für Hedwig Müller als Verwirr-
spiel benutzter Kosename.

Pentru eingeladene Emigranten
Im Sinne von «betrifft».

Zürichtante
«Neue Zürcher Zeitung», 1780 gegründete, «freisinnig»-
demokratische Tageszeitung mit ausführlicher internationaler
Berichterstattung; erschien zeitweilig dreimal täglich. Tucholsky – der stets reserviert bis skeptisch die Schweizer Neutra-
litätspolitik gegenüber dem «Dritten Reich» beobachtete –
verurteilte sehr scharf die für seinen Geschmack zu «ausgewo-
gene», nicht militante Haltung dieser Zeitung gegenüber dem
Nationalsozialismus.

Ragazn
Siehe S. 400.

Dieboldn
Bernhard Diebold (1886–1945), Schriftsteller und Publizist
Schweizer Herkunft; 1917 bis 1934 Redakteur und Theaterkritiker der «Frankfurter Zeitung», danach Kritiker bei
der Schweizer Zeitung «Tat» in Zürich.

Temps
«Le Temps», französische Tageszeitung, gegründet 1861

nach dem Vorbild der «Times» von A. Nefftzer, fortgeführt von Adrien Hébrard. Mitarbeiter: J. J. Weiss, F. Sarcey, Anatole France, P. Souday, A. Tardieu; die «Temps»-Redaktion wurde nach dem Einmarsch der Deutschen in Paris nach Lyon verlegt. Sie stellte ihr Erscheinen nach der Besetzung von Lyon, 1942, ein. «Le Temps» war die einzige Tageszeitung, die Tucholsky regelmäßig in den Jahren 1932 bis 1935 las.

so schrieb ich über Chaplin, anläßlich des Kids
Verweis auf Peter Panters Kritik (GW 3, 358) zu Charlie Chaplins Film «The Kid» (1920) in der «Weltbühne» vom 6. 12. 1923. Tucholsky zitiert die Schlußwendung aus seiner Kritik «The Kid» (siehe GW 3, 361).

Agathchen
Gute Bekannte von Hedwig Müller (Nuuna); zeitweise wohnten beide Frauen in einem Haus.

cif Zürich, fob Stockholm
Cif: Abkürzung für «cost, insurance, freight»; fob: «free on board»; internationale Handelsklauseln.

den New Yorker
«New Yorker», amerikanisches Wochenmagazin, 1925 von Harold Ross gegründet; bekannt für umfangreiche Berichterstattung über kulturelle Themen (insbesondere aus Europa), für Cartoons und für literarische Beiträge namhafter Autoren wie Truman Capote, James Thurber, Charles Addams, Ogden Nash, James Baldwin, John Updike oder Edmund Wilson.

[ohne Datum]
wie unser eingesperrter Freund
Siehe S. 298f.

Kuh
Zu Anton Kuh siehe S. 309.

«Kinomüdigkeit»
Verweis auf die beiden von Tucholsky im «Vorwärts» anonym publizierten Artikel «Kinomüdigkeit» aus dem Jahr 1913. Am 5.5. hatte er zum Medium Kino apodiktisch verkündet: «Das es eine ‹Kunst› ist, glaubt schon längst keiner mehr. Und alle wissen schon, was mit dem Kino los ist. Wir alle. Nur die Fabrikanten noch nicht. Die lassen immer noch in ihren Ateliers aufnehmen: Das Gewitter im Anzug. Der Veitstanz und seine Folgen. Emma, der Sanatoriumsflirt…»
Am 27.5. dann die fatale Prophezeiung: «Es hilft alles nichts. Wir haben jetzt 1913 – der Niedergang kommt. Wenn nicht heute, dann morgen – aber er kommt. Darüber sind sich die Einsichtigen schon längst klar. Nicht etwa, weil das Publikum diesen ganzen verlogenen Schwindel, der gestellten und minderwertigen Szenen ‹aus dem Leben der Gesellschaft› betitelt, empfindet, – sondern weil es sich langweilt. Noch ein Jahr, noch eins, noch eins, dann hat man es satt, dann haben es alle satt, wie es heute schon die Geschmackvollen satt haben, sich von ungebildeten und spekulativen Köpfen mit Inhalten langweilen zu lassen, die, wären sie gedruckt, kein Mensch mehr lesen würde.
Der aufgeklärte Arbeiter liest ein gutes Buch, hört einen guten Vortrag und verzichtet auf ‹Einzug des Zaren in Berlin› – ‹Im Wirbel des Schicksals› – ‹Leo will dünner werden›. Das ist schon so, da ist nichts zu ändern.»
verleitet durch den etwas dümlichen Mann, den Du…
Gemeint ist vermutlich Hellmut von Gerlach (siehe S. 382 f.).
Buch «Seestern»
«Seestern. 1906. Der Zusammenbruch der alten Welt», Roman von Ferdinand Grautoff, anonym 1905 in Leipzig in der Dieterichschen Verlagsbuchhandlung erschienen.
Bestelle bitte…
Tucholsky leitete seit 1932 seine gesamte Post über Zürich um

(daher vermuteten viele ihn jahrelang dort lebend) und gab fast niemandem, auch engsten Freunden nicht, seine schwedische Adresse.

Hedwig Müller beziehungsweise – wie in diesem Fall – ihre Schwester schickten nach einem meist codierten Namens- und Schlüsselsystem seine Briefe weiter (und die für ihn in Zürich eingehenden nach Schweden).

BRIEF AN FELIX HOLLAENDER
Seite 188

Felix Hollaender (1867–1931), Schriftsteller, Theaterkritiker des «8-Uhr-Abendblatts», Dramaturg an den Reinhardt-Bühnen, übernahm nach Reinhardt im Jahr 1920 (22. Oktober) deren Direktion.

BRIEF AN HERBERT MOLL
Seite 189–190

Herbert Moll, Lebensdaten unbekannt, Redakteur der Schüler- und Jugendzeitschrift «Mob» um 1925. In der 1975 erschienenen «Weltbühne» (Heft 23, hrsg. von Hermann Budzislawski in Berlin / DDR) berichtet Herbert Moll von seinem Besuch in der Redaktion der «Weltbühne», dem Zusammentreffen mit Carl von Ossietzky und seinen weiteren Versuchen, journalistisch zu arbeiten.

1.9.1931
«faites du reportage»
Frz.: «Macht Reportagen».

ERLÄUTERUNGEN

BRIEF AN NATIONALZEITUNG BASEL
Seite 191–192

«National-Zeitung», bürgerlich-liberale, von Tucholsky zeitweise geschätzte Tageszeitung in Basel mit umfassendem Wirtschaftsteil, gegründet 1842 als «Schweizerische Nationalzeitung», vereinigte sich 1861 mit dem «Schweizer Volksfreund» und nahm, als der spätere Bundesrat Emil Frei in die Redaktion eintrat, den heutigen Titel an.

14.12.1935
Wie Sie neulich berichtet haben...
Zu Knut Hamsun siehe S. 394 ff.
Zu den Ereignissen in Deutschland
Kurt Tucholsky schwieg in den letzten Jahren seines Lebens, publizierte auch in keiner der zahlreichen Exilzeitschriften. In zahlreichen Briefen an Hedwig Müller – und den ihnen beigefügten Tagebuchblättern – hat er seine politische und moralische Position dieser Jahre definiert.
Siehe dazu allgemein: Briefe aus dem Schweigen und Q-Tagebücher.

BRIEF AN HENRY WICKHAM STEED
Seite 193–194

Henry Wickham Steed (1871–1956), britischer Journalist. Steed studierte in Jena, Berlin und Paris und ging 1896 als Auslandskorrespondent für die «Times» nach Berlin, von wo er auch während des Ersten Weltkrieges berichtete. 1918 kehrte er als Chefredakteur der «Times» zurück nach London. 1923 übernahm er die Leitung der «Review of Reviews». Er veröffentlichte zahlreiche Bücher, darunter Werke über

die Habsburger Monarchie, Europa nach dem Ersten Weltkrieg und ein Buch über Hitler (Henry Wickham Steed: Hitler. Whence and Whither? London 1934).

6.2.1934
*Ihnen für Ihr Eintreten für meinen Freund Carl von Os-
sietzky zu danken*
Henry Wickham Steed hatte unter dem Titel «A German
Political Prisoner» in einem Leserbrief an die «Times»
(25.1.1934) eingehend Carl von Ossietzkys publizistischen
Werdegang in der Weimarer Republik gewürdigt und mit
einer ungeschminkten Schilderung von dessen Schicksal im
KZ Sonnenburg die britische Öffentlichkeit auf die Dring-
lichkeit des Falles «Ossietzky» hingewiesen.
S. Jacobsohn
Zu Siegfried Jacobsohn siehe S. 278 ff.
*ein paar bitterböse und wundervoll scharfe Artikel gegen diese
Pest geschrieben*
Carl von Ossietzky hatte sich bis zu seiner Verhaftung am
27.2.1933 immer wieder mit schneidender Schärfe der Politik
und den Protagonisten des Nationalsozialismus publizistisch
angenommen, so auch im Artikel «Wintermärchen» («Weltbühne» vom 3.1.1933) – hier stellvertretend ein Auszug:
«Die Krise der Nazis ist vor allem eine finanzielle. Die theo-
retisch interessierte Schicht in der Partei war immer herzlich
dünn. Die Intellektuellen sind schon mit Otto Strasser und
Buchrucker geschieden oder sammeln sich im ‹Tat›-Kreis und
in unzähligen Konventikeln. Das Gros der Parteimitglieder
besteht aus den Dümmsten der Dummen, die Cadres der
Braunjacken werden durch Barzahlung zusammengehalten
und nicht durch eine Gesinnung. Die Zentrale hat aus dem
Vollen gewirtschaftet, sie hat von der Aussicht gelebt, in ab-
sehbarer Zeit den Staat mit ihren Heuschreckenschwärmen

zu überziehen, und sie hat sich darin getäuscht. Ihre alten Brotgeber von der Industrie sind entweder pleite oder durch einige sozialradikale Zwischenspiele enttäuscht. Mitten in einer bettelarm werdenden Zeit war Propaganda der Partei und Lebensstil der Führerschaft auf Opulenz gestellt, die zwar die sozialistischen Arbeiter nicht blendete, wohl aber jenes verrottende Kleinbürgertum, das jeden Propheten zu steinigen bereit ist, der sich nicht einen Mercedeswagen und ein Quartier im ‹Kaiserhof› leisten kann. Dieser Parvenustil ist bedroht; SA-Leute ohne Sold in ungeheizten Mannschaftsstuben wittern hinter der Hitlermessiade den Klanteschwindel und greinen. [...] Der große völkische Führer mit dem Äußern und den Allüren eines Zigeunerprimas mag seine Saison haben und mit dieser abblühen. Was er an bösen und häßlichen Instinkten hervorgerufen hat, wird nicht so leicht verwehen und für lange Jahre noch das gesamte öffentliche Leben in Deutschland verpesten. Neue politische und soziale Systeme werden kommen, aber die Folgen Hitlers werden aufstehen, und spätere Generationen noch werden zu jenem Gürtelkampf antreten müssen, zu dem die deutsche Republik zu feige war.»

Hellmuth von Gerlach

Hellmut von Gerlach (1866–1935), Herausgeber und Leitartikler der «Welt am Montag», führender Kopf in der «Deutschen Liga für Menschenrechte», deren Vorsitzender er 1926 wurde; er setzte sich besonders für die deutsch-französische Verständigung ein; seine Wandlung vom eher rechtsgerichteten Konservativen zum engagierten Vertreter des Pazifismus hat er in seiner Autobiographie «Von rechts nach links» dargestellt. Gerlach gründete mit Friedrich Naumann (1860–1919) den «Nationalsozialen Verein», war 1903 bis 1906 Mitglied des Reichstags und Bismarck-Anhänger. Unter seiner Leitung wandelte sich die Berliner «Welt am Montag» zur führenden demokratisch-pazifistischen Montagszeitung; er engagierte 1901 den jungen Siegfried Jacobsohn als Theaterkritiker. Gerlach war später Mitarbeiter der «Weltbühne», deren Leitung er von Mai bis Dezember 1932 stellvertretend für den im Gefängnis einsitzenden Carl von Ossietzky (siehe S. 298f) übernahm. Im März 1933 floh er nach Paris, wo er die Leitung der Flüchtlingshilfe übernahm. Gerlach war außer in der «Deutschen Liga für Menschenrechte» in der «Deutschen Friedensgesellschaft» und in internationalen pazifistischen Organisationen tätig. Bis zu seinem Tode am 1.8.1935 stand er zusammen mit Hilde Walter im Zentrum des «Freundeskreises Carl von Ossietzky».

die die Politik Hitlers durch Mac Donald findet
James Ramsay MacDonald (1866–1937), britischer Politiker, Mitbegründer, Organisator und Sekretär der Labour Party, widersetzte sich Englands Eintritt in den Krieg und später dem Versailler Vertrag. Führte als Premierminister (zugleich Außenminister) 1924 die erste Regierung der Arbeiterpartei. 1929 neuerlich Premierminister; 1931 (nach dem Rückzug der Labour Party aus der Regierungsverantwortung) bis zu seinem Rücktritt 1935 Premierminister einer von den bürgerlichen Parteien getragenen «Nationalen Regierung».

BRIEF AN NEW STATESMAN AND NATION
Seite 195–197

«New Statesman and Nation», als englische sozialistische Wochenzeitschrift «New Statesman» 1913 in London von der Fabian Society gegründet, nach ihrer Vereinigung mit «The Nation», 1931, fortan: «New Statesman and Nation» (1931 bis 1962 von B.K. Martin geleitet).

1.3.1934
Fall Dimitroff
Georg Dimitroff (1882–1949), bulgarischer Politiker, lebte seit 1931 als Leiter der europäischen Sektion der Komintern in Berlin; am 9.3.1933 wurde Dimitroff verhaftet und im Reichstagsbrand-Prozeß angeklagt. Er war der erste Angeklagte, der öffentlich und ausdrücklich die Nationalsozialisten beschuldigte, selbst das Feuer im Reichstag gelegt zu haben; durch sein mutiges Auftreten wurde Dimitroff berühmt; sein Verfahren endete auf diplomatischen Druck hin mit einem Freispruch. Maßgeblichen Anteil an der internationalen Kampagne für Dimitroff hatte England. 1934 wurde Dimitroff Generalsekretär der Komintern in Moskau. 1946 bis 1949 war er bulgarischer Ministerpräsident.

meinen Freund Carl von Ossietzky
Seit dem 6.4.1933 war Ossietzky im KZ Sonnenburg interniert; die Nachrichten über seinen Gesundheitszustand gaben im Frühjahr 1934 Anlaß zu größter Sorge.

Herr Steed hat…
Zu Henry Wickham Steed siehe S. 380f.

weder dem deutschen Reichskanzler noch seinem Reklamechef angenehm
Anspielung auf Adolf Hitler, am 30.1.1933 zum Reichskanzler ernannt, und Joseph Goebbels, der am 13.3.1933 zum «Reichsminister für Volksaufklärung und Propaganda» ernannt worden war.

Fröken Gertrude Meyer, Hindås Schweden
Gertrude Meyer, geboren 1898, war die Sekretärin (und zu Zeiten Lebensgefährtin) Tucholskys in Hindås, Schweden. Sie entdeckte (nach eigener Aussage) den Zettel Tucholskys auf seinem Nachttisch mit der Notiz «laisse[z] mourir en paix» («laß[t] mich in Ruhe sterben»), der sich aber im Nachlaß nicht fand. Gertrude Meyer-Prenzlau besorgte die Bestat-

tung Tucholskys und die Auflösung seines Haushalts (die Grabpflege wurde später von Mary Tucholsky übernommen; seit ihrem Tod im Jahre 1987 besorgt die Kurt-Tucholsky-Stiftung die Pflege des Grabes).

Aus der 1936 einsetzenden Korrespondenz zwischen Mary Tucholsky und Gertrude Meyer geht hervor, daß letztere Korrespondenz Tucholskys und andere Unterlagen vernichtete, wobei sie sich auf einen entsprechenden Wunsch Tucholskys berief beziehungsweise auf ihre Furcht vor einer deutschen Invasion. Nur selten finden sich auf dem internationalen Antiquariatsmarkt Bücher aus Tucholskys Bibliothek, die ebenfalls verkauft wurde.

BRIEF AN DET NORSKE STUDENTERSAMFUND (DIE NORWEGISCHE STUDENTENVEREINIGUNG)
Seite 198–199

20.12.1935
dem schmählichen Angriff Hamsuns sehr viel Raum gewidmet
Siehe S. 394 ff.
zum Beispiel der Glückwunsch...
Verweis auf Carl von Ossietzkys Hommage in der «Weltbühne» vom 6.8.1929 «Zum siebzigsten Geburtstag von Knut Hamsun»: «Glückwunsch? Würdigung? Uns haben wir zu beglückwünschen und ihm haben wir zu huldigen. Denn es ist ein Glück zu wissen, daß unter den zwei Milliarden aufrechtgehender Lebewesen, die diese Spottgeburt aus Dreck und Feuer, Erde geheißen, überwimmeln, dieser Mensch ist. Wir dürfen dieses Stück Sternsplitter lieben, weil Hamsun da ist und weil Hamsun es liebt. Weil Knut Hamsun es nicht nur gesprochen, sondern gelebt hat, und vorgelebt hat, das ebenso

bescheidene wie stolze Wort, den Ruf des Jubels und des Jammers: ‹Ich bin von der Erde!› Wir, die wir es nicht sind, die, wie immer wir sein mögen, es nicht so sind, wie er es ist, uns ist es ein Trost, ein Elixier, ein Stimulans. Wie es ein Trost, ein Elixier, ein Stimulans ist, den Blick nach Norden zu richten und dabei zu denken: Dort wohnt Knut Hamsun.»
der norwegischen Abwehr
In der norwegischen Presse kam es nach Hamsuns Ausfällen gegen Ossietzky zu erbitterten Reaktionen.

BRIEFE AN EMIL OPRECHT
Seite 200–204

Emil Oprecht (1895–1952), Schweizer Buchhändler und Verleger; bekleidete zahlreiche Ämter, u. a. Präsident der Neuen Schauspiel AG (Zürcher Schauspielhaus), Präsident des Schweizerischen Bühnenverbandes. Gründete 1924 die Buchhandlung Oprecht und 1933, als Antwort auf die politischen Ereignisse in Deutschland, den Europa-Verlag; veröffentlichte Emigrantenliteratur und bot Tucholsky über Hedwig Müller, mit der er bekannt war, Geld an und wollte ihn verlegen. Bei Oprecht erschienen u. a. Bücher von Ferdinand Bruckner, Hellmut v. Gerlach, Friedrich Wolf, Silone, Willy Brandt. Siehe auch Roda Roda S. 320 f.

9. 2. 1934
Ernst
D. i. Ernst Rowohlt (1887–1960).
daß Ernst mir, wenn die Vorräte…
Siehe S. 321.
diese ganzen neuen Häuser
Anspielung auf die Exilverlage und Zeitschriften, die nach

1933 im Ausland, so auch in der Schweiz und Österreich, entstanden.

«deutsche Abteilungen»
Deutschsprachige Exil-Editionen von Verlagen im Ausland, so zum Beispiel auch der Verlag Emil Oprechts in Zürich und der Querido-Verlag in Amsterdam. Exilverlage kauften teilweise in Deutschland über Antiquare Bücher verbotener Autoren auf und verkauften sie im Ausland.

8.9.1934
Dr. Besser aus Berlin
Nicht ermittelt.
über Fräulein Dr. Müller
D.i. Hedwig Müller, genannt Nuuna (siehe S. 374). Die Oprecht-Briefe tragen teilweise als Grußformel «Ihre...», es ist möglich, daß die Oprecht-Korrespondenz von Nuuna in Tucholskys Namen geführt wurde, um postalische Mißverständnisse und Verzögerungen zu verhindern. Tucholsky hatte im Sommer 1934 einige Zeit bei Nuuna in Zürich zugebracht.

29.11.1934
Roda
D.i. Alexander Roda Roda, der sich zu dieser Zeit bemühte, Tucholskys «Pyrenäenbuch» bei Oprecht und Helbling herauszubringen (siehe hierzu Tucholskys Brief vom 19.10.1934 an Roda Roda S. 90f und die Anmerkungen auf S. 320f).
Ernst
D.i. Ernst Rowohlt.
L. in Wien
Nicht ermittelt.
das Reisebuch und das letzte Buch
Verweis auf «Ein Pyrenäenbuch», erschienen 1927 im Verlag

«Die Schmiede» und Tucholskys Sammelband «Lerne lachen ohne zu weinen» (Berlin 1931) oder sein «Schloß Gripsholm» (Berlin 1931).

26. 12. 1934
Ernst
D. i. Ernst Rowohlt.

BRIEFE AN GUSTAV REGLER
Seite 205–209

Gustav Regler (Pseudonyme Thomas Michel und Gustav Saarländer, 1898–1963), Journalist und Schriftsteller. Nach Kriegsteilnahme, Beteiligung an den Revolutionswirren in Berlin und Verteidigung der Räterepublik in München studierte Regler deutsche Philologie in Heidelberg und München. Er promovierte 1922 und arbeitete als Journalist und freier Schriftsteller. 1928 Mitglied der KPD. Nach der Machtergreifung der Nationalsozialisten zunächst Flucht ins Saarland, dann nach Frankreich. 1934 nahm er am 1. All-Unions-Kongreß der Sowjet-Schriftsteller in Moskau, 1935 am Internationalen Schriftsteller-Kongreß zur Verteidigung der Kultur in Paris teil. Zur Verteidigung der Republik ging er 1936 als Interbrigadist nach Spanien, wo er 1937 schwer verwundet wird. Von einer Vortragsreise durch die USA zur Unterstützung der spanischen Republik kehrte er nach Frankreich zurück und wird dort bei Kriegsbeginn interniert. In dieser Zeit vollzieht sich nach Reglers Darstellung der Bruch mit der kommunistischen Partei, 1940 gelang die Flucht nach Mexiko. 1952 kehrte Regler nach Deutschland zurück. Veröffentlichungen u. a.: – siehe nachfolgende Anm. – «Die Saat. Roman aus den deutschen Bauernkrie-

gen» (Amsterdam 1936), «Sterne der Dämmerung. Roman»
(Stuttgart 1948) und «Das Ohr des Malchus. Eine Lebensgeschichte» (Köln u. Berlin 1958).

11.10.1930
Ihr Buch
Verweis auf das Manuskript von Reglers Gefängnisroman
«Wasser, Brot und blaue Bohnen», der 1932 in Münzenbergs
«Sozialistische Universum Bücherei für Alle» erschien (eben-
falls Moskau 1933).
Malik-Verlag
Siehe S. 370f.
Wat jestrichn is, kann nich durchfalln
Eine der Lieblingsmaximen von Kurt Tucholsky, die er noch
auf einer der letzten Seiten seines bislang unveröffentlichten
Sudelbuchs wiederholt hat; ein Zitat von Otto Brahm (Thea-
terleiter, 1856–1912). Es war die Arbeitsmethode Tuchol-
skys (die im Sudelbuch folgende Seite enthält den Eintrag
«Prosa ist Mosaikarbeit»), der sich zeitlebens darüber auf-
regte, daß man seine Arbeiten für «aus dem Ärmel geschüttelt» hielt, während er in Wahrheit lange und sorgfältig am
kleinsten Chanson feilte. So schreibt er in einem Brief an Arnold Zweig (16.12.1927) auf dessen Auskunft, er habe den
«Grischa»-Roman in wenigen Wochen diktiert: «Wie man
so etwas *diktieren* kann; wie man das in noch nicht zwei
Monaten rein äußerlich bewältigt, das ist mir auch dann ein
Rätsel, wenn ich nicht wüßte, wie sorgfältig Sie wahrscheinlich die Fahnen beackert haben. Davor stehe ich wie vor
einem Mirakel. Es kommt also nun heraus, daß *ich* der Böß-
ler bin; den Grischa-Artikel habe ich mit Gott dreimal um-
geschrieben, und was ich mit meinen kleinen Spaßgedichten
mache, das schäme ich mich, Ihnen zu schreiben.» (Ausgewählte Briefe, S. 332; Briefe Auswahl, S. 188.)

*Das hat der hochbegabte Hochstapler Brecht in die Literatur
eingeführt*
Zu Bertolt Brecht siehe S. 307 f.

zum Beispiel bei Stendhal
Tucholsky schätzte Stendhal (Henri Beyle, 1783–1842) zeit-
lebens: «Zu den standard-works solch einer gut angelegten
und planmäßig gesammelten Bibliothek gehört natürlich
Stendhal. Ich habe neulich nach langer Jagd eine gute Ausgabe des nachgelassenen ‹Lucien Leuwen› erlegt. [...] Bei uns
steht bei jedem Fliegenhusten von Buch vorn auf dem Titel:
‹Roman›. Hier steht das Wort nicht – aber das ist ein Roman.
Das ist einer.
Ich lasse bei dieser Betrachtung alles Dichterische beiseite,
soweit das möglich ist, und die lange Liebesgeschichte in
Nancy schenke ich euch. Aber das, was die Kritiker heute mit
vollem Maul das ‹Soziologische› nennen...! Wie das bei
Stendhal quillt und blüht; wie sich die Einzelheiten nicht ja-
gen, sondern unaufdringlich eine nach der andern hervor-
kommen; wie der Dichter über dieses ungeheure Material der
Louis-Philippe-Gesellschaft gebietet, wie scheinbar mühelos
das ist – das hat ein Herr geschrieben. Manchmal stehen da
noch Randnoten, denn der Roman ist nie vollendet worden,
manche Partien sind gar nicht zu Ende gearbeitet, und in diesen Randnoten finden sich die hübschesten Dinge. Wann
Herr Beyle grade Kopfschmerzen gehabt hat, und daß es an
diesem Arbeitstage heiß gewesen sei, und daß jenes Kapitel
noch mal geschrieben werden müsse – und dies Uniformde-
tail stimme nicht, man wird sich erkundigen müssen, und
diese Entgegnung Leuwens sei ja sehr hart, aber... Was sieht
man daraus?
Daß ‹Roman› ein Ehrentitel ist, der nur einem wirklichen
Weltausschnitt zukommt – und daß diese Weltausschnitte
nicht hingeschrieben werden können, wie sich das so viele

Schriftsteller denken, von den schreibenden Frauen schon gar
nicht zu sprechen, sondern daß man sich dergleichen erarbeiten muß, neben allem andern. Dies hier ist gearbeitet. Wer
lernen kann und lernen will, der lerne.» («Auf dem Nachttisch», GW 9, 140)

19. 10. 1930
Döblinpp
Anspielung auf Alfred Döblin (1878–1957), Schriftsteller, Verfasser des ersten deutschen Großstadtromans «Berlin Alexanderplatz»; Mitarbeiter des expressionistischen
«Sturm», dieser Bewegung von Anfang an verbunden; 1921
veröffentlichte Döblin unter dem Pseudonym Linke Poot eine
Artikelsammlung «Der deutsche Maskenball», eine Kritik an
der Weimarer Republik aus sozialistischer Position. Tucholsky rezensierte als Ignaz Wrobel diese am 26. 1. 1922 unter
dem Titel «Der rechte Bruder» (GW 3, 127) in der «Weltbühne». Er kritisierte Döblin, der auch nach seiner Emigration
in die Schweiz seine Bücher weiterhin in Deutschland verkaufen ließ. Döblins Flucht vor den Nationalsozialisten ging
weiter über Paris in die USA. Rückkehr als französischer Be-
satzungsoffizier nach Deutschland, Bekehrung zum Katholizismus, Herausgabe der Zeitschrift «Das goldene Tor»
(1946–1951). Enttäuscht verließ er das ihm zu restaurative
Nachkriegsdeutschland, das ihm wie allen Emigranten keine
Chance bot.
Offensichtlich spielt Tucholsky an auf Robert Musils Forde-
rung nach dem Essayistischen im modernen Roman oder auf
die Collage-Technik unter Verwendung von realen Namen
und Fakten, wie sie John Dos Passos praktiziert hat.

11.5.1931
daß Ihr Buch nun erscheinen wird
Gemeint ist Reglers Gefängnisroman «Wasser, Brot und
blaue Bohnen», der 1932 in Münzenbergs «Sozialistische
Universum Bücherei für Alle» erschien.

BRIEF AN MAUD VON OSSIETZKY
Seite 210

Maud von Ossietzky (geborene Lichtfields-Woods, 1888 bis
1974), Tochter eines englischen Kolonialoffiziers, in Indien
geboren und in England aufgewachsen, Frauenrechtlerin; hei-
ratete am 19.8.1913 Carl von Ossietzky. Nach dem Kriege
gründete sie in Ost-Berlin mit Hermann Budzislawski «Die
Weltbühne» als Wiederaufnahme der verfolgten und – nach
der Umbenennung 1933 – noch bis 1939 unter dem Titel «Die
neue Weltbühne» erschienenen Zeitschrift neu.
Carl von Ossietzky schrieb aus der Haftanstalt Tegel am
14.5.1932 an Tucholsky: «Ich wäre Ihnen auch verbunden,
wenn Sie an meine Frau ein paar nette Zeilen schrieben. Sie ist
in ziemlich übler Nervenverfassung zurückgeblieben. So ein
von außen kommender Brief bedeutet immer eine Auffri-
schung» (zitiert nach: Farbige weithin sichtbare Signalzeichen, S. 37).

[17.]5.1932
Finkelnburg
D. i. Carl Maria Finkelnburg, Strafvollzugspräsident in Ber-
lin, der jedoch 1932 schon pensioniert war.

BRIEFE AN NORMAN L. ANGELL
Seite 211–214

Sir Norman Lane Angell (1874–1967), britischer sozialliberaler Publizist und Schriftsteller, Träger des Friedensnobelpreises 1933; trat für eine internationale Friedensordnung und für den Völkerbund-Gedanken ein; war in den Jahren 1931 bis 1933 Unterhaus-Abgeordneter der Labour-Partei; zudem von 1928 bis 1931 Herausgeber der Zeitschrift «Foreign Affairs» und Verfasser des Buches «The Great Illusion». Angell war Korrespondent des europäischen Büros der Carnegie-Stiftung. Für die Arbeit des «Freundeskreises Carl von Ossietzky» stellte Norman Angell einen wichtigen Kontakt dar, da er als ehemaliger Nobelpreisträger vorschlagsberechtigt war und über bedeutende internationale Kontakte verfügte. Die Hoffnung, Angell würde Carl von Ossietzky für den Nobelpreis 1935 vorschlagen, erfüllte sich jedoch nicht: unter dem Datum 8.9.1935 schreibt Tucholsky an Mia Leche-Löfgren: «[...] Was die Engländer, diese Freunde der Deutschen, angeht, so sieht es da wohl nicht heiter aus: Norman Angell schrieb mir, er habe für jemand andern gestimmt.»

11.6.1935
ehemaliger Friedenspreisträger
Norman Angell war Friedensnobelpreisträger des Jahres 1933.
der ehemaligen Berliner Wochenschrift «Die Weltbühne»...
Siehe S. 278f. u. 323f.
Hellmuth von Gerlach
Siehe S. 382f.
Carl von Ossietzky befindet sich seit dem Reichstagsbrand 1933...
Ossietzkys Verschleppung ins Konzentrationslager steht in

keinem Zusammenhang mit der Verhaftungswelle aus Anlaß
des Brandes des Reichstages; Ossietzky lehnte es – auch in
Anbetracht der willkürlichen Verhaftungswelle – «aus Anlaß» des Reichstagsbrandes ab, ins Ausland zu fliehen, und
wurde am 6. 4. 1933 in das KZ Sonnenburg deportiert.

3. 10. 1935
Er ist krank...
Carl von Ossietzky litt an einer Lungen-Tuberkulose, die
sich während der Internierung im KZ Sonnenburg immer
mehr verschlimmerte.
Berthold Jacob
Siehe S. 398 f.

BRIEF AN ARBEIDERBLADET OSLO
Seite 215–216

«Arbeiderbladet», in Oslo erscheinende sozialdemokratische
Zeitung, die bis 1923 «Social-demokraten» hieß; Organ der
norwegischen Arbeiterpartei, seit 1921 unter der Leitung von
Martin Tranmæl.

17. 12. 1935
der tapfere Knut Hamsun... Herr Petersen
Knut Hamsun (eigentlich Knut Pedersen, 1859–1952),
Schriftsteller, hatte 1920 für seinen Roman «Segen der Erde»
den Nobelpreis für Literatur erhalten. Im Sommer 1934 hatte
der norwegische Literaturkritiker Fredrik Paasche im «Aftenposten» Nazideutschland kritisiert. Am 10. Juli folgte im selben Blatt ein polemischer Angriff Hamsuns – «Abwarten und
sehen» – auf Paasche; Tucholsky ließ den Artikel übersetzen
und schickte ihn an Walter Hasenclever und Hedwig Müller

(siehe: Briefe aus dem Schweigen, S. 152f). Hamsuns Sympa-
thiebekundung für die Nationalsozialisten ließ Tucholsky,
bis dato ein großer Bewunderer von dessen Werk, sich enttäuscht und erbittert von ihm abwenden. Am 22.1.1935 erschien in zwei norwegischen Tageszeitungen ein Artikel
Hamsuns gegen Carl von Ossietzky, gegen den Tucholsky
Front zu machen suchte. Neben der hier vorliegenden Reaktion siehe auch den Brief vom 14.12.1935 an die Basler «Nationalzeitung» (S. 191f) und den Brief vom 20.12.1935 an die
«Norske Studentersamfund» (S. 198f) – Hamsun, Mitglied
der norwegischen Spielart des Nationalsozialismus, «Nasjo-
nal Samling», kollaborierte mit der deutschen Besatzungs-
macht (1940); nach Hausarrest im Mai 1945 und zwei sich
anschließenden Jahren Freiheitsentzug in Form von psychia-
trischer Klinik und Altersasyl wurde er im Dezember 1947 –
verurteilt zu einer hohen Geldstrafe – auf seinen Bauernhof
entlassen.

Charakteristisch für die Bewunderung Tucholskys die Rezension aus dem Jahr 1930 zu Hamsuns Roman «Die letzte
Freude»: «Hamsun. Ein kleiner Roman, einer von den ältern,
gar nicht einmal so sehr bekannt, zehn Auflagen. Und eine
Perle – aus dem Meer, wo es am tiefsten ist. ‹Die letzte
Freude› (bei Albert Langen in München erschienen. Nicht:
‹Das letzte Kapitel›). Ein Roman, der in Reflexionen einge-
bettet ist, scheinbar beiläufig erzählt, mit einer Technik, die
ans Wunderbare grenzt... und welches Herz! Das ist wirklich der Allergrößte. Wofern dies mit dem Respekt vereinbar
ist, den ich für ihn hege – er ist der einzige Mensch, vor dem
ich den Hut herunterrisse, wenn ich ihn je sähe... Komm
her, rotes Buch, und laß dich umarmen.» (GW 8, 123.)
Am 7.10.1934 schrieb Tucholsky mit Blick auf seinen radikalen Wandel im Verhältnis zu Hamsun an Walter Hasenclever: «Anbei ein Pröbchen aus meiner schwersten und

schmerzlichsten Enttäuschung der letzten Jahre. Das ist nur ein Steinchen aus dem Bruch, es gibt mehr und schlimmeres. So geht das schon seit langer Zeit – und viele norwegische und schwedische Kritiker haben ihm das auch zum 75. bescheinigt. Die Kümmerlichkeit der deutschen Version entspricht, soweit ich das kontrollieren kann, der Kümmerlichkeit des norwegischen Originals. Es ist keineswegs so, daß dem Mann ein jüdischer Kaffeehändler in Oslo über die Leber gelaufen ist – dies ist viel schlimmer. Ein solches Maß tierisch-dumpfer Dummheit, von Niedrigkeit und Uninformiertheit, von Rundfunkgehirn... also, lieber Max, Sie haben ja, wie ich denke, auch schon einmal einer geliebten Frau nachgetrauert, und Sie wissen, daß man da ja im Grunde sich selbst nachtrauert. Die ganze Liebe, die ich in diesen Mann seit zwanzig Jahren gelegt habe, ist fort. Das Werk besteht, natürlich. Aber die rot angestrichene Stelle, die ironisch gegen den Diskussionsgegner und ernst als Ganzes gemeint ist, die die Worte des Herrn Paasche, die der gegen Hitler gebraucht hat, nun gegen das Deutschland wendet, dem wir angehört haben –: das ist zu viel. Ich habe seine Bilder von den Wänden genommen, ich mag ihn nicht mehr sehen, und seine Bücher kann ich nun für lange Zeit nicht mehr lesen.» (Politische Briefe, S. 52; Ausgewählte Briefe, S. 287; Briefe Auswahl, S. 377f)
Tucholskys Verbitterung galt Knut Hamsuns Artikel «Abwarten und sehen» im «Aftenposten», Oslo, vom 10.7.1934: «Was wäre, wenn Herr Professor Fredrik Paasche abgewartet und gesehen hätte. Was wäre, wenn er daran gedacht hätte, daß es hier galt, einen Staat von sechsundsechzig Millionen Menschen von Grund auf umzuformen, und daß Deutschland nun damit seit fünfzehn Monaten befaßt ist. Deutschland hat geprüft und wieder geprüft, es hat sich geirrt und hat wieder versucht – alles während der ökonomischen, politischen und moralischen Feindschaft der ganzen Welt.

[...] Was wäre, wenn Herr Professor Paasche eine Ahnung von gewissen Voraussetzungen von dem letzten blutigen Drama in Deutschland hätte. Daß es gewisse Gründe gibt, daß sechsundsechzig Millionen in fünfzehn Monaten nicht erneuert worden sind. Kein Wort! Er hat lange genug gesehn. Nein, her mit dem vorigen Deutschland, mit der Republik, wo die Kommunisten, die Juden und Brüning dies nordische Land regierten. Damals ‹vereinte die Freiheit mehr als der Zwang, Parteien mehr als die Diktatur›, da hatte ‹jedermann und die Parteien Recht auf freies Wort›.» (Briefe aus dem Schweigen, S. 152f)

Der Aufsatz «Abschied von Hamsun»
Ein Aufsatz dieses Titels ist nicht überliefert. Tucholsky starb am 21.12.1935 an einer Überdosis Veronal, die er am 19.12. eingenommen hatte.

unserer alten (heute verbrannten und konfiszierten) Zeitschrift
D.i. die «Weltbühne» siehe S. 278f u. S. 323f.

Siegfried Jacobsohn
Siehe S. 278ff.

BRIEF AN LADY MARGOT ASQUITH
Seite 217–219

Lady Margot Oxford (1864–1945), verheiratet mit Herbert Henry Asquith, Earl of Oxford and Asquith, Schriftstellerin, britische Intellektuelle und Mittelpunkt diverser literarischer Zirkel. Ihr Eintreten für den Liberalismus innerhalb und außerhalb der liberalen Partei verschaffte ihr internationale Kontakte; Herbert Henry Asquith war Vorsitzender der Liberalen und von 1908 bis 1916 Premierminister.

1.3.1934
die erfolgreiche Kampagne, die England für Dimitroff geführt hat
Siehe S. 384.

Reichskanzler Schleicher
Kurt von Schleicher (1882–1934), 1926 Leiter der Wehrmachtsabteilung, 1932 Reichswehrminister. 3.12.1932 bis 28.1.1933 Reichskanzler (nach seiner Wahl erließ er ein allgemeines Amnestiegesetz, durch das Carl von Ossietzky vorübergehend seine Freiheit wiedererlangte). Als Vertrauter des Reichspräsidenten Hindenburg bediente er sich seiner vielfältigen Beziehungen, um einem autoritären Staat Vorschub zu leisten, und war somit einer der Wegbereiter des NS-Staates. Wurde anläßlich des sogenannten Röhm-Putsches von den Nationalsozialisten ermordet.

hat Ossietzky sich ausdrücklich geweigert, zu fliehen
Siehe S. 393 f.

Fröken Gertrude Meyer, Hindås Schweden
Siehe S. 384 f.

AN DEN SCHWEIZERISCHEN BUNDESRAT
Seite 220–221

29.3.1935
Fall Berthold Jacob
Berthold Jacob (eigentlich Berthold Salomon, 1898–1944), linksstehender pazifistischer Journalist, Mitarbeiter der «Welt am Montag», der «Zukunft» und der «Weltbühne». In der «Weltbühne» veröffentlichte er seine Enthüllungen über die Schwarze Reichswehr; emigrierte 1933 nach Straßburg, wurde am 9.3.1935 von dem Journalisten Hans Wesemann, einem Gestapo-Spitzel, nach Basel gelockt und von dort nach

Deutschland entführt. Tucholsky setzte sich im Zuge einer internationalen Kampagne für die Befreiung Jacobs ein. Er fügte seinem Brief an Hedwig Müller vom 28. 3. 1935 das hier abgedruckte Schreiben unverschlossen bei, das diese weiterbeförderte (Eingangsstempel der Bundeskanzlei 3.4.1935). Im April forderte der Bundesrat in mehreren Noten die Auslieferung Jacobs; er droht mit der Anrufung des Internationalen Schiedsgerichts. Diesem Druck gab die Reichsregierung nach und überstellte am 17.9.1935 Berthold Jacob den Schweizer Behörden, die ihn am 20.9.1935 nach Frankreich auswiesen, «weil seine Anwesenheit in der Schweiz die äußere Sicherheit des Landes gefährdet», wie der Bundesanwalt formulierte. 1937 erschien in Münzenbergs «Edition du Carrefour» Jacobs Ossietzky-Buch «Weltbürger Ossietzky – Ein Abriß seines Werkes». Das Vorwort schrieb Henry Wickham Steed, der Chefredakteur der Londoner «Times». 1941 entkam Jacob nach Portugal, wurde ein zweites Mal von Nazispitzeln entführt und nach Deutschland gebracht, wo er nach KZ-Mißhandlungen 1944 im jüdischen Krankenhaus in Berlin starb.

Als Kommissar...
Tucholsky wurde 1915, zwei Monate nach seiner Promotion zum Dr. jur. an der Universität Jena, zu einem Armierungsbataillon der Njemen-Armee eingezogen. Im Oktober 1915 erfolgte seine Versetzung nach Kurland zum Stab der Artillerie-Fliegerschule-Ost; Tucholsky leitete dort die Leihbibliothek und redigierte die Soldatenzeitschrift «Der Flieger». Im April 1918 wird Tucholsky befördert und geht als Hilfsfeldpolizeikommissar nach Rumänien; wenige Wochen vor Kriegsende wird er Feldpolizeikommissar im Offiziersrang und Leiter der Politischen Polizeistelle in Calafat (Rumänien). Vgl.: Unser ungelebtes Leben, S. 192ff.

BRIEFE AN LEONHARD RAGAZ
Seite 222–225

Leonhard Ragaz (1868–1945), Schweizer evangelischer Theologe und Pazifist, gilt als einer der Begründer des «religiösen Sozialismus». Seine Gedankengänge waren für Tucholsky in seinen letzten Lebensjahren besonders wichtig.

6.6.1933
Hellmuth von Gerlach
Siehe S. 382f.

31.7.1933
daß Ossietzky, wie die Dinge in Deutschland liegen
Tucholsky fürchtete Überfälle oder Mordanschläge auf Carl von Ossietzky, falls er sich «frei» in Berlin bewege; seine Hoffnung war, daß Ossietzky sofort nach Verbüßung der Haftstrafe Deutschland verlassen würde.

10.1.1934
R. Behrendt, «Politischer Aktivismus»
Richard Behrendt gab seinem Buch «Politischer Aktivismus» den Untertitel «Versuch zu Soziologie und Psychologie der Politik» (Stuttgart 1932).
Der Doktor Ratti
D.i. Papst Pius XI. (1857–1939), mit bürgerlichem Namen Achille Ratti; Papst von 1922 bis zu seinem Tode 1939; er führte den Ausgleich mit den italienischen Faschisten herbei (Lateranverträge); Abschluß zahlreicher Konkordate, u.a. mit dem Deutschen Reich 1933; 1937 Rundbrief «Mit brennender Sorge».

Er bekämpft Rußland
Verweis auf den Kommunistenhaß von Papst Pius XI.: «Religiöser Sozialismus, christlicher Sozialismus sind Widersprüche in sich; es ist unmöglich, gleichzeitig guter Katholik und wirklicher Sozialist zu sein.» (Papst Pius XI.: Rundschreiben über die Wiederherstellung der gesellschaftlichen Ordnung [1931]. [Köln 1953], S. 42.)
Dogmatisch: «Der Kommunismus ist in seinem innersten Kern schlecht, und es darf sich auf keinem Gebiet mit ihm auf Zusammenarbeit einlassen, wer immer die christliche Kultur retten will.» (Papst Pius XI.: Rundschreiben über den atheistischen Kommunismus. Authentische deutsche Übertragung. Berlin 1937, S. 24.)

BRIEFE AN JOSEPH FR. MATTHES
IN KURT TUCHOLSKY:
TESTAMENT AN FRANKREICH
Seite 227–Seite 238

Joseph Friedrich Matthes (1886–?), war zeitweise Mitarbeiter der «Aschaffenburger Volkszeitung» und Herausgeber der Wochenschrift «Die Fackel» mit Film- und Kunstwelt; unterhielt ein Pressebüro Matthes, Frankfurt / Berlin / Dresden; Mitglied der SPD (ausgeschlossen). Gründer des «separatistischen rheinisch-westfälischen Volksbundes» in Düsseldorf. Wurde am 9. 3. 1938 von den Nazis ausgebürgert (Liste 34). («Für Joseph Matthes» GW 7, 160.)

von Hösch
Leopold von Hösch (1881–?), trat 1907 in den diplomatischen Dienst des Deutschen Reiches, wurde 1919 Geschäftsträger in Madrid, 1921 Botschaftsrat in Paris, 1923 Ge-

schäftsträger und 1924 ebendort Botschafter (engagierter Mitarbeiter der Verständigungspolitik Stresemanns und Briands). 1932 Botschafter in London.

Stresemann

Gustav Stresemann (1878–1929), nationalliberaler Politiker; trat während des Ersten Weltkrieges für Annexionen ein; gründete 1918 die Deutsche Volkspartei; 1923 Reichskanzler. Als Außenminister – 1923–1929 – unterzeichnete er 1925 den Locarnopakt und bewirkte 1926 die Aufnahme Deutschlands in den Völkerbund.

Poincaré

Raymond Poincaré (1860–1934), französischer Politiker; mehrmals Ministerpräsident (1912/13, 1922–1924, 1926–1929); 1913–1920 Staatspräsident; ließ 1923 das Ruhrgebiet besetzen.

Briand

Siehe S. 362.

Barthou

Louis Barthou (1862–1934), französischer Politiker; Advokat; 1889–1922 Abgeordneter; seit 1922 Senator. War während 40 Jahren wiederholt Minister, 1913 Ministerpräsident. 1922–1926 Präsident der Reparationskommission (während der Besetzung des Ruhrgebietes); 1934 Außenminister. Seit 1918 Mitglied der Academie Française. Wurde mit König Alexander von Jugoslawien am 9.10.1934 von kroatischen Terroristen in Marseille ermordet.

Herriot

Edouard Herriot (1872–1957), französischer bürgerlicher Politiker und Schriftsteller; 1914–1957 Vorsitzender der Radikalen Partei; 1916/17 Minister im Kabinett Briand.

Paul Boncour

Paul Joseph Boncour (1873–1972), französischer Politiker; war 1909–1914 und 1919–1931 Abgeordneter der Sozialisten, 1931–1940 Senator; 1911 Arbeitsminister, 1932 Kriegsminister und 1932–1934 sowie 1938 Außenminister, kurze Zeit 1932/1933 auch Ministerpräsident.

Schubert

Carl von Schubert (1882–?), 1921 Ministerialdirektor, 1924 Staatssekretär im Auswärtigen Amt in Berlin, war der wichtigste Mitarbeiter Stresemanns insbesondere während der Vorverhandlungen zum Locarnopakt; ging 1930 als Botschafter nach Rom (Quirinal).

Grafen Kessler

Harry Graf Keßler (1868–1937), Schriftsteller, Diplomat und pazifistischer Politiker; Präsident der Deutschen Friedensgesellschaft; 1918–1921 Gesandter in Polen. 1913 gründete Keßler in Weimar die «Cranach-Presse»; Mitherausgeber der Zeitschrift «Pan» (1895–1900); Werke u. a. über den Völkerbund. Einer der bedeutendsten Mäzene und kulturellen Anreger seiner Zeit. In seinem Berliner Salon traf sich die politische und kulturelle Elite der Weimarer Republik. Emigrierte nach 1933 nach Frankreich. Erinnerungen «Gesichter und Zeiten» (1935); «Tagebücher (1918–1937)».

Rathenau

Siehe S. 363 f.

Berthelot

Philippe Berthelot (1866–1934), französischer Diplomat; 1914 stellvertretender politischer Direktor im Außenministerium.

Tardieu

André Tardieu (1876–1945), französischer Politiker, nahm als Mitarbeiter des Ministerpräsidenten Clemenceau Anteil an der Gestaltung des Versailler Friedensvertrages. Als Führer der Linksrepublikaner war Tardieu zwischen den Weltkriegen einer der maßgeblichen Politiker der politischen Mitte (Ministerpräsident 1929–30, 1930 und 1932; mehrfach Minister).

Stahl
Leo Stahl, Journalist; seit 1920 Korrespondent der «Vossischen Zeitung» in Paris.

Bernhard
D. i. Georg Bernhard (siehe S. 260).

einen großen Artikel für mich
Tucholsky hatte sich mit «Für Joseph Matthes» (GW 7, 160) nachdrücklich in der «Weltbühne» (13.8.1929) für dessen Rückkehr nach Deutschland eingesetzt.

Emil Ludwig
Siehe S. 333 f.

Iswolkski
D. i. Alexander P. Iswolkski.

Herr François-Poncet
André François-Poncet (1887–1978), französischer Diplomat; 1931–1938 Botschafter in Berlin, 1939 in Rom.

Seeckt
Hans von Seeckt (1866–1936), Generaloberst; 1920 nach dem Kapp-Putsch Chef der Heeresleitung in der Reichswehr; stand in Beziehung zum Kronprinzen, dessen ältesten Sohn er an einem Reichswehrmanöver teilnehmen ließ; mußte deswegen 1926 zurücktreten; setzte seine reaktionäre Politik als Mitglied des Reichstages fort, unterstützte offen Hitler. (Siehe auch S. 261 f.)

ALPHABETISCHES VERZEICHNIS
DER BRIEFEMPFÄNGER

NAMENREGISTER

INHALT